無一文「人力」世界一周の旅

岩崎圭一

幻冬舎

無一文「人力」世界一周の旅

目次

第2章　チベット潜入編

第5章 ガンジス河下り編

第6章　砂漠&カスピ海横断編

第7章 ヨーロッパ＆ゴット・タレント編

まえがき

２００1年4月、私は、地元の群馬県前橋市を飛び出し、旅に出た。所持金はポケットに１６０円だけ。もちろんクレジットカードもない。

旅に出るまで、私は父の経営する地元の小さい会社で働いていた。だが、28歳になったときにこう思った。

「このままでは人生があっという間に終わってしまう。働いてお金を稼ぐより、自分のやりたいことを優先したい」

自分の夢は「世界中を自分の目で見て回ること」だった。

一般的に、旅行を計画するときは、まず目的地を決め、日程を組み、それを実行するのに必要な「予算」を準備するものだろう。

たとえば、インドでタージマハルを見る旅に出るとしよう。

予算が１００万円あれば、かなり快適に過ごせるのは間違いない。

ビジネスクラスのチケットをとり、現地の空港に着いたらガイドさんにホテルに連れて行ってもらい、夕食は現地の高級レストランで本場インドのカレーを堪能する。そして、翌日にガイドさんの通訳と運転手つきでタージマハルまで行けばよい。言葉ができなくてもほぼ問題はないだろう。

予算が10万円の場合はかなり状況が変わってくる。少しでも安い格安航空券を求めて奔走し、やっと見つけたチケットでデリーの空港へ。そこからはタクシーは使わずバスに乗り込み、街に着いたら安宿を探し歩くことになる。食事は現地の人が行くような大衆食堂に行き、安く済ませる。翌日はタージマハルの近くまで行くバスか電車を探してそれに乗る。公共交通機関に頼った移動が多くなるぶん、不確定な要素が格段に増える。

そしてもし、予算が0円、つまり無一文だったら――？

飛行機はもちろん、バスや電車などの公共交通機関も使えない。インドはおろか、まず旅行そのものが難しいと考えるのが普通だろう。

『深夜特急』の著者沢木耕太郎氏でも香港までは飛行機、所持金は70年代で30万円以上あった。貧乏旅行ではあるが、無一文ではない。

だが、絶対にできないとは言い切れないのではないか。日本国内の移動なら、徒歩とヒッチハイクでなんとかなるかもしれない。そしてどこかの港でフェリーに乗せてもらうことさえできれば――。

この旅を思いつくきっかけとなったのは、21歳の時に行ったオーストラリア旅行だった。言葉も通じず、文化も違う。しかし、お金は十分に持っていたので、レストランにも行けるし、移動も問題がない。

その時ふと思ったのが「もし、お金がなかったらどうなるのだろうか？」ということだった。お金はたしかに大事である。だが、あまりに依存しすぎているのではないだろうか。そんな疑問を抱いたのだ。

この旅に出るにあたり、まず新宿でひと月半ホームレス生活も経験した。無一文での旅を始める前に、まずお金の価値とその必要性を知っておきたいと思ったからだ。

その後、9ヶ月かけて47都道府県をヒッチハイクで回り、下関から韓国・釜山《プサン》へ上陸。海外に渡ってからは、移動手段は自転車などの「人力」のみ、というこだわりも加わった。

さらに、図らずもエベレスト登山や、手漕ぎボートでのカスピ海横断、マジシャンとしてブリテンズ・ゴット・タレント出演など、さまざまな寄り道をすることになり――。

私の『無一文「人力」世界一周の旅』は、20年以上経ったいまも道半ばである。

序章

ヒッチハイクで日本縦断編

深夜の新宿、所持金１６０円

地元群馬県から東京に向かう友人の車に便乗させてもらっている。行き先は東京の新宿。夜の高速道路を走る車の窓から外をぼーっと眺めながら、これからのことを考えた。

「この旅は、一体どのくらいの期間がかかるのか？」

「お金がないのに、インドまで辿り着けるのか？」

沢木耕太郎氏の著書『深夜特急』では、香港からイギリスまで乗り合いバスで1年ほどかかっていた。日本からインドまでなら、１年で辿り着けるかもしれない。

ただしインドに着いたら西回りで戻ってくるつもりなので、実際には地球をぐるっと一周することになる。こうなるといつまでかかるのか、全く想像ができない。

車は渋滞に巻き込まれることもなく快調に飛ばし、思ったよりずいぶん早く目的地の東京に着いた。友人にお礼を言い、車から降りる。新宿といえど日曜日の深夜なので人通りはそれほどない。ポケットをまさぐり所持金を確認すると、１００円玉、50円玉、10円玉が各1枚で、合計１６０円。

２００１年4月15日、東京都、新宿駅前。ここから旅が始まる。

「旅が始まる」などと大袈裟に言ってみても、お金を持たない者が深夜にできることは少ない。まずは眠れそうなところを探して、新宿駅周辺を徘徊する。ゴミ箱の上に置いてあった新聞紙を拾った。こいつを広げて寝転ぼう。

テントも寝袋もないが、4月なので何とか眠れるだろう。服装はTシャツと長袖のシャツ、その上にカッターシャツ、さらにパーカーとフリース。野宿するしかないだろうと思って、少々厚着をしてきた。

参考までに、ホームレスの人々はどんな場所で寝ているのか注意深く見る。人通りのない通りの脇に段ボールで周りを囲って寝ている人。閉店した店のシャッターの前に、ただ新聞紙を広げ寝ている人。大きなビルの玄関口に寝ている人。ゴロンと寝転べるスペースがあれば、どこでも眠れるようだ。

駅の地下へ続く階段を下る。地上に比べて空気が停滞するせいか暖かい。すでに通路の明かりは消えているが、広告などから洩れてくる明かりでうっすらとあたりが見渡せる。閉じられたシャッターの前に、多くの人が横たわっているのが分かった。ここは雨も風も来ないし、静かで寝やすそうだ。

しかし、どうしても彼らに混ざってここで寝る気にはならなかった。縄張りという概念はないと思うし、誰にも文句は言われないだろう。まだ心のどこかで、彼らと自分は違うと思いたいのかもしれない。

他にも探したが、風が吹き抜けず、軒がある良さそうな場所にはすでに先客がいる。結局ぐるっと新宿駅を一周して、最初の東口のロッカー前に戻ってきてしまった。

「仕方ない、今日はここで寝るか」

ここは深夜とはいえ人が行き来し、終電を逃したサラリーマンらしき人や、酔いつぶれた学生など、一般の人が多い。近くに交番もあるので、何かあっても安心だ。

先ほどの新聞紙2枚を壁に沿って開き、カバンを枕にして、靴も脱がずに横になった。通路には明かりがついたままで、人が通るたびに足音が耳元でうるさく響く。「無一文旅行の1日目にしては上出来だ」と思いながら、目を閉じた。

ゴミ箱のハンバーガー

夜が明ける前に何度も目が覚めた。正直、ほとんど眠れていない。横になって目を閉じていただけだった。

あたりが騒がしくなったと思ったら「ゴゴー」と低い音がして、駅のシャッターが開き始めた。壁の時計に目をやると朝4時。

シャッターが開くと同時に、路上で寝ていた人が次々に起き上がって駅の中に移動する。

「まだ夜明けには早いんじゃないか?」

眠気を抑えながら私も起き上がり、彼らを真似て敷いていた新聞をまとめて、動き始めたばかりの自動ドアを抜けて中に入る。

なるほどこちらの方が断然暖かく、静かだ。皆が移動するのも分かる。ぞろぞろと移動して隅に寝転がる人達を見ても、駅員は何も言わない。私も通行の邪魔にならなそうな壁沿いに横になる。もうしばらくここで横にならせてもらおう。

少し眠れたかなというところで、誰かに肩を叩かれた。「ハッ」として目を開けると、制服を着て白い手袋をした駅員が、私を見下ろしながら「もう起きてください」と言う。厳しくも優しくもなく、機械的な言い方だ。

「ああっ、はい」と返事をして、すぐに立ち上がり、敷いていた新聞をたたみ手に持ってその場から離れた。振り返ると、駅員さんは寝ている人一人ひとりを、そうやって起こして回っている。朝の仕事を増やしてごめんなさい。

構内の時計に目をやると、7時前だった。駅のトイレで顔を洗ってから、外に出る。あたりはすっかり明るくなっているが、人通りはまだ少ない。冷たく澄んだ空気が気持ちいい。

「さてどうするか」

行く当てはないし、どこに向かうか、歩きながら考えることにしよう。

だが、歩くとお腹が空いてくる。分かってはいたが、これが無一文旅行の第一関門だ。「働かざる者、食うべからず」という格言が頭に浮かぶ。

今回の旅は、必ずしも働くことを否定しているわけではない。まあそのあたりは後々考えるとして、目の前の問題である「空腹」をどうするか。レストランの近くを通過すると良い匂いが換気扇から漂い、空腹に追い討ちをかける。

街を歩いていると時々ホームレスの人が青いポリバケツの蓋を開け、ゴミをかき回している姿を見かけた。私もあれをやらねばならないのか？「いや、まだ他に方法があるはずだ」と思い直し、街を彷徨《さまよ》う。

空腹のままうろうろしているうちに時が過ぎ、日が傾いてきた。解決策は何も思い浮かばない。今日はこのまま何も食べずに、一日が終わりそうだ。

そんな時「献血」の看板が目に入った。たしか、献血をすると食べ物がもらえると聞いたことがある。

「そうだこれだ！」

ある意味「食べるために自らの血を売る」ということになってしまうが、致し方ない、空腹は緊急事態になっている。お父さん、お母さんすみません。

さっそく受付をすませて血液検査の席に座ると、目の前の看護師さんが言った。

「食事はお済みですか？」

「えっ？」

今まで献血する時にそんなことを聞かれたことがあっただろうか。仕方がないので、正直に答える。

「食べてません」

「何も？」

「はい、何も」

看護師さんも、少し困惑気味だ。

「残念ですがそれでは献血を受けてもらうわけにはいきません、これをどうぞ」

そう言って、２００㎖の紙パックのオレンジジュースを差し出してくれた。

非情の「血を売り、食を得る」作戦はあっという間に失敗に終わった。もしかしてこのまま私の旅は、「路上で餓死」というなんとも情けない終わり方をしてしまうのか？

「ラマダン」をするイスラム教徒の辛さが少しわかった。ただ、ラマダンは日が沈んだ後は普段通り食べていいが、私の場合は日が沈んでも何も食べるものがない。「あぁ、このまま朽ち果てていくのだろうか」とビルの間の星のない夜空を見上げる。

新宿駅東口付近の入り組んだ細い路地を歩いていると、ライトの明かりがやっと届く薄暗いところでゴミ袋をあさっているホームレスの姿が見えた。彼は大きなゴミ袋から、いくつかの「塊」を取り出して、そのまま暗い路地の奥に消えた。

考える間もなく、私は彼が残したゴミ袋に近づいた。「恥ずかしい」とか「できない」とか言ってはいられない、「腹減った」という生理現象が、理性を超えた瞬間だった。ゴミ袋の口はしっかりと何重かに結ばれていた。その隙間から手を突っ込み、手探りで何かないかと探す。手に柔らかい感触の物が触れた。野球ボールくらいの大きさの物が何個かある。そいつをひとつ握りしめて、引っ張り出す。黒い粉にまみれていて、茶色の液体もかかって濡れていたが、紙に包まれたハンバーガーだった。他のゴミの重みで潰れて、形は不恰好に変形しているが、間違いなくハンバーガー。

同じような感触の物をあと二つほど袋から引っ張り出し、持っていたビニール袋に詰めて、その場を去る。

ゴミ袋をあさっている瞬間はドキドキして周りを気にしていたが、よくよく考えると犯罪を犯しているわけではないので焦る必要はないのだ。しかし周りの人からすれば、ホームレスがゴミをあさっている光景など見たくはないだろう。私も見たくない。

南口の髙島屋の方まで歩き、あたりに人気《ひとけ》がないのを確認してからビニール袋の中の物を取り出した。街灯の下で見ると黒い粉は挽いたコーヒー豆だった。袋をはがすと、円形からは程遠い奇妙な形をしたハンバーガーが姿を現した。鼻を近づけるとコーヒーの香りがした。他におかしな匂いはしない。

はやる気持ちを抑えながら、変な味がしたらすぐに吐き出せるように、ちょっとだけ口に含む。やたらにコーヒーの味がするが、人間の食べられる範疇だ。

他の2つもコーヒーにまみれていたが、おかしな味はしなかったので一気に食べてしまった。まだ食べられそうだと思い、先ほどの場所まで戻ったが、ゴミ袋は収集されてしまったのか、すでになくなっていた。

しかし今日一日の空腹感が満たされたのはたしかだった。何ともいえない達成感と「一線を越えてしまったか」という気持ちを抱えつつ、昨日と同じ東口のロッカー脇に寝ころんだ。

ヒッチハイクで福岡を目指す

無一文の生活とはどんなものかと思って始めたホームレス生活も、あっという間にひと月半が過ぎた。新宿駅の東口の近くで横になり、廃棄された食料でどうにかお腹を満たす。これを日々繰り返した。

いよいよ、新宿での路上生活に終わりを告げ、移動を開始する。池袋に住む友人宅で洗濯と入浴をさせてもらい、準備を整える。目的地は遥か彼方《かなた》の地、インドだ。

お金をかけずに移動する手段といえば、徒歩またはヒッチハイクしかない。近距離の移動は徒歩で、長距離はヒッチハイクで進むことにする。選択の余地なしだ。

親指を立てた右腕を高々と上げて、山手線大塚駅の道路脇に立ち、ヒッチハイクを始めた。すぐに1台の車が止まり、あっという間に東京が遠のいていった——と言いたいところだが、実際はそんなにスムーズにことは運ばない。

まず、親指を立てて腕を上げるのがなんとも恥ずかしい。車道には車が溢れ、歩道には人が行き来している。「ちょっとあの人ヒッチハイクしてるよ」という声が後方から聞こえてきそうだ。

しかし、30分も経つとそんなことも言ってられなくなる。腕を上げながら、車の運転手に向かって必死に「お願いします」とアイコンタクトやジェスチャーをするが、それでも全く車は止まってくれない。

「日本でヒッチハイクは不可能なのか？」と疑問を持ち始めた頃、1台の白い車が目の前でピタリと止まった。

「おっ、止まった！」

後部のドアが「ガチャリ」と自動で開いた。つまり、タクシーである。

だが、もしかしたらヒッチハイクとわかって、止まってくれたのかもしれない。そんな淡い期待を抱いて、運転手に尋ねる。

「ヒッチハイクなんですが」

「ああ、そうですか」

運転手は怪訝な顔をして言うと、すぐにドアを「バタン」と閉めて走り去った。

これを皮切りに、次々とタクシーが止まるようになった。ほとんどの場合は「なんだよ」という顔をしてそのまま行ってしまうが、時々「おいおい、冗談じゃないぜ」と、怒りをあらわにする人もいた。あまりにタクシーが止まるので、タクシーが見えたらすぐに腕を下ろすようにした。

ヒッチハイクを始めて、すでに2時間が経過した。こちらが若くて清楚そうな女性だったら、車は止まってくれるのだろうか。さすがに少し焦ってきた。

そこで「行き先ボード」を持って手を振ることを思いついた。そういえばヒッチハイク用のスケッチブックとペンがあるではないか。もう恥ずかしいとか言っている場合じゃない。

早速それらを引っ張り出し、紙に向かう。しかし、ここで手が止まる。

「何て書いたらいいんだ？」

今のところ目的地は「福岡」だが、この東京の真ん中で「福岡」と書いた紙を掲げて、誰が止まってくれるというのだ。

それでは「横浜」と書けばよいのだろうか。よくよく考えると、この目の前の道が一体どこに向かっているのかも知らない。

そうだ、近所の人に聞いてみようと、あたりをキョロキョロと見渡す。少し離れたところでワゴン車から商店に荷を搬入しているお兄さんが目に入った。

「すみません、あの、この道どこに行くんですかね？　横浜の方に行きますかね」

「うーん、行けると思うけど、道は複雑だし、だいぶ先だよ」

嫌な顔ひとつせずに丁寧に答えてくれる。

「うーん、そうですか……」

不思議に思ったのか、今度はお兄さんが質問してきた。

「君はここで何しているの？」

「いやヒッチハイクなんですが、全く止まってもらえないんです」

「えっ、ヒッチハイク？　どこまで？」

「福岡です」

「福岡！」

驚いた様子で繰り返すお兄さん。

「でもここからではあまりに距離があるので、今のところ東京郊外を目指しています」

するとお兄さんがこう申し出てくれた。

「これから仕事で一回りして新橋の方に行くから、そこまでだったら乗せてあげるよ」

「おおっ、ありがたいです！」

私は、喜びの声を上げた。ただし、仕事があるので3時ぐらいになるとのこと。チラッと時計を見るとまだ12時前だ。まだ、3時間以上ある。さすがにそれだけ粘れば他の車が止まってくれるかもしれない。そこで、もし3時まででヒッチハイクできなかったらお願いします、という話で落ち着いた。

荷物を運び終わったお兄さんはそのままワゴン車に乗り「じゃ」と言い残して去っていった。

私は再び路上に戻り、親指を立てる。1時間経ったが止まってくれた車はゼロ。

空模様が怪しいと思っていたら、予想どおりポツポツと雨が降り出した。軒下に避難して、雨が上がるのを待つ。なかなかやまない。時計を見れば2時半だ。

雨はやまないまま3時を回った。約束の時間だったので「来てくれるかな」と期待してしまうが、お兄さんは現れない。

「もしかしたら来ないのかも」という気持ちが強くなる。たしかに出会ったばかりの怪しい男との約束など破ったところでなんの問題もない。

4時になった。やみかけた雨が再び強くなる。空を見上げたその時、1台の車が私の目前に止まった。見覚えのあるワゴン車だ。

「すまん、すまん、遅れた」

嬉しかった。こんな見ず知らずの男との約束を守って来てくれたのだ。案内されるままに荷物を車の後部に載せ、助手席へ。

「よろしくお願いします」

シートベルトを締めると車はゆっくりと走り出した。ヒッチハイクを始めてから6時間後のことだった。

記念すべきヒッチハイク第1号は、このあたりでお豆腐屋さんを経営している大さん。大さんも昔は旅が好きで、旅先で色々な人と出会ったという話をしてくれた。

大さんは結局、長距離を移動する車が多いであろう、東名高速道路の入り口まで送ってくれた。私にとっては、スタート地点から少しでも先に進めるだけで嬉しかった。

用賀《ようが》で降ろしてもらい、大さんのワゴンを見送った。あたりはもうすっかり暗いが、雨はやんでいる。ここでヒッチハイクに成功すれば今度こそ東京を抜け出せるはずだ。

ヒッチハイクで沖縄に行けるのか

ヒッチハイクを始めて3日が過ぎた。あっという間に東京から関西、そして九州まで来てしまった。

高速道路に向かう車に乗せてもらい、サービスエリアで下車。またそこから少し先のサービスエリアの名を書いたボードを掲げる。すると、思いのほか乗せてもらえた。

九州の最南端、鹿児島で久しぶりに再会した友人のミシゲ君は、こう言った。

「沖縄までヒッチハイクで行けたらすごい」

ここまででも我ながらよくやったと思っていたのだが、ミシゲ君にとってはたいしたことではないらしい。沖縄まで行けたら認めてやる、というような口ぶりだ。

聞き流してもよかったが、自分でも「行けるのかな?」と興味を抱いてしまった。これから無一文でインドに向かおうとする人間が、沖縄に行けなくてどうする。

当たり前だが、車では沖縄に行けるわけもなく、船に乗せてもらうしかない。沖縄行きのフェリーが出ているという鹿児島市に向かう。

鹿児島県内でのヒッチハイクは順調で、佐多岬《さたみさき》以外は比較的すぐに止まってもらえた。鹿児島市内からさらに、フェリーが出ているという港を目指す。

港に着くと、ターミナルで沖縄行きフェリーのチケット窓口に並ぶ。列がゆっくりと進み、自分の番になった。内心ドキドキしながら尋ねる。

「お金がないのですが、掃除でも何でもするので、沖縄まで乗せていってもらえないでしょうか？」

受付の女性は「えっ」というような顔をして、奥の机で作業をしている男性のところに向かった。男性は、こちらをチラッと見て迷うそぶりもなく何かを伝え、受付の女性が窓口に戻ってきた。

「ちょっとウチでは無理ですね」

「そうですか」

少しは可能性があるかもと思っていたので、落胆する。だが、私のがっくりした表情を見た受付の女性が、ぼそりと言った。

「でも貨物船なら何とかなるんじゃないかな」

「貨物船？」

てっきり沖縄に行くのはフェリーだけかと思っていたが、貨物船も沖縄に行くのだ。再び希望が見えてきた。受付の女性にお礼を言って、ターミナルを出た。

運よく車に乗せてもらい、貨物船の港に到着した。ずいぶんと殺風景でコンテナばかりが並んでいる。敷地は広く、飾り気のない貨物船が何隻も停泊している。

だが、貨物船は船首に船名が書いてあるだけで、バスや列車のように行き先が書いてあるわけでもない。時々見かける作業員の人に尋ねても、自分の担当以外の行き先は分からないという返事ばかりだった。

ここは日差しを遮るものがなく、炎天下の港内はずいぶん暑い。港内をフラフラと彷徨ったが、結局船は見つからず途方に暮れる。

あたりが暗くなってきた頃、作業服を着た10人くらいの男性が、賑やかにテーブルを囲んでいるところに遭遇した。お酒が入っているせいか、みな大きな声で陽気におしゃべりをしている。そこに近づいて、尋ねてみる。

「ここから沖縄行きの貨物船は出港しますか？」

皆が一斉に話をやめて、こちらを向いた。一瞬の間を置いて手前にいた男性が言った。

「そんなこと言ってないで、一杯飲んできやー」

そして、コップに焼酎を注《つ》いで勧めてくる。一瞬、躊躇したが「はぁ」と言いながらコップを受け取る。

全く素性の知れない男を簡単に迎え入れてくれる男達に驚いたが、私もお酒が嫌いなわけではない。

「こんなところで何をしている」と尋ねられたので、かくかくしかじかとここまでのいきさつを話す。

初めは真面目に話をしていたのだが、「まぁまぁ」と次々に注がれる焼酎を飲んでいるうちに、ずいぶんと酔いが回り、何がなんだか分からなくなってきた。

覚えているのは沖縄行きの貨物船は明日来るということ、それから今日はここの事務所で寝ていいということだけ。プレハブの事務所の床に横になると、昼間歩き回った疲れからか、あっという間に眠りに落ちた。

翌朝、昨日の作業員さん達に教えてもらった港内の会社に向かう。出社する人の姿を見かけるたびに走り寄って、話しかける。

「何でもするので、沖縄まで乗せてもらえませんか？」

真剣な態度でお願いしてみるものの、みな答えは同じだ。

「俺には分からん、もっと上の人間に聞いてみ」

何度も繰り返しているうちに、こんな話を聞いた。

「事務所で聞いてみてよ」

そこにいる人が、権限を持っているのだろうか。これは事務所に行って直接聞いてみるしかなさそうだ。

覚悟を決めて事務所への階段を上がり、扉の前に立つ。緊張の一瞬だ。

ドアを「トントン」とノックすると「どうぞ」と中から声が聞こえる。

「失礼します」

息を呑《の》み込み、ドアを開ける。デスクに腰掛けている中年男性が一人いるだけだ。

「おはようございます。群馬県出身の岩崎と申します」

元気に挨拶をし、頭を下げる。肩書きや職業があるわけではないので、なんとなく出身地を名前の前に付けた。

「それで？」

彼はこちらを一瞥《いちべつ》して表情を変えずに言った。私はできるかぎり熱をこめて、ここまでヒッチハイクで来て、どうしても沖縄に行きたいという話をした。

「だめだね。絶対に無理だね」

男性は、ぼそりと言った。その言い方には、もう一寸の余地もなかった。

「絶対にですか……」

私は緊張の糸が切れたのと希望がなくなったという気持ちが入り混じり、肩から力が抜ける。

「失礼します」と諦めて事務所を出た。

だが、「沖縄に行く」という挑戦をここで諦めるわけにはいかない。「できるか、できないか」という単純な動機でも、やれる限りを尽くさないと納得がいかない。よく考えた結果、やはりもう一度フェリー会社で粘ってみることにした。

6月の鹿児島の日差しは強く、炎天下に立っているだけでジリジリと肌が焼けていくようだ。港で車が来るのを待ったが一向に通らない。

40分が過ぎ、汗が滴り落ちる。倒れそうなほど暑い。1台の黒い車が反対車線をゆっくり進み、私の前でピタリと止まった。車の窓が下がり白髪のメガネをかけた年配の男性が顔を出した。

こちらに向かって何かを言っているのだが、鹿児島の方言が強すぎてその内容が分からない。おじさんはそんなことはお構いなしに喋る。分かったのは「新港」という地名だけだ。

話が一息ついたところで「貨物船に乗せてもらって沖縄に行こうとしたけど駄目で、新港に戻るところです」と簡単に説明をした。きっと「ここで何をやってんだ」という質問なんだろうと思ったのだ。するとおじさんは「何度でも頼み込んだらええ」というようなことを言い、こう続けた。

「誰に言うたん」

「あそこの事務所にいた男性です」

「もう一度、聞いてみ。社長がいいって言うたって」

社長という言葉だけは、なぜかよく聞き取れた。

社長？　このオーバーオールのつなぎを着たおじさんが社長？　そんなうまい話があるものか。半信半疑ではあったが、気持ちが再び燃え上がり甦った。

「そうだ！　よし、もう一度！」

先ほどの船が停泊していたところまで戻る。貨物を積み込んでいるところに、先ほどのおじさんの顔が見えた。

「こっちへ来ぃ！」

おじさんもこちらに気が付いて、手招きしているではないか。

「一体どういうことなのだろうか？」

息を切らして船まで走り寄る。驚くことに、話はすでについていた。本当にこの会社の社長だったのだ。

一人の社員が「こっちへ」と船内に誘導してくれ、この船の船長を紹介してくれた。

なかなか男前の船長は「午後6時に出港、夜は甲板に出ないように」「荷物をここへ」と、実に簡潔に必要なことだけを私に告げた。そして食堂にいた料理長に「何でもするそうなので、手伝わせてあげてください」と言った。

ちょうど6時に船体が細かく振動し始めた。船が動き出したようだ。料理長に言われた仕事は、皿洗いと食事の後片付けだった。

船員さん達が食事を済ませた後、ひたすらに茶碗や皿を洗い、テーブルや床の掃除をする。それから何ヶ所かあるトイレの掃除もして、10時前には一段落ついた。沖縄にどんどん近づいているかと思うと、気持ちが高ぶる。

貨物船を降りる時、船長がこう言ってくれた。

「1週間後またこの港に来るから、乗せてやるよ」

来たのはいいが帰りはどうしようかと思っていたので、ありがたかった。

差し出された韓国行きのチケット

困難と思われた沖縄に渡ることができたのをきっかけに「日本国中をみてやろう」という気持ちが沸々と湧いてきた。

国外に出る前に日本国内を巡るのもいいかもしれない。沖縄県に行けたということは残りの46都道府県にも行けるはずだ。佐多岬という本土最南端の地も踏んだのだから、残りの最東西北端も回ってやろうと余分なアイデアまで出てきてしまった。

ヒッチハイクに慣れてくると、どんな場所が短時間で乗せてもらいやすいか、どのように地名を書いたらよいかなどのコツが分かってきた。

郊外の一本道で車を止めやすいスペースがあり、その一本道の先にある町の名前を書くと、だいたい間違いなかった。

食事は1食や2食は食べられないことがあったが、お菓子をもらったり、パンをもらったり、時々は「ごちそうするよ」と誘ってくれる人もいた。

寝るのは基本は野宿。駅、公園、砂浜、寮やオフィス、塾、路上と実に様々なところで寝た。車内に乗せてもらった時に不潔感を漂わせないように髭をそり、水道で体が洗えるところでは体を洗う。

最も楽しみだったのが友人、知人がいる県を訪問する時だった。友人を訪ねると大抵、一日は快く受け入れてくれたので、洗濯を含め、衣食住でお世話になってしまった。

また友人でなくてもヒッチハイクで知り合った人が家に招いてくれることもあった。見ず知らずの人間を家に招いて、もてなしてくれる。そういう時は申し訳ない気持ちと、感謝の念が入り交じる。

日本のすべての都道府県に行けたのは、乗せてくれた人がいて、泊めてくれた人がいて、食事を恵んでくれた人がいて、数え切れないほどの親切を受けたからだ。

北海道の最北の地、宗谷岬《そうやみさき》で折り返して、再び日本を南下した。北海道では、知人の家の仕事を手伝いながら滞在させてもらい、12月の雪の中、段ボールハウスをそりで引きながら、2泊3日かけて歩いたこともあった。地元の人がくれたおにぎりや、熱いお茶が心に沁みたのを、今でもハッキリと覚えている。

2002年が明けた。東京の友人・梅山君の所に立ち寄り、再び南下を始める。目指しているのは山口の下関か福岡だ。そこから船で韓国に渡るつもりだった。

京都では梅山君の友人という、岡さんを訪ねた。

岡さんはなかなか面白い好人物で、京都の一軒家に住んでいた。一度自衛隊に入っていた彼は隊をやめ、勉強がしたくなったといって学校に通っていた。

ちょうど学校が休みの期間だったせいか、京都の色々なところに連れて行ってくれて、私も厚意に甘え、ついつい滞在が長引いた。

そんなある日の夜、岡さんが言った。

「君の旅をもっと面白くしたい」

そして、1枚の紙を私の方に差し出した。

「何だろう?」と思いながらその横長の紙を受け取る。

「下関→釜山　3月24日」

下関発、韓国釜山行きのフェリーチケットだった。

「たしかに面白くなるとは思います」

私はそう答えながら、しばし逡巡した。嬉しいのはもちろんなのだが、本当に受け取ってしまってもよいものか葛藤があった。沖縄まで貨物船で渡れたので、韓国へもそうやって渡るつもりだったからだ。岡さんは言った。

「期日も指定だからね、行くしかないでしょう」

友人の友人とはいえ、いただいてよいものかと迷った。それと同時に、岡さんの「旅をもっと面白くしたい」との言葉が胸に刺さっていた。

同じ行為でも「同情」や「哀れみ」によるものか、「協力」「応援」の気持ちから来ているかで、まるで違う。前者は「申し訳ない」という気持ちが強くなるし、後者は「よし進もう」というやる気を起こさせてくれる。私は「協力」や「応援」に属すると解釈し、有難くいただくことにした。

新宿でホームレスを始めた時から、すでに1年が経とうとしていた。チケットの日付に遅れないように、ヒッチハイクで下関を目指す。ヒッチハイクにはもちろん時刻表はない。期日に間に合うか心配だったが、どうにか当日無事に下関の港に到着することができた。

出港時間は午後7時で搭乗は6時20分からだった。カバンの奥底にしまってあったパスポートを引っ張り出す。搭乗口に近づくと韓国語の放送が聞こえた。

「いよいよ日本を離れるのか」

これから渡る韓国に対する不安よりも、ここまで来るのに出会った人、お世話になった人の顔が頭に浮かび、胸が熱くなった。新宿で出会った人、それからヒッチハイクで乗せてくれた人、泊めてくれた人、食事をご馳走してくれた人、本当に数多くの人に助けられて自分は今ここにいるのだ。

「必ず、生きて日本に帰ってこよう」

そう自分に言い聞かせながら、桟橋から船に乗り込んだ。

船内に入ると、耳に入ってくる言葉は日本語よりも韓国語の方が多かった。見渡したところ、乗客も韓国人が多いようで、若者よりは中年層が多い。午後10時ちょうどに何の予告もなしに船内の電灯が切れた。「もう寝ろ」という合図なのだろう。

暗がりから威勢のよい韓国語と共に、明かりがチラチラと見える。花札が白熱して、懐中電灯の明かりで続けているようだ。

「韓国ではどんなことが待ち構えているのだろうか」

船はあまり揺れなかった。いつの間にか眠りに落ちていた。

第1章

アジア疾走編

異国初日の思わぬ出会い

２００2年3月25日。消灯と同様に何の予告もなしに部屋の明かりが点いた。時計に目をやると6時、窓とカーテンの隙間からは光が差し込んでいる。振動が伝わってこないところをみると、船は止まっているようだ。毛布をたたみ、甲板に上がってみた。空は快晴で、少し離れた陸にビル群が見えた。釜山だ。

いざ街が見えると、出国前の高揚した気持ちとは打って変わって、見知らぬ地にお金を持たずに飛び込むことの不安が大きくなった。

釜山は韓国南部の大都市だ。中国に渡るには韓国を北上し、仁川《インチョン》と呼ばれる北部の港まで行かねばならない。日本でのヒッチハイクのように乗せてもらえるだろうか、野宿できる場所はあるだろうか、それより言葉はどうしようか、と考え始めると不安要素は尽きない。

「ブルルルッ」という振動が甲板から伝わり、船が動き出した。船はゆっくりと陸に近づいて静かに港に着岸した。待ちかねた乗客が一斉に荷物を持って船から下りる。どちらに向かってよいのかも分からないので、人波に合わせて歩いていくと荷物検査の列についた。ずいぶんと長い列だ。進みが遅く、散々待ってやっと自分の番が来た。前の人はスムーズに通過していたので、私も何の問題もないだろうと思っていたら、私の顔を見て係の女性が何かを言った。韓国語だったので「えっ？」という顔をしたら、すぐに英語、その次に日本語で言い直した。

「リュックを開けてください」

内心「ドキッ」とする。入国管理官はやましいことがあると態度からそれを見抜くというが、まさか私の「お金がない不安」を見抜いたのか。

一応身なりは小綺麗にすることを心がけ、今朝も洗面所でひげを剃ったし、一時期ホームレスだったことは感づかれないようにしたのだが。

怪しいところは何もないはずだ。少々荷物が少ないのが怪しいといえば怪しいが、2泊3日で韓国旅行に来る人だっているだろう。

そんなことを考えながらノロノロとリュックサックのチャックを開けると、係員は厳しい表情で中を覗き込み、愛想もなく言い放った。

「行ってよし！」

ほっ、よかった。荷物検査後の入国審査は問題なく、パスポートに「釜山」の入国スタンプを押してもらえた。これでやっと韓国の地に踏み出せる。

それはよいのだが、考えると行く当てもない。ホテルを予約しているとか、友人と待ち合わせをしているわけでもない、かといって観光名所を訪れるのが目的なわけでもない。

「どうしたものか」と考えながらトボトボ歩き始めると、すぐに街の雑踏に入った。

街並みは日本と似ているが、看板の文字がすべてハングルに変わっていて、時々漢字や英語の表記がある。

危険な感じはしない。日本全国で野宿をした経験というか「勘」では、ここでも野宿ができそうだ。

当てもなく歩き、少し高台にある公園のベンチに腰を下ろす。ここは日本に近いせいか時々日本人らしい人の姿を見かける。隣のベンチに座っている二人組の女性も日本人のようだ。まだ海外に来て数時間なのに、妙に親しみが湧いて声をかけた。

「日本からですか？」

「いえ、違います」

日本語なのに日本人ではないとは？　だがすぐに謎は解けた。

「日本語を勉強しているのです」

二人のうち日本語を話す女性はソウさん、隣の友人はパクさんと名乗った。

ソウさんは日本に何度か行ったことがあるという。日本の観光地などのたわいもない話をし、一息ついたところでソウさん達は「また時間があったらここに来るね」と言って立ち去った。よくある社交辞令だろうと思って気にもとめず、「またね」と手を振った。

再びベンチで今後について思案していると、1時間半ほど経った頃だろうか、二人が再び目の前にやってきて、ソウさんがこう言った。

「もし今日泊まるところがないのでしたら、パクさんの家に行きませんか。パクさんの家族もいるので安心ですよ」

今日公園で知り合ったばかりの外国人の私を泊めてくれるというのか。

隣の国とはいえここは異国である。言葉も片言しか通じない相手について行ってよいのだろうか。しかし騙そうとしているようには見えないし、仮に騙されたとしても、とられる金もない。パクさんの家族もいるというのが決め手になって、二人について行くことにした。

パクさんの家は高層マンションの一室にあった。玄関を開けるとパクさんのお父さん、お母さん、それからお姉さんが笑顔で迎えてくれた。

これはすごいことだ。娘が連れてきた、言葉もまともに通じない見ず知らずの外国人を温かく迎えるなんて——。湧き上がる喜びで、胸が熱くなった。

異国1日目にして、まだ見ぬ世界の片鱗に接した気がした。

異国でのヒッチハイク

釜山に到着して3日目。雨が降ったりやんだりと安定しない天気だ。日が暮れるまでにどこか軒があり眠れそうな場所を探そうと、あたりを見て回る。

そうこうしている間に日が暮れた。候補地は何ヶ所かあるが、決定打に欠ける。軒があって人目につかない場所は、街中ではなかなか見つからない。

だいぶ歩き回って、良さそうなビルの入り口を見つけた。一段低くなっていて、人目につかない。シートを広げ、その上に寝袋を敷いて、横になり目を閉じる。

「コンコン」

かすかに音がした。目を開けて見回すが、誰もいない。

「なんだ空耳か」

再び横になる。

「コンコン」

今度はハッキリ聞こえた。明らかに人為的な音だ。上体を起こしてあたりをよく見る。やはり誰もいない。だがビルの内側を見て「はっ」とした。

明かりが消えて真っ暗なガラスの内側に男が立っている。目が合うと男は口を動かさず、右手の人差し指をワイパーのように振った。「そこで寝るな」のサインだ。このビルの警備員なのだろう。すぐに荷物をまとめて頭を下げ、その場所を立ち去った。

再びふらふらと街を徘徊し寝場所を探す。

次に見つけた場所は、シャッターの閉まった商店の前だ。

「店が開店するまでは大丈夫だろう」

そう判断して、シャッターの前に寝転ぶ。人通りも少なく静かだったが「誰か来たらどうしよう」「変な奴が来ないだろうか」と考え始めると、心臓がドキドキしてなかなか寝付けない。

新宿駅で初めて寝た時のことを思い出した。ただあそこはまだ日本だった。何かあったら言葉も通じたし、向こうの言わんとしていることも分かる。

しかし今誰か来ても、意思の疎通は図れないだろう。日本では人が来てもそれほど「怖い」と思わなかったが、ここではどんな人が現れても怖いと思ってしまう。たとえ警察官であってもそう思うだろう。

うたた寝のような状態で、夜中に何度も目が覚めた。夜空が明るさを帯びてくると、少し気が緩んだのか深い眠りに落ち、次に目を覚ますと空は完全に明るくなっていた。

それを見てガバッと起き上がる。店の人が来る前にここを移動しなければ。あわてて荷物をまとめて移動する。

釜山で出会ったソウさんやパクさんには「韓国でヒッチハイクをする人は見かけたことがない」と聞いていた。

この日は郊外の公園で寝て、翌日もさらに郊外まで歩いて、公園脇の草陰で寝た。街中より郊外の方が人気がないのでよく眠れる。食事は、先日道で声をかけてくれた日本人の五味さんにもらった餅を、少しずつ数回に分けて食べている。

翌日、ヒッチハイクに向いた場所が見つかった。見晴らしが利いて、車を止めるスペースも十分にある。次の町までは一本道だ。

用意していた段ボールにマジックで「ウルサン」とハングルで大きく書いた。韓国語は読めないので、地図に添えられていたローマ字を見て、ハングルをそのまま書き写した。

経験上、この地理条件なら30分も立っていれば誰かが止まってくれる――日本ならば。

「おりゃ！」

かけ声と共にボードを持った両腕を上げる。

だが、走り過ぎていく車のドライバーの様子が何か違う。日本のように「おっ、ヒッチハイクか？　珍しい」という好意的な視線を送ってくれるドライバーはいない。むしろ「なんじゃ、ありゃ？」と奇妙なものを見るような顔だ。

「いやいや、しかし誰か止まってくれるはずだ」

自分を励まし、視線に耐えつつボードを掲げ続ける。しばらくすると、1台の車がこっちに寄ってきた。しかし車をよく見ると、屋根に何かついている。そう、どう見てもタクシーだ。

「こんなに目立つようにボードを掲げているのになあ」

タクシーに向かって手でバッテンを作ってサインを送る。

結局、30分経っても、3台のタクシーが寄ってきただけで、一般の車はゼロ。

「いや、きっと場所が悪かったんだ！」

自分に言い聞かせて、よりよい場所を求めて歩き始める。しばらく道路沿いに進むと、ここでやらねばどこでやるというくらいの、素晴らしいヒッチハイクポイントを見つけた。

「もう、ここだ、ここしかない！」

落ち込んでいた自分を励まし、再び道路脇に立つ。ドライバーからの奇異の視線に耐え、ボードを掲げているだけでも、日本と違って精神的に辛い。

また30分が経とうとしていた。すると1台の黒い車が、少し通り過ぎたところでキュッと音を立てて止まった。車の屋根には何もないので、タクシーではない。

「止まった！」

感激している暇はない。素早く車に走り寄る。助手席側から運転席を覗くと、スーツを着たダンディなおじさまだった。おじさまは右手の親指で後部座席を指し示した。

「後ろに座れ」

しかし乗る前に伝えなければならないことがある。おじさまは私のことを韓国人と思っているだろう。東京でもらった、韓国語の簡単会話帳に出ていたフレーズを、できるだけハッキリと言った。

「私は日本人です」

表情で驚いたのが分かったが、一呼吸置いて再び指で合図をした。

いよく発進させた。

「いいぞ、後ろに乗れ」

「おっしゃー」と叫びたい気持ちだった。あわてて荷物を車に積み込むと、おじさまは車を勢いよく発進させた。

車内で沈黙になるかと思っていたら、おじさまはどこかに電話をかけ、その携帯電話をこちらに渡した。

「もしもし」

どうやら日本語を話せる友人に電話をかけてくれたようだ。

「ソウルに向かっています」

私は一言二言会話を交わし、電話をおじさまに返した。おじさまは「うん、うん」と頷いて電話を切った。とにかく私がソウルを目指していることは伝わったようだ。おじさまは釜山の北にある蔚山《ウルサン》まで乗せてくれた。

その後も、韓国でのヒッチハイクはかなり難航した。乗せてくれた人はたいてい、「日本人」と言うと驚いたけれど、乗せるのをやめることはなかった。

無事に首都ソウルに到着したのは、それから13日後のことだった。

植木屋と犬鍋

シムさんに出会ったのは、47都道府県を巡る途中、北海道羽幌《はぼろ》町の友人宅でお世話になっていた時のことだ。韓国人高校生の引率通訳として日本を訪れていたのが彼女だった。

「韓国に来たら是非、家に泊まりに来なさい」と言ってくれていたので、彼女が住むソウル近郊の富川《プチヨン》市まで歩いて向かった。

シムさんは日本語の通訳をしているので、日本語が堪能だ。韓国人と知らなければ日本人と区別がつかないくらいうまい。

シムさんと再会し、久しぶりに日本語を話す。日本では意識すらしなかった「思っていることを何の苦もなく相手に伝えられる」ということの素晴らしさを思い知る。

韓国に来てからの、ヒッチハイクや野宿の話をすると「ふぇー」とえらく驚きながら聞いてくれた。何日かお世話になった頃、シムさんが言った。

「植木屋で働かない？」

働くということは、賃金を得ることになる。それを貯蓄して旅行をするのは、私にとってはルール違反だ。そこで賃金はシムさんに受け取ってもらうことに決めた。これなら私の懐に賃金は入らないが、お世話になったシムさんに恩返しができる。

翌日から早速、近くの裏山で植林作業をしている植木屋のメンバーに加わることになった。職人さんの数は8人で、20代後半から、50代と思われる人までいた。誰一人日本語はもちろん、英語も通じない。

私の面倒を見てくれることになったのは、パクさんという人で、歳は29歳の私と同じくらいだろうか。

とても陽気で、韓国語がさっぱり分からない私にも、ちょこちょこ話しかけてくる。行動だけ見ていると、お笑い芸人のようだ。

穴掘りの作業をしていると、パクさんが時折「ノーノー」と言いながら、もっと腰をいれて深く掘るようにと、ジェスチャーで示してくれる。

数日するとパクさんの色々な面が見えてきた。仕事を始めて1時間はサボらずに一生懸命こなし、ものすごくしっかりと指導をしてくれる。

だが時間が経つにつれ、ちょこちょことサボり、手抜きが出てくる。さらに時間が経つと一服と称しては、休んでばかりになる。休んでくれると私も休めるので楽だが、そのぶん仕事が遅々として進まないので、効率はかなり悪くなる。

職人さんたちは「オヤジ」と呼ばれる棟梁の家に一緒に住んでいる。皆で共に食事をし、6畳間に3人くらいずつ分かれて寝る。

ある日のことだ。職人の一人、ヨウさんが言った。

「ドグは食べられるか？」

そんなようなことを言いながら、口にかき込む仕草をしている。

「ドグ？」

首をかしげ、紙とボールペンを渡す。言葉の通じない私達にとっては、紙に描写するのが何より手っ取り早い。

でも絵を描いてくれても、さっぱり分からない。4本足？　狐？　なんだろう。「うーん」とずっと首をかしげていると、ヨウさんが、アルファベットで「D・O・G」と紙に書いた。

それで分かった。「ドッグ（犬）」だ。

たしかに韓国では犬を食べると聞いたことがある。

ヨウさんが、台所のガスコンロで火にかけられている巨大な鍋を指差した。すでに調理は始まっているらしい。犬を食べるなど想像したこともなかったが、どんな味か興味も少々あった。

「オッケーオッケー」

やがて、鍋の中身を移したどんぶりが、居間のテーブルに運ばれてきた。顔を近づけるまでもない。昔、実家で飼っていた犬と同じ、いわゆる犬の匂いがする。

仮に、最初に何の肉か教えてもらってなかったとしても、匂いを嗅げば、100%犬だと気づいただろう。テーブルに充満した匂いで、食べる前から食欲がうせてしまった。

私は「好き嫌いなくなんでも食べる」「残さず食べる」をモットーに生きてきた。だから、せめて自分の分だけは食べようと、目の前の器に盛られた肉を、必死で口に運んだ。オヤジが片腕をポパイのように折り曲げて、もう一方の腕で「食べろ、食べろ」という仕草をする。これを食べると元気が出ると言いたいのだろう。

口に入れるとさらに強烈に匂いを感じる。一刻も早く飲み込みたいのだが、肉質がかなり筋張っていて、顎が疲れるまで嚙んでもなかなか飲み込めない。時折キムチを口に放り込み味をごまかし、一緒に嚙んでなんとか飲み込む。周りの職人さんたちはモグモグと普通に食べている様子。必死なのは私ぐらいだ。

隣に座っていたアジシと呼ばれるおじさんが、いきなり自分のどんぶりから山盛りのお肉を取り出し「食え食え」と私に足してくれた。「げっ！」と思ったが、時すでに遅し。戻すわけにもいかず、小声で言った。

「カッ、カムサハムニダ（ありがとう）」

最初以上に増えた。なんてことだ。とにかくキムチとご飯を一緒に口の中に入れて、味をなるべく感じないようにして食べる。しかしなかなか進まない。

オヤジが席を立ち、台所の大鍋を居間のテーブルの真ん中に「ドン」と置き、中から肉の塊を取り出した。形ですぐに分かった。足だ。肉球こそついていないが、間違いなく、犬の後ろ足だ。

「そっ、それをどうするつもりか？」

と恐る恐る見ていると、オヤジはニコリとしてそれを私のどんぶりの上に置いた。

「ギャー」

心の中で悲鳴をあげた。

「ななな……足」

白い骨に肉が付いている。オヤジが満面の笑みで「食え、食え」とジェスチャーをする。すでに腹は十分、心も胸一杯だったので、腹に両手を当てて、

「もう腹一杯です」

の仕草をする。とてもじゃないがこの足は食べられない。完全に見た目だけでノックダウンだ。

するとオヤジは「そうか」と少し不満そうに頷き、私の目の前の肉を手で掴み取り、チキンの足でも食べるかのように「ムシャムシャ」とかぶりついた。

すっ、すごい光景だ。

オヤジの家の子供も、私達の食卓に来て、肉をつまんで食べている。

日本の納豆が外国人には得体の知れない味だと聞いたことがあるが、小さい頃から食べ親しんでいる私達には美味しい。それと一緒なのだろうか、とつまみ食いするオヤジの子供達を見て思った。しかし、私はもう二度と犬はこりごりである。

仁川から中国へ

植木屋で働いた賃金は、後日すべてシムさんに渡した。シムさんは不思議そうに言った。

「旅行を続けるのに、お金は必要でしょう？」

「お金があると、私の旅行のスタイルが変わってしまうのです。この旅行スタイルを続けるには少ない方がよいのです」

「中国にはどうやって行くつもり？」

「仁川の港まで行き、乗せてくれそうな貨物船を探します」

するとシムさんは少し間を置いてから言った。

「じゃ、私が中国行きのチケットをプレゼントするわ、これならルール違反にならないでしょ」

これは本当にありがたい提案だった。言葉もろくろく通じない港で、貨物船を探すのは容易じゃないだろうと思っていたので、難問が一気に解決する。ここはシムさんの厚意に甘えることにする。

「それでもだいぶお金が余っちゃうわね」

「でしたら、シムさんの息子さんと娘さんに必要なものを買ってあげてください。私はそれで十分です」

「分かったわ」

シムさんも納得してくれた様子だ。

富川でシムさんの家に滞在する間、色々な所に連れて行ってもらい、数多くの人に会わせてもらい、様々な経験をさせてもらった。

そしてなにより、この知り合いの全くいない韓国でまるで家族のように扱ってもらい、シムさんの家にいる間は家庭の温かみを感じ、孤独を感じることがなかった。感謝してもしきれるものではない。

出発当日、シムさんが富川から仁川の港まで送ってくれることになった。

港に着くと、どこからか中年の女性が近づいてきて、いきなり何やら捲《まく》し立ててきた。

「〇、×、△、■」

女性はしつこく一緒に歩きながらしきりに話しかけてくる。よく見ると、なにやら荷札のようなものをこちらに示している。

「なんか自分の荷物を運んでくれとか、そんなんだろう」

言葉の分からない私はそんな風に推測するしかない。その様子を見ていたシムさんが言った。

「荷物は手荷物だけよね？」

「はい、大丈夫です」

状況が飲み込めないままそう答える私。そして受付カウンターにつくと、ついてきた女性が言った。

「パスポート」

は？　海外では、パスポートは自分で管理するのは常識だ。出会ってものの5分も経たないこの素性の知れない女性に、パスポートなど渡せるわけがない。

「大丈夫だよ、パスポートを出して」

意外なことに、シムさんがそう言うではないか。

ちょっとびっくりしたが、私は彼女に絶大な信頼を置いているので、素直に女性にパスポートを渡した。受付の順番がやってきた。すると、いつも冷静なシムさんが焦った様子。

「アニョ、アニョ（いいえ、いいえ）」

さすがに気になってシムさんに聞いた。

「何が起こったのでしょうか？」

「二人部屋にしてくれるって」

「えっ」

どういう経緯でそうなったのか。下関から釜山へ渡った時のように、大部屋で十分なのに。

「いや、ホントに結構です」

そうシムさんに伝えたが、その女性はなぜか勝手にお金を上乗せして、二人部屋を取ってしまった。そしてそのチケットを受け取ると、どこかに行ってしまった。シムさんは状況が分かっているらしく、落ち着いている。

3分ほどすると、その女性が戻ってきて先ほどのチケットを返してくれた。女性の手には荷札シールの半券が握られている。

それを見て今までの謎が一気に解けた。この女性は自分の荷物が多すぎて載せられないので、私のような、荷札の必要ない人を探していたのだ。二人部屋をとってくれたのは、そのお礼だったのだろう。

そして、たまたま私の前に並んでいたおじさんも彼女に荷札をあげたらしく、目が合うと「私も一緒です」というように苦笑いをしていた。

成り行きで、その人と一緒の部屋になった。シムさんが「彼をよろしく」と伝えてくれたようで、おじさんは私の方に向き直って言った。

「私はユンです、よろしく」

なんと、日本語だ。ユンさんは以前日本に3ヶ月ほど滞在したことがあり、その時に日本人にものすごくお世話になったらしい。

別れ際に、シムさんが言った。

「中国でのヒッチハイクは難しいと思うから、これで自転車を買いなさい」

渡してくれたのは、3万ウォン（約3000円）。

中国でもヒッチハイクをするつもりだったけれど、大陸ははるかヨーロッパまで続いている。

「自転車もいいかもな」とふと思い、お金を受け取った。

「ト マンナプシダ！（また会いましょう）」

覚えたばかりの韓国語で、シムさんに別れの挨拶をする。

ゲートに入り、振り向いては手を振る。シムさんはずっと見送ってくれている。「また会える」という気持ちが強かったせいか、不思議と涙は出てこなかった。

船に乗り込み、時間になると韓国語の放送が流れ、ゆっくりと船が港を離れはじめた。

韓国に着く時は不安ばかりだったが、今は「もっといたかった」という気持ちになっている。

「さよなら韓国！」

心の中で言いながら離れていく仁川の港を見つめていた。

ゴー・ウエスト

一晩明けたら、中国の大陸が近くに見えており、間もなくフェリーは青島《チンタオ》の港に到着した。

船着場の外に出ると、荷物検査ではぐれてしまった同部屋のユンさんが、迎えにきた中国人の李さんと一緒に待っていてくれた。青島の中心地まで、李さんの車に便乗させてもらえることになった。

車窓から街並みを眺める。青島は思った以上に都会だった。車線が多く、交通量も多い。韓国では見かけなかったレンガ造りの家が立ち並び、車が通るたびに砂埃が舞う。クラクションがそこら中で鳴り響き、車、三輪自動車、バイクの間をするり、するりと人が横断している。

それに、道路脇にちらばるゴミが目に付いた。

お世辞にも綺麗とはいえないが、ずいぶんと活気がある街だ。

「あなたはこれからどうしますか？」

ユンさんが私に尋ねる。景色を見ながら「ここでのヒッチハイクは難しそうだ」とぼんやりと思っていた。

あの半島の韓国でさえヒッチハイクでは苦労の連続だったのだ。この広大な中国をヒッチハイクで進もうとしたら、それ以上の困難が待ち構えているだろう。

それを考えるとシムさんに言われたように、自転車で行った方がよい気がした。

「ヒッチハイクは難しいと思うので、自転車で行くことにします」

ユンさんが、運転している李さんに伝える。

「中国は大きい、上海《シャンハイ》までで も1000km以上あるよ！」

李さんがビックリしたように言う。

「大丈夫だと思います」

全く根拠はない。だが、無一文で旅をすると決めた以上、ヒッチハイクが難しいならそうするしかないのだ。それに誰かの世話になるより、できるならば自力で進みたいと思っていたからちょうどよい。

「それでは昼食を食べてから、自転車屋に行きましょう」

ユンさんがそう提案してくれた。ちょうどお腹も空いていたので、とてもありがたい。

食堂らしき店の前で車が止まった。ガランとした飾り気のない店内で、テーブルが2、3個置かれただけの小さい食堂だ。李さんが声を上げると、奥からおじさんが姿を現した。李さんが中国語でなにやら注文をする。

テーブルに腰掛けていると、それほど待たずに見たことのない貝料理が、次々と運ばれて来た。

「これを食べれば体の準備はできます。後は心の準備だけですね」

ユンさんがうまいことを言う。

「中国のお金は持っていますか？」

続けてそう聞かれたので、正直に答える。

「いや全然持っていません」

ユンさんは「えっ」と少し驚いたような顔をして続けた。

「ウォンは持っていますか？」

「はい」

シムさんにもらった3万ウォンがある。

「じゃあそれを出して。李さんが両替してくれます」

リュックの中からお金をひっぱり出し、ユンさんに渡した。李さんが100元と書かれた赤い札を2枚差し出す。元とウォンの換金率は全く分からないが、彼らを信用して何も言わずに200元を受け取った。

もうお腹に入らないというほど食事をご馳走になり、再び李さんの車で自転車屋さんに向かう。着いたところは、路上に数台自転車を並べただけの露店だった。

「一番安い自転車はいくらくらいですか？」

そうユンさんに尋ねると、李さんが店番のおばちゃんに伝えてくれた。するとおばちゃんは、端に置かれた藍色の自転車を指差して言った。

「200元」

先ほど李さんに両替してもらった金額ぴったりだ。

それは日本で言うところの「ママチャリ」。もちろん変速機などついてない。どう見ても長距離を走るには向いていないが、選択の余地はない。

「これからはこれで移動することになるのか」

手に入れた自転車をしげしげと眺めていると、李さんが車に飛び乗り、どこかに走り去ってしまった。ずいぶん慌てた様子だ。10分もせずに戻ってきたが、車線端の路肩を逆走していたのには驚いた。日本では見たことのない荒業だ。

車を降り息を切らして駆け寄ってきた李さんの手には、一枚の大きな紙が握られていた。

「これを使ってくれ」

それは半畳ほどの面積に記された中国全土の地図だった。福建省とか雲南省などの各省がカラフルに色分けされており、隅に漢字で「六百万分之一」と書いてあった。

地図の左の端の方には小さく韓国と日本まで載っていて、この日本列島の小ささがまた中国の大きさを一段と際立たせている。肝心の道は記載されておらず、地方の都市名が書いてあるだけだ。しかしこれから向かう町の名前が分かるだけでもありがたい。

「謝謝《シェシェ》、李さん」

李さんが広げた地図の一点を指差した。中国の右隅の半島、「青島」と記されている。「今、俺達はここにいる」という意味だろう。そして地図上で指を左に走らせながら、英語で言った。

「ゴー・ウエスト！（西に行け）」

たしかに地図を見ると「青島」は半島にあり、すぐに南下できない。しかし、こんな大雑把な地図で「ゴー・ウエスト」って言われても……。

それでもゴタゴタ言っている場合ではない。

「行くしかない、それしか道はない」

道端に落ちていたプラスチックのロープを使って、自転車の荷台に荷物をくくりつける。そしてまさか使うことはないだろうと思っていた、東京の100円ショップで買ったコンパスを取り出した。

「ゴー・ウエストね」

かなり大まかな地図と100円のコンパス。こんなので中国を南下できるのだろうか。自分でも呆れるくらいいい加減だ。

ユンさんと李さんに何度もお礼を伝える。ユンさんは今にも泣き出しそうな顔だ。この出会ったばかりの日本人が無謀にも自転車で中国を南下するというので、不安でいっぱいなのかもしれない。

とりあえずコンパスが西を指している方の道へ、ペダルを漕ぎ出す。頭の中ではペット・ショップ・ボーイズの「ゴー・ウエスト」が繰り返し流れていた。

動かない右足

青島の街を出て、コンパスが西を指す方向へ、道路をひた走る。半日あまり走ったところで、「もうこのくらいでいいかな」と思って南下を始めた。だがまだまだ半島内だったらしく、南へ向かう道はやがて未舗装路に変わり、海が見え始めた。半日も自転車をひたすら漕いだのに、この小さな半島からも出られないのかと呆然とした。

道を間違えたと気づいたところで、日が暮れた。中国に来て初めての夜だ。

中国は危険だと散々言われていたので、慎重に野宿の場所を選ぶ。と言ってみたところで、野宿に安全も何もないのだが。当たり前だが、自転車は徒歩に比べて、移動範囲がだいぶ広い。おかげで野宿候補の場所も格段に探しやすくなった。田んぼの中にポツンとある納屋のような建物を見つけた。その脇にシートを広げて寝転ぶ。幸いなことに星が見えている。雨は降らないだろう。

自転車で走り出して3日も経つと、国道と県道の違いが分かるようになってきた。県道は道路の脇の標識の文字が黒く、国道は赤い文字の標石で大都市を繋いでいる。李さんにもらった地図で次の町の名を確認し、国道に沿って自転車を走らせる。

道に迷うこともなくなってきたので、調子に乗って自転車を漕いでいたら、夕方近くになって右足の膝の裏に違和感を覚えた。足を曲げるたびに少し痛みを感じる。

「自転車を漕いでいるだけで、足がおかしくなるはずなんかない。ただの筋肉痛だ」

その時はそう気楽に考えていた。ところが痛みはどんどん激しくなるばかり。「おかしいな」と自転車を止めた頃には、右足を曲げると悲鳴を上げたくなるほどの痛みに変わっていた。

症状はこうだ。足をまっすぐ伸ばしている分には問題はないのだが、少しでも膝を曲げると激痛が走る。

日照《リージャオ》という町の手前で完全に足が曲げられなくなり、自転車を下りて押しながら歩くことしかできなくなった。町を抜けると、薄暗くなってきたので眠れそうな場所を探す。幸い、郊外に抜けると田園風景が広がっていたので、田んぼのあぜ道で寝ることにした。

「まあ一晩眠れば膝も元通りになるだろう」

空は晴れ渡っていて、月と無数の星が見える。寝袋に入った時は体の左側にあった月が、夜中目を覚ました時には、右側に移動していた。ちょうど時計の針のようだなぁと、明るい月に寝ぼけ眼《まなこ》で思う。

翌朝、恐る恐る右足を曲げてみる。昨日と同じ激痛が走った。一晩寝たところで、症状は全く改善されていなかった。

「少し右足が痛み出した時に、漕ぐのをやめて自転車を押せばよかった。そうすればここまで悪化することもなかったろうに」

そう考えるとすごく自分に腹が立ってくる。しかし後悔してもどうしようもない。

これからどうするかが問題だ。選択肢は少ない。今のところ自分で診察し、治すしかない。

恐らく急に酷使した膝の腱がおかしくなったのだろう。無理に曲げると悪化する一方だ。

寝る時に地面に敷いていた段ボールを幅3㎝くらいに何本か切り、それをテープでまとめて、両側から足を挟む。そして東京のゴミ箱から拾って持ってきていた包帯をぐるぐると添え木がわりの段ボールごと、足に巻いた。こうすれば簡単には右足を曲げることができない。しばらく自転車は漕げないがこれで自転車を押しながら進むしかない。

今日は生憎《あいにく》の雨模様だった。雨が強くなったら軒を探して雨宿りし、雨が弱まったら自転車を押して進んだ。

スイスイと追い抜いていく他の自転車を見ては「昨日まではああだったのに」と思い、苛立ちが募る。自転車に比べて徒歩はあまりに遅い。


正午をだいぶ回った頃、再び雨が激しく降り出した。うまい具合にあった食堂とおぼしき店の軒下に自転車と共に避難する。

「助かった、それにしてもひどい天気だ」

すると店のドアが開き、中年の男性が顔を覗かせた。男性は自転車と荷台に積んだ荷物にチラリと視線を送ってから手招きして言った。

「まぁ中に入れ」

「いいや、いいです」

私は体の正面で手を小さく横に振った。

今度は男性が、先ほどより長めの言葉で何か言った。

私は持っていた紙に「私は日本人で、中国語が分かりません」と漢字で書いて見せた。男性はそれを見ると「えっ」といった表情を浮かべ、店内に向かって大きな声で何やら叫んだ。

すると店の中から4、5人の男性がぞろぞろ出てきて私を囲んだ。囲まれたが、敵意は感じない。むしろ興味津々といった様子だ。

最初の男が「まぁ中へ」と繰り返すので、「はぁそれでは」と店内に入れてもらう。店内は飾り気のない雰囲気だった。勧められた椅子に腰を下ろす。そこにいた男性の一人が紙にこう書いた。

「日本人なら証明書があるだろう？」

もちろんパスポートは持っているが、「はいそうですか」と出す気にはならない。代わりに期限の切れた免許証を出した。期限は切れて何の役にも立たないが写真があり、住所は漢字で書いてある。それを見れば日本人と分かるだろう。

思ったとおり、男達は私が日本人ということを納得した様子だ。

「自転車でどこへ行く？」

と再び紙に書くので、

「上海を目指している」

とやはり紙に書いて答える。

本当はさらに南に進むつもりだが、当面の目的地は上海だ。すると、丸メガネをかけた少し背の低い男性がたどたどしい英語で言った。

「自転車で上海には行けない、なぜなら遠すぎるからだ」

そしてこう続けた。

「バスなら行ける」

そんなことは百も承知だ。だが、こちらにはこちらの事情がある。状況を説明するのが面倒

なので、

「自転車で行きたい」

とだけ主張を繰り返す。

「だめだ、無理だ」

「いや自転車で行く」

そんなやり取りを3回ほど繰り返すと、向こうも「こいつは説得できない」と思ったのか
「もういい、好きにしろ」という呆れた表情をした。そして思いついたようにこう言った。

「腹は減っているか？」

時間は夕方近くになっていて、腹も減っていたので「はい」と答える。

すると男の一人が店に置いてあった「煎茶餅」と書いてある煎餅をくれた。それをバリバリと平らげると「こいつは相当腹が減っているんじゃないか？」と思ったのだろう。次はどんぶりにお湯を注いだインスタントラーメンのようなものをくれた。そこは一応食堂だったので、紙に「これはいくらか？」と書くと丸メガネの男が「無料」と紙に書いた。

おおっ、それはありがたい。それではと遠慮なくご馳走になる。汁もすべて飲み干した。

先ほど私を中に呼び入れた中年の男性が外を覗き、空の方へ手の平をかざして「雨が上がったかな」という仕草をした。店内にいた男達は「そうか、そうか」と次々に外へ出て行き、そのままどこかに行ってしまった。

最初に私を中に呼び入れた男性は、店の人でもなんでもないようだった。最後まで店内に残っていた男性に「謝謝」と伝えて、私も雨上がりの空の下、自転車を押し出した。

パンひとつ、おいくら?

中国に入って数日は、韓国でシムさんにもらった日持ちする堅いパンを少しずつ食べていた。それがなくなると、商店で小さいパンが10個ほど入っている袋を2元(約30円)で買い、朝、昼、晩に分けて食いつないでいた。中国は屋台の食事が安いとは聞いていたのだが、自分には少し贅沢な気がして、見かけても近寄らずにいた。

しかし走り始めてから5日目。路上の屋台から発せられるパンの匂いにつられて、ついペダルを漕ぐ足を止めた。

フラフラと匂いに釣られて屋台に近づくと、パンを焼いていたチョビひげのオヤジが、「何だ?」という顔をした。こちらを睨む眼光があまりに強烈だったので、反射的に「ひとつ」と人差し指を立ててしまった。「お客」と思われたかったのだ。

するとチョビひげオヤジは私が言葉を話せないことを察したのか、それに応じて指を2本立ててきた。私はそれを見て、1個「2元」と理解する。いつも食べているパンよりはだいぶ高いけど、青島でユンさんにご馳走になってから今日まで、ほとんど温かい食べ物を口にしていない。

しかしこんなところで贅沢をするわけにはいかない。2元あれば、いつものパンが10個も買えるのだ。はやる気持ちを抑えようとするが、あまりに香りがよすぎる。

「ひっ、ひとつだけ贅沢させてくれ」

そう自分に言い訳をしながら、オヤジに向かって指を1本立てる。そして、ユンさんがくれた小銭を両替したなけなしの5元札を引っ張り出した。

オヤジは愛想もなく札を受け取り箱に入れ、おつりを差し出した。数えると1元札が4枚ある。

「あれ、ひとつ2元じゃないの？」

不思議に思いオヤジの顔を見返す。オヤジは淡々と焼きたてのパンを釜から取り出し、袋に詰めて私の方に差し出した。サービスとか、おつりを間違えたわけでもなさそうだ。

袋を開けると、中にはパンが5つも入っている。

「なんだこれ？」

戸惑いながらオヤジの顔を見るが、こちらを気に留める様子もなく、釜の中のパンを並べ替えている。

「1元払ってパンが5つか」と頭の中で整理してやっと理解した。

つまりパンはひとつ「2元」ではなく、その下の単位「2角（約3円）」だったのだ。そしてオヤジはお金を渡す時に立てた1本の指を「1元分」と理解して2角×5個（＝1元）くれたのだ。言葉を介さないやり取りのせいで、お互い微妙にすれ違ったわけだ。しかしこの時初めて、路上で売っているものの安さに驚いた。想像してた価格の、10分の1だ。

紙袋から焼きたてのパンの香りが立ちのぼる。屋台から少し離れてから、さっそくパンにかぶりついた。薄い塩味のついたただのパンだったが、焼きたてというだけで十分に美味しかった。

「うまい、うまい」

4つも一気に食べてしまった。食べ物が温かいだけで、こんなに満たされた気持ちになるものなのか。それ以来、時々屋台を見つけては、温かいものを買って食べるようになった。さらに中国大陸を南下するに従って、路上でのバナナ売りも見かけるようになった。

「一体、いくらくらいするのだろう？」

素朴な疑問が湧く。中国の物価から考えると、もしかしてものすごくコスパがいいのではないだろうか。道端でバナナを広げているおばちゃんに、ためしに「1元」と言ってみた。

「いいよ」

おばちゃんは嫌な顔ひとつせずに言った。

つまり、バナナを「1元」分買える単位があるということだ。慣れた手つきで一房とって袋に詰め、大きな上皿天秤の皿に載せる。そしてもう一方の皿に重りを幾つか載せた。これで重さを量っているのだ。

そこからバナナを2本を抜き出した。

「そうか1元でバナナ2本買えるのか」

そう思って見ていると、おばちゃんはテーブルの上にバナナを2本置き、残りの房が入った袋を私に差し出した。

「えっ、1元って、こっちの方？」

渡された袋を開いてバナナを数えてみた。「1本、2本……6本」。

なんと「1元（約15円）でバナナ6本」である。これは、今後の旅で有力な食料になるのでは……と思いつつ、ひとつ食べてみる。モグモグ。

「うまい！」

甘くて、日本で食べていたバナナと、なんの変わりもない。久しぶりの果物に調子に乗って、バナナ6本をすべて食べきってしまった。

さらにその日の夕方、バナナの味が忘れられず、今度は5本買ってしまい、それもその場でモグモグ。全部食べてしまった。

満足して自転車を漕いでいると、突然鼻水が垂れてきた。

「おっ、夏風邪でも引いたかな」

自転車を止めてティッシュを出し、思い切り鼻をかんだ。すると紙が真っ赤に染まっているではないか。

「うわっ、鼻血だ！」

原因は、どう考えてもバナナだろう。だって、今日一日の食事はバナナ11本……。


床屋も日本の感覚からすると、信じられないほど安かった。きちんとした店構えの床屋は20元(約３００円)以上するが、路上の床屋はなんと3元(約45円)からある。

路上で散髪している様子を見た時、最初は驚いたが、見慣れると「おっ、ここでもやってるな」と思うようになった。

中国をだいぶ南下し、広州を訪れた時のことだ。

髪がだいぶ伸びたので「今日こそはカットしよう」と心に決める。ちょうどうまい具合に3

元床屋があった。そばに自転車を止めると、お客と分かったのか主人が椅子を勧めてくれる。今は先客のおじいさんの頭を刈っているところだ。

テーブルに並べられた道具は、はさみ、櫛、カミソリ、石鹸、そして霧吹きと極めてシンプル。おじいさんの髭を剃り終わると、主人は中国人には珍しい満面の笑みで「どうぞ」と席へ促してくれる。慣れた手つきで首に布を1枚シュッシュッと巻いてくれて、いよいよカット開始。

短くして欲しかったので、自分の髪の毛を摑み「たくさん切ってくれ」とジェスチャーをした。おじさんは「任せておけ」というふうに、ニコニコ微笑んだ。

だが、実際切り始めると、全然短くなっていない。何となく形を整えているという感じだ。「もっと短く!」と言いたかったが、言葉の問題と3元という値段から諦めて、すべておじさん任せにした。結構念入りに細かく切ってくれる。予想以上に丁寧だ。

一応頭が終わったのか、おじさんははさみを置き、カミソリを手に取った。

さっきおじいさんのひげを剃っていたカミソリだ。

「あれ、たしか消毒してないよな。床屋のカミソリで感染する病気があったような気がする」

という思いが頭に浮かぶ。

「不要(けっこうです)」

そう、2度繰り返した。発音がいい加減な中国語だが、なんとか通じたらしい。おじさんはひげを剃る動作をやめた。しかし、その手を下ろさずに髪の毛の「きわ剃り」を始めた。

その間まさに一瞬だった。「げげっ」と思ったが、「きわ剃り」くらいだったら血も出ないだろう。彼は路上で床屋を営んできたプロなんだから。カミソリが「ジョリジョリ」ときわの毛を剃っていくのが分かる。

私は「失敗しないでくれ」と祈る気持ちで、動かないように体を硬直させる。額に汗をかいているのが分かる。一瞬でも手元が狂えば、血が出るだろう。それ自体は怖くないが、問題は感染症だ。

おじさんがカミソリを肌から離し、テーブルに置いた。

「ふーっ」

チクリともしなかったので全然大丈夫そうだ。さすがプロフェッショナル！　おじさんは私の首に巻いた布をサッと取り、パッパッと髪の毛を払う。

「3元ね」

「そうだ、そうだ3元」

これだけきちんとカットしてくれて3元とは、とても得をした気分だ。

「さて、行くか」と思った時、一応持っていたティッシュで、首の後ろを撫でてみた。それを見て絶句した。血の点がたくさん付いていたのだ。

「うぎゃぁー、血がこんなに！」

散髪後の爽快な気持ちが一瞬で吹き飛んだ。

おじさんに「そのカミソリは安全か？」と聞こうとしたが、また同じカミソリを次の人に使っている。

これは、聞くだけ無駄だ。ショックで落ち込んだ私の気持ちとは裏腹に、おじさんはニコニコと笑顔で見送ってくれた。

深夜にパンツで逃げ出す

ひたすら野宿を続けている。テントもないので、そのまま地面にゴロンとなるだけだ。毎日寝る前には空を見上げる。星が出ているか、雲が多くないか。月はスッキリ見えているか、風はどうか。これから雨が降るかどうかを知るためだ。

自転車で走り疲れ、グッスリ眠っている真夜中に、顔に雨が当たって起こされる。これほど不愉快なものはない。だから空を見つめて少しでも怪しい要素を見つけたら、雨をしのげる場所を探さなければならない。

今日は星が見えない。雨が降りそうな予感がしたので、雨よけがある場所を探した。最初から軒下で寝ればよいと思うかもしれないが、ちょうどいい場所など、うまい具合には見つからない。野宿は条件が増えれば増えるほど、適した場所が少なくなっていくものだ。

日が完全に暮れてから、やっとよい場所が見つかった。工事中なのか未舗装の道路で、路肩が広く取ってある。そして道は行き止まりでどこにも繋がっていない。これならば雨が降ってきても高架線の下に移動すれば雨が防げる。なかなか好条件だ。

いつものようにシートを広げて横になる。この日も１００km近く走ったので疲れてすぐに眠りに落ちた。

眠ってからどのくらい経っただろうか。

「ポツッ、ポツッ」

顔に当たる冷たいもので目が覚める。残念ながら雨の予想が当たってしまったようだ。寝ぼけ眼をこすりながら、高架線の下に移動した。時計を見ると午前2時だ。

「ジャリッ、ジャリッ」

今度は、砂利が擦れるような音で目が覚めた。この高架線下通路はまだ工事中で一方は国道、もう一方はどこにも通じてない砂利道になっている。こんなところに人が来るはずがない。

「空耳かな」と目を閉じたまま思う。

「ジャリッ、ジャリッ」

あきらかに、砂利道の上を人が歩く音だ。完全に眠気が吹っ飛んだ。

「誰がこんなところへ」

起き上がると相手に気づかれるので、目だけを開けて、足音がした闇の方へ目を凝らした。高架線の下は暗いが、車が国道を通るとヘッドランプの光で、うっすらと明るくなる。人型のシルエットが浮かんだ。

「誰かいる！」

一瞬の光に照らされただけなのでよく見えなかったが、髪の毛が長い。高架の天井が低いせいか、やたら背が大きく見える。

「ボソボソ」

今度は、言葉を発しているのが耳に入った。他の誰かと話しているようだ。

「他にも誰かいるのか？」

ますますまずい状況だ。相手が一人ならなんとか対抗できるかもしれないが、複数だと難しい。

「ズージャリ、ズージャリ」

高架線の入り口あたりに、もうひとつ人影が現れた。足が悪いのか、片足を引きずるような音がする。雨が激しくなったので「たんなる雨宿りかもしれない」と願ったが、そうでないことがすぐに分かった。

後から現れたもう一人の男が、こっちに向かって歩き出したのだ。こちらには、何もない。寝ている私以外には――。私との距離が3mくらいになったところで、何かされそうになっても対応できるように、ガバッと上半身を起こした。暗がりとはいえ、相手にも私の行動が見えたはずだ。しかし男はお構いなしに近づいてくる。男が低い声を発した。

「○、▲、×、■！」

もちろん、内容はさっぱり分からない。外国人とばれたくないので、私は無言を貫く。

暗がりで顔はよく見えないが年配の男性だ。60代だろうか。

男は腰を曲げて枕の横に置いてあった私のバッグを指差し、そのまま摑んでひっぱろうとした。私は両手の手の平を相手に向けて、「触らないでくれ！」と抑制する動作をする。男はバッグから手を離したが、何かを言いながらバッグを指差す。私には何がなんだか分からない。

「とにかく、ここにいたらまずい」

咄嗟にパンツのまま寝袋から飛び出て、寝袋とマットをグチャグチャのままバッグに押し込んだ。勢いよく閉めたせいで、チャックが「ブチッ」と音を立てて外れた。そして、パンツのまま自転車に飛び乗った。

この間、1分もかかっていないだろう。自転車を全力で立ち漕ぎする。

高架線の入り口の付近にいた長髪の男は、動く様子はない。その脇をすり抜けて、暗い道路に飛び出した。雨の中をパンツ一丁でひたすら疾走する。

「とにかく明るいところへ」

ほのかに光が見えた。ガソリンスタンドの明かりだ。

出せる限りのスピードでそこへ向かい、看板の下に自転車を止めた。

「一体あの男達は何だったのか？」

少しほっとすると我に返って、パンツ姿だったことに気がついた。

慌ててズボンを穿き、肩にかけていた荷物を自転車にくくりつける。マットをたたもうとしたが、留めるゴムバンドがない。

「さっき焦って出発した時に忘れたんだ」

明るくなってから、あそこに戻ろう。

雨脚が弱まってきたので、暗い道をさらに走って、町まで戻る。ちょうど道路脇にあった芝生が寝転ぶのによさそうに見えたので、マットを敷いて横になる。郊外よりも、町の中の方がよっぽど安全に思えた。

朝5時を回ると、あたりが薄明るくなり、早起きの人が道を歩き始めた。

「なんで人がこんなところで寝てるんだ」

みんな、少し驚いた顔をして通り過ぎていく。

完全に日が昇ったところで、逃げ出した高架線の下に恐る恐る向かった。昨夜私が寝ていた場所に、黒い物体が見えた。

「なんだろう？」

近づくと昨日の男がそこに寝転んでいるではないか。完全に寝ているのか、近づいても反応はない。明るくなり、すべてが光の下にさらけ出されると、もう恐怖心は湧かない。彼はホームレスで、食べ物か何かが欲しかったのだろうか。それとも「ここは俺の寝床だ」と主張でもしていたのだろうか。

ゴムバンドはすぐに見つかった。寝ている彼の横を通り過ぎ、高架を後にする。それにしても野宿の最中に人がやってくると怖いものである。

2種類のベトナム人

中国に入ってから3ヶ月と10日目。ベトナムとの国境の町、東興《ドンシン》に到着した。

時計の針はすでに夜の9時を回っていた。町の中心を走る大通りの脇に積まれていた土管の陰が、中国最後の野宿場所になった。思えば初めて中国で野宿した時はあれほど慎重に場所を選んでいたのに、我ながら慣れたものだと思う。

翌日、国境に向かって南に走り出す。徐々に、看板などの中国語にアルファベットが併記されるようになった。どうやらベトナム語らしい。

中国側のイミグレーションは緑の木々に囲まれた、有料公園の入り口みたいな簡素な場所だった。全く威厳は感じられない。

パスポートを出し、自転車を従えて、中国の出国審査の列に並ぶ。他に自転車でベトナムに行く人はいないようだ。驚くほどあっけなく出国審査が終わった。いつものことだが、出入国の審査はやましいことがなくても緊張する。

通路をそのまま進むと、橋に出た。対岸の建物には、ベトナムの国旗が掲げられている。橋の幅は広いが車両は通行できないのか、歩いている人ばかりだ。両国の関係がよいのか、スーツケースというよりは小さなバッグひとつで、気軽に行き来している人が多い。飾り気のない橋の真ん中には、白と赤が交互に混ざった線が地面に一本引かれている。

「これが国境だな」

自転車を押してその線を跨いだ。そのまま橋を渡りきり、正面の建物に入ると今度はベトナム側の入国審査だ。

パスポートを窓口に出すと、無愛想な若い男の審査員が何やらベトナム語で話しかけてきた。分からないので首をかしげた素振りをすると、今度は中国語で話しかけてくる。

それも分からないので、両手の手の平を向けて左右に振った。「次は英語か？」と期待したのだが、係の人は「はぁ」とでもいいたげな表情をした。英語はできないらしい。

とりあえず業務を遂行したいのか、彼はひとしきり喋ると「行ってよし」の合図をしてくれた。

イミグレーションを出ると、明らかに中国とは違う雰囲気が広がっていた。見えるもの、聞こえてくる音、空気の匂い、味、そして肌の感触。五感を通して得られる情報のすべてが、少しずつ変わったように感じる。

変な話だが、例えばズラッと並ぶバイクタクシーのオッちゃんのヘルメットの色が違う。中国では赤、黄色のヘルメットだったのが草緑一色になっていてオッちゃん達の顔もやたら黒く感じる。ほんの数十mの川を挟んだだけなのに、明らかに様々なものが変化していた。

ベトナムに入ってから、さらに気温が上がった。日本ではあまり味わったことのない暑さだ。あまりの暑さに気を抜くと倒れてしまいそうなほど。

ハノイに向かう山道を走っていると、道路脇に小さな商店があった。まだ小学校高学年くらいの女の子が、店先にちょこんと腰掛けている。店の脇では、どこからか引いてきたホースから桶に水が流れ込んでいた。川の水か、湧き水のようだ。自転車を止めて、店番の少女に「この水を使っていいか？」と素振りで示す。

少女は少し驚いた顔をしたが「うん」と小さく頷いた。水桶の水でタオルを濡らしていると、店の奥から父親らしき人が現れ、頭をくしゃくしゃと掻《か》き毟《むし》る仕草をした。「この水で頭も洗ったらどうだ？」という意味だろう。

「おおっ、そうですか」

とばかりにホースに頭を近づけて洗い出す。外気が暑いので水が気持ちよい。それを見ていたお父さんは一旦奥に入り、一回用使い切りのシャンプーを持って戻ってきた。その封を開け「ほら手を貸せ」と言い、差し出した私の手の上にそのシャンプーを押し出してくれた。

「なんて親切な人なんだ！」

ほんのちょっとの心遣いが嬉しい。

頭を洗い終えると「体も洗うか？　ならばこっちに来いや」とばかりに、店の脇から家の裏へ手招きする。そこには大きな水ためと手桶があった。手桶に水を汲んでは体にかけ体を洗う。さらに「洗濯もしていけ」とばかりに、洗剤を出してくる。もういたれりつくせりである。ちょうどズボンもシャツも汚れていたので、手もみ洗いで身に着けているものすべてを洗わせてもらった。この暑さなら、1時間もせずに乾くだろう。

すっかりさっぱりして先ほどの店先に戻る。日本でもらった「アジア語の本」を見ながらベトナム語、日本語を教え合っているうちに、あっという間に時間が過ぎていった。洗濯物もほぼ乾いた。体も久しぶりに洗え、そのうえ洗濯したての衣類を身に着けると、かなり爽快な気分になった。

お父さんと娘に教えてもらったばかりのベトナム語でお礼を言い、丁寧に頭を下げた。「いざ出発」と思った時、お父さんが申し訳なさそうに指を2本立てた。もう一方の手では、封を切ったシャンプーの袋を持ち上げている。

「シャンプー代をくれ」ということか。おそらく、指2本は2000ドン（約16円）の意味だ。お父さんが、勝手に持ってきて封も切ったんじゃないか、と突っ込みたかったが、なんせ言葉も通じない。体も洗い、洗濯して、たしかに色々お世話になったけど、それもすべてお父さんが「こっちだ、こうしろ」と誘ったものだ。

だが、言葉が分からないので、何も言い返せない。たまたま今回は2000ドンで済んだが、今後は最初にお金がかかるか確認しなければと、肝に銘じた。

同日、ちょうどお昼時のことだ。

また民家の奥の方から「こっちへ、こっちへ」とおじさんに手招きされた。

妙に人懐っこいおじさんで、「こっちに座れ」「どこから来た？」などと、積極的に話しかけてくる。

「日本人」で「ハノイを目指している」と伝えると「そうか、そうか」と頷き「まぁ、飯でも食っていけ」と食卓脇の席を勧めてきた。

「むむっ、この状況は、嬉しいが、やたら親切だし、まさか食べた後に昼飯代払えと言われるのでは」

そう思ったので、お金がかかるか確認することにした。しかしベトナム語で何て言えばいいかが分からない。そこで、紙に「0ドン？」と書いて渡してみた。

「ハッハッハーッ、当たり前だろう」

おじさんは、何を言っているんだという顔で笑った。

はあ、よかった。安心して、食卓に座らせてもらった。決して豪勢ではない家庭料理だが、おじさんがわざわざおかずを器に取ってくれる。

「いやいや本当に親切すぎるな。なんか落とし穴があるのでは？」

そう勘ぐってしまうほどだったが、ご馳走になっただけで何も起こらなかった。

「ただ、旅行者が珍しかったのか？　あの親切心は、一体なんだったのだろう？」

後々考えると、この二人はベトナム人の象徴的な二つのタイプだった。

南北に長いベトナムの真ん中に位置する古都フエを通り過ぎたあたりに、「ハイバン」と呼ばれる峠がある。

この峠は上りが10km続く山道で、そこを自転車を押して上がっていると、頂上手前あたりで自転車が突然パンクしてしまった。そのままどうにか頂上までは上がったところで、

「オー、アイキャンヘルプユー」

と、器用に英語を使いこなすおじさんが寄ってきた。

「おっ、こんな峠の頂上にも空気入れがあるのか？」

一瞬喜んだが、おじさんは空気を入れるジェスチャーをしながらこう続けた。

「テンサウザンドドン（1万ドン）」

「呆れた」というか、さすがの私も少し先が読めていた。

いわゆる「困った時に現れ、儲けようとする人」だ。空気なんてポンプで入れるだけだ。それだけで1万ドン（約80円）も取ろうとするなんて。

ベトナムでは、パンクが1000ドン（約8円）で直せる。空気入れは通常は無料で、都市部にある電動空気入れでさえ500ドン（約4円）。

たしかに頂上まで自転車で来る人間は他に見かけなかったし、空気入れはさぞかし貴重だろう。しかし。

「ノーサンキュー」

そう言って、頭にくる気持ちを抑えて進み出した。後方から、「5000ドン」と半額になった値段が聞こえたが、耳を貸さずにゆっくり坂を下り始めた。

かなりガタガタするが、スピードも出すぎないのでちょうどいい。

そう思いながら進んでいると、トイレ休憩で止まっていたトラックの運ちゃんに出会った。

「おい、空気が入ってないじゃないか。こっちに持ってこい、空気を入れてやるよ」

なんとトラックは圧縮空気を積んでいて、それを自転車の空気バルブに繋いでくれた。みるみる空気が入っていく。

「おおっ、こんな裏技があったとは」

そして、トラックの運ちゃんにお礼を言って坂を下り出した。運ちゃんは、一切お金を請求する気配を見せなかった。

彼は「困った時に現れる本当に親切な人」だった。

だが、パンクの穴が大きかったのか、しばらく下るとまた、空気が抜けてしまった。

すると、峠の中腹にもかかわらず、パンクの修理をしてくれる店を見つけた。「おっ、意外に早く修理屋が見つかった」

さっそく店の入り口で「パンク修理はいくらですか?」と聞いてみる。オヤジさんは指を5本立てた。

「5000ドンか」

町でも高い店は3000ドンするから法外な値段ではないが、「ちょっと高めだな」と悩んでいると、おじさんは自分のポケットから「5万ドン」札を取り出し、「これだ」と指し示した。指5本は「5000」ではなく「5万」だったのだ。

「はいはい、分かりました。結構でございます」

いくらなんでも5万はないだろう。安い店だったらパンクは1000ドンで直せる。その50倍だ。

その頃になると、私は「困った人を見ては儲けようとする人達」に完全に慣れてきていた。今度はトラックを洗っている若い運ちゃんに出会った。

「パンクしてしまったんですが、ダナンまで乗せてくれませんか？」

そうジェスチャー混じりに伝えた。

「オッケー、オッケー」

お金を要求する素振りは微塵《みじん》も見せない。彼はトラックにサッと自転車を積み込んだ。私は運転席の隣に乗り、トラックは勢いよく坂を下り始めた。せっかく苦労して登ったのだから、爽快な下りを楽しみたかったが残念だ。

若い運ちゃんはダナンの町の入り口の、自転車修理屋の真ん前で私と自転車を下ろすと「じゃな」と去っていった。

ベトナムでは、こんな出来事もあった。

クイニョンの町を抜け、山の方へと走っている夕暮れ時、「パンッ」という音とともに、自転車の前輪のチューブが弾けた。パンクでなく、破裂だ。すでに町から離れていたので、パンクはなんとか修理できても、チューブ交換は難しい。戻るにしても町まで10㎞はある。だから、諦めて自転車を押しながら山の方へ向かっていった。

すると、道端で話し込んでいる人たちが目に入った。

「このあたりに自転車を修理できるところはないか」

そう聞くと、一人の男が自転車のそばまで来て、破裂している箇所を確認した。

「こりゃ、チューブを交換しなければならないな」

すると、他の男がこう言った。

「俺が街まで行ってチューブを買ってきてあげるよ。100ドルでいいよ」

自分の耳を疑った。聞き間違いか？　もう一度金額を尋ねる。

男はもう一度、ハッキリと言った。

「ワンハンドレッドダラー」

おいおい、どこの国でパンクのチューブを交換したら100ドルかかるんだよ。115元(約1700円)の自転車が7台買えるじゃねーか。

呆れた様子の私を見て、今度は「50ドル」と言い直すが、こちらは全くお願いするつもりはない。

「はいはい、結構です」と呆れた様子でそこを去る。

必要なものを必要な時に適正価格で販売するのなら文句は言わない。ただ、困っている時に、その弱みにつけ込み、無料のものを有料にしたり、通常の10倍以上の値を付ける考え方が好きになれないのだ。

ベトナムの南部に入ると、時折木と木の間に吊るしてあるハンモックを見かけるようになった。日本ではハンモックはなじみが薄いが、ベトナム南部ではそこら中で見た。時には、そこでおじさんが気持ちよさそうに寝ていた。

「あんなフラフラとした状態で眠れるものなのか？」

一度寝転ばせてもらったが、なんだか不安定な気がして落ち着かない。だが2回目に使った頃には少しくつろげて、3回目以降は、あのユラユラ感がかえって落ち着いた。

ホーチミンを抜けて、ベトナムとカンボジアの国境まであと20㎞くらいのところで日が暮れた。今晩がベトナム最後の夜になりそうだ。

暗くなり始めたので、寝られそうな場所を探すと、ハンモックと屋根があるお店を見つけた。屋外の柱にハンモックが吊るしてある。店の人に尋ねてみる。

「このハンモックで寝てもいいですか？」

今までハンモックに寝転んでお金を取られることはなかったが、念のために、「無料ですか？」と3回繰り返して確認した。

「オッケーオッケー」

店のおじさんは、軽い調子で言った。それではと、さっそく網タイプのハンモックに横にならせてもらう。しばらくすると、おじさんが奥の方から布タイプのハンモックを持ってきて言った。

「こっちの方がいいだろう」

たしかに網に比べて、格段に寝やすい。再び横になると、今度は奥さんが火のついた蚊取り線香を持ってきてハンモックの下に置いてくれた。頭のところと、足のところに2つ。

「ううっ、なんて優しいんだ。終わり良ければすべて良しだな」

そう思いながら、眠りについた。

翌朝、早朝らしからぬ大きなテレビの音で目を覚ました。奥さんも「よく眠れたか？」なんてニコニコしている。

準備を整え、いざ出発。おっとその前にお礼を言うかと、お店にいた奥さんのところに向かった。すると、奥さんがニコリとして手の平を私の方に差し出した。

「げっ、この手は」

すぐに分かった「お金を払え」だ。しかし、私は昨日3回も「無料ですか？」と確認し、相手もそれで確かに「オッケー」と言っていた。これは紛れもない事実。

私は思いきり顔をしかめて言った。

「無料、昨日の夜、オッケー」

しかし、奥さんは右手の指をしっかりと5本立て「5」を強調している。5000ドン（約40円）か。何も確認していないのであれば渋々と払うところだが、こちらも警戒し、あれほど何度も念を押した。譲るつもりは全くない。

すると奥さんは自分のポケットから、2万4000ドン分の紙幣を取り出し、「せめてこれだけ払え！」とかなり強気に言い出した。

ということは、最初の請求額は、5万ドン（約400円）だったわけだ。

「なんだそりゃ」

思わず、怒りがこみ上げていた。ホーチミンでは、安宿に泊まっても4～5万ドンだと聞いていた。夜遅くまで騒がしく、朝はテレビの音で起こされるような屋外のハンモックがなんで

5万ドンもするんだ。

頭に来たが、昨日は確実に「無料でいい」と言ったじゃないかと繰り返した。

奥さんと言い争いをしていると、昨日のおじさんが出てきて、「このハンモックは良いものだ」と言い出した。

「私は頼んでないですよ、あなたが持ってきたのではないですか」

そう英語で捲し立てた。こういうのが嫌だったので、事前に確認をしたのだ。

それでも向こうも引かない様子だ。奥さんは一旦引っ込んで奥から蚊取り線香の箱を持ってきた。

「これは、どうすんだ！　2個も使ってしまったじゃないか！」

「おいおい、それも頼んでないぞ」と思ったが、ベトナムに来たばかりの時のことを思い出した。たしかあの時も、シャンプーを勝手に出されて金を請求されたよな。ホントに腹の底が熱くなった。

ハンモックは減らないにしても、たしかに蚊取り線香は、使ったといえば使った。シャンプーの時と同じか。これがベトナム流なのか。おじさんも本気で言い始めた。

「蚊取り線香代を払え！」

こんなのにお金を使いたくなかったが、使ってなくなったのはたしかだ。

仕方がないので、「いくら？」とも聞かずに2000ドン（約16円）札を1枚取り出し、おじさんに渡そうとした。

「ひとつ、2000ドンだ」

おいおい、一食分と同額の蚊取り線香があるわけないじゃないか。だが、この場にいるのがとてつもなく嫌になってて、もう1枚2000ドン札を渡し、後ろも振り返らず自転車を漕ぎ始めた。

「最後にこれかよ」

おかげで何の未練もなく、ベトナムを去れる。

微笑みの国で見た満月

アンコールワットで有名なカンボジアを抜け、微笑みの国タイに入国。首都バンコクを経由して、マレー半島をひたすら南下する。

愛車のママチャリは2台目に新調した。バンコクで知り合ったキットブットさんに協力してもらい、購入したものだ。

タイ南部のナコンシータマラート市に入り、夕暮れ時、国道沿いの街中に入ってガソリンスタンドを探す。いくつかある中から、おなじみの「エッソ」を選び、さっそく店員さんに尋ねる。

「ここで寝かせてもらっていいですか?」

タイに入ってから、何度もガソリンスタンドで寝床を確保してきたが、「エッソ」の店員の対応が、一番優しい。今日も無事に「オッケー」をいただいた。しかも外に置いてある木のベッドで寝てもいいそうだ。

「おお、今日はついてる!」

ってきた。

感激してそのベッドの上にマットを敷いていると、先ほどの店員さんが男性と連れ立ってやってきた。

「どこから来たの？」

もう一人の方が、英語で話しかけてきた。タイでは珍しい。嬉しくなって、日本からここまでの道程を簡単に説明した。

すると、彼の携帯電話が鳴った。

「ちょっと待って」

彼は手の平をこちらに向けてにっこりし、少し肩をすくめながら言った。その仕草に何となく違和感を覚えた。よく見ると、携帯電話が入っていたのは女性用のハンドバッグだ。

「もしかして……オネエの方？」

電話で話している様子は、女性そのもの。電話が終わると、彼（彼女？）が言った。

「ここじゃシャワーが浴びられないから、家に来ない？」

そういえば、ここ何日も体を洗っていない。穏やかな口調とソフトな印象に安心感を覚えて、ありがたく誘いを受けることにした。

彼の名前はチャーさん。友人と一緒に住んでいるとのことだ。勧められたバイクの後部座席にまたがる。だがなんとなく腰に抱きつく気になれず、後ろのテールランプをしっかり摑んだ。

バイクは町のメイン道路を外れ、暗い道を郊外に向かう。町を外れて程なくして、彼は長屋のような屋根の連なった家の前でバイクを止めた。ここの一室を借りているらしい。

入り口の扉を開くなり目に入ってきたのは、胸までピンクのバスタオルを巻いた裸の男性。

「ぐおっ、怪しすぎる……」

だが、まあ想定内だ。同居人もオネエの方だろうとは思っていた。

家の中に案内されると、中にはもう一組カップルがいた。見た目は男同士だが、ピッタリとくっついている。そしてもう一人、オレンジの袈裟をまとった男性が。タイのお坊さんだ。しかも若くあどけない顔をしている。

「なぜですのー？」と心の中でツッコミを入れる。

だが動揺はおくびにも出さず、「サワディカップ（こんばんは）」と爽やかに挨拶。だが、意外な展開が面白すぎて、にやけ顔だったかもしれない。

私がシャワーから出てきても、カップルはピッタリとくっついたまま。そしてピンクのバスタオルを巻いていた人とお坊さんが、なんだかほんわかした空気で会話をしている。

「なるほど、この二人がカップルなのか」

不思議な光景だったが、なぜか世界平和を感じた。すると、ここまで連れてきてくれたチャーさんが言った。

「今日はもうここに泊まっていきなよ」

若干の不安を覚えないでもなかったが、ここまで接してきた印象で、おかしなことはしないように思えた。お言葉に甘えると私に気を使ってくれたのか、個室で一人で寝かせてもらえた。

翌朝、チャーさんが、昨日のガソリンスタンドまで送ってくれた。最初は少し警戒してしまったが、とても不思議で温かい空間だった。

さて、出発前に腹ごしらえをせねば。道路脇にある小さい屋台に立ち寄り、麺をすする。

するとの隣に座っている人が、英語で話しかけてきた。

「どこから来たの？」

見ると、歳は30歳前後。ビシッとアイロンの利いたスーツを着た、身なりのきちんとした男性だ。メガネをかけていて、少し知的にも見える。そういえばスーツ姿の男性を見るのも、久しぶりだ。

「日本です」

「ほぉ、これからどこに向かうのか？」

男性はにこやかに続けた。

「トンソンです」

「それならちょうどそっちに向かうから、車で乗せて行ってあげるよ」

向こうからヒッチハイクを提案してくれるとは、珍しいこともあるものだ。

男性の名前はアンさん。これから出勤するところらしい。ピックアップトラックを運転しながら、アンさんは言った。

「良かったら、今日一日家に泊まっていかないか？」

ありがたい話なのはやまやまなのだが、私には「先に進みたい日」というのが時々ある。今日も、朝から行く気満々だったのだ。

「せっかくなのですが、今日は先に進みたくて」

するとアンさんはこう続けた。

「家に外国人を招いてもてなすのが好きなんだ」

「今までにどんな国の人を招いたのですか？」

「君が初めてだ」

アンさんは、ニヤッとしながら言った。なかなか面白い人だ。

バンコクの街の中でこんな誘いを受けたら間違いなく、

「この人なんか下心があるんじゃないの？」

と疑い、ついて行くことはまずない。

しかしここは、タイ南部の観光地でも何でもない、田舎町。せっかくなので、誘いに乗ってみることにした。

アンさんは役所のような建物の前にある駐車場に入ると、車を止めた。

「今日はあと30分で仕事が終わるから、車の中で待っててくれ」

「へっ、30分？」

待っていると、本当に30分後に戻ってきた。

「では行こう」

今日の仕事はどうなったのだろうか。他人事《ひとごと》ながら心配だ。

アンさんは家に行く前に未舗装の道を進み、山中の滝に案内してくれた。どうということはない滝だったけれど、わざわざ仕事を休んで連れて行ってくれるその気持ちが嬉しかった。

「次は釣りに行こう」

アンさんは、山を下り、川に向かった。

目的の川原に着くと、一人、また一人とアンさんの釣り仲間が姿を現した。最終的に私も含め6人になった。今日は平日なのだが、皆大丈夫なのだろうか。

魚は思ったほど釣れなかった。だが釣り仲間と「ああだ、こうだ」と言いながら竿を垂れているのが面白かった。

日が沈むとみな竿をたたみ、川原にあった小さい屋台のテーブルを囲んで、ラオカオという焼酎を飲み始めた。みな、こっちが目的だったのかもしれない。小さいコップだったが、注がれるたびにみなと同様に、一気に飲み干していたので、すぐにいい気分になった。

そういえば、アンさんは今日の朝出会った時も二日酔いだとか言っていた。

「どのくらいの頻度でこうやって飲んでいるの？」

「晴れの日と、雨の日は飲んでいるよ」

アンさんは笑いながら言った。つまり毎日ってことか。

たしかにこの友達の集まり具合、飲み慣れた様子からしてその通りなのだろう。

ラオカオのビンが数本空いたところで、場所を移動することになった。アンさんの姪のお店に行こうと言う。完全に飲酒運転だ。

姪が働いているという飲み屋に入ると、またまた違う友達が出迎えてくれる。屋外の席に座ると、アンさんは言った。

「まずはビールで」

私はもう十分に酔っぱらっていたが断り切れずに、また飲み始めてしまった。空を見上げると真ん丸い月が出ていた。アンさんも月を見上げて呟《つぶや》いた。

「僕たちは日本でもタイでも、同じ月しか持っていないね」

私はそれを聞いて「国や文化は違うけどみな同じ地球に住んでいるんだなぁ」と思った。

結局この日は記憶があやふやになるほど飲んだくれてしまった。

だが最後にアンさんが「これだけは食べさせたい」と言ったトムヤムクンがものすごく辛かったのだけは、しっかりと覚えていた。

翌日、あれだけ飲んだのに二日酔いにもならずに目が覚めた。出発の準備を整えてから、アンさんにお礼を言った。

「こんなタイ人がいたことをちょっと思い出してくれればそれでいいよ」

アンさんは笑顔でそう答えた。偶然会った外国人をこれほどまでにもてなしてくれた人を忘れるわけがない。アンさんに感謝の気持ちを伝えて出発する。

千里の道もイポーから

舗装路が整っていて進みやすかったタイを抜けマレーシアに入る。こちらもタイに負けずよい状態の舗装道路が続いて走りやすい。

マレーシア最後の都市ジョホールバルを抜けると、高速道路の入り口のような検問所があった。窓口に近づくと、係の男性が言った。

「パスポートを出して」

「え？　ここは何の施設ですか？」

「ボーダーだ、マレーシア側のボーダー」

なんと、このシンプルすぎる窓口がマレーシアとシンガポールの国境だったのだ。しまった。シンガポールに入ると物価が一気に高くなると聞いていたので、マレーシアで食パンを大量に買うつもりだったのに、うっかり出国手続きをしてしまった。また入国すると話がこじれそうなので、不本意だがこのまま進むことにする。

シンガポールはマレー半島の最南端にある国だ。ここからインドまで、海路で渡るつもりだ。まずは、シンガポール～インドの船便があるか探してみる。以前、ここから船が出ているという話を聞いたことがあったのだ。だがそれは大昔のことで、今は客を乗せる船はないらしかった。

そこで、貨物船でインドに渡ることを考えた。シンガポールは貿易が盛んなので港にはたくさんの船が出入りしている。港で寝泊まりして、貨物船が来たらインドまで乗せていってくれとお願いするのだ。幸い、港の一部が拡張工事中で、そこにちょうどよい空き地があった。

港で寝泊まりを始めると、工事現場の人が話しかけてくるようになった。ほとんどが出稼ぎに来ているマレーシアや、バングラデシュの人たちだった。何度も顔を合わせるうちに、工事職員専用の食堂に入れてくれるようになった。

シンガポールはとにかく物価が高いので、この社員食堂はありがたかった。また、この食堂の脇の水道で、洗濯やシャワーも賄うことができた。

港で寝泊まりを始めてから、3週間が過ぎた。だが、依然乗せてくれる船は見つからない。貨物船とはいえ、国をまたぐだけに乗船許可がなかなか下りないようだ。2001年9月にアメリカで同時多発テロが起こってから、見ず知らずの人間は、ますます警戒されるようになったらしい。

そこで、電話帳を使って、シンガポールの船会社を片っ端から調べることにした。いくつかの会社を訪れてみたが、やはり許可のない人間を船に乗せるのは難しいと言われてしまった。日本の船舶会社も行き来していたが、全く取り次いでもらえなかった。

海路でインドに渡るという方法は諦めなければならないのかもしれない。

つまり、タイからマレー半島をずっと南下してここまで来た2ヶ月半は、すべて無駄だったということになる。

シンガポールからインドまで飛行機で行けばいいじゃないかと思うかもしれないが、私にその選択肢はない。これはちょっとしたポリシーというやつだ。

第一、お金もない。韓国で出会ったシムさんや、萩野さんからもらったお金も、ほとんど底をついていた。

地図上では、タイまで戻ってミャンマーを経由すればインドに入れそうに思える。だが、ミャンマーは当時、空路でしか入国が許可されていなかった。

つまり陸路でインドに行くには、チベットからヒマラヤ山脈を西に横断するしかない。

だが、それにはひとつ問題があった。ここまでずっと寒いところを避けて旅をしてきたので、きちんとした寝袋やテントなど、寒冷地用の装備を持っていないのだ。町ならば雨が降っても軒を探せばいいが、山岳地帯ではそうもいかないだろう。

そこで少々寄付してもらえないかと思い、シンガポールにある日本人経営のレストランを訪れた。気前よく寄付をしてくれる人もいたし、少々働かせてくれる人もいた。これでなんとか、テントや寝袋が買えそうだ。

シンガポールの港に到着してから、5週間が経っていた。

ここからチベットに向かうには、まずタイからずっと南下してきた細長いマレー半島の道を、そのまま引き返さねばならない。その道程を考えると気が重く、また一度走った場所を戻るという行為は肉体だけでなく、精神も疲弊させる。

港で寝泊まりしている時に知り合ったシンガポール人のケルビンが、マレーシアの首都クアラルンプールまでの電車のチケットをくれるという。悩んだが、ここはありがたくいただくことにした。

2002年が終わり、2003年を迎えようとしていた。

「世界の屋根」ヒマラヤ山脈を越えるのはなるべく暖かい季節がよいだろう。いまは12月、できるだけゆっくり北上した方がよさそうだ。来年中には、インドに着けるだろうか。

年が明けると同時に、マレーシアの首都クアラルンプールを出発した。

「ここからまたスタートだな」

まず、バンコクに戻るまでに、1600km。さらにそこから北へ何千キロ進めばいいのだろう。気が重い……。

それでも「千里の道も一歩から」と、自分を奮い立たせる。ふとその言葉を口にして気がついた。地図をあらためて見ると、次の大きな町はイポーという名前だった。

「千里の道もイポーから。なんかピッタリだ！」

一人でニヤニヤしながら北を目指し、都市部を走り出す。

アジア疾走編　移動経路

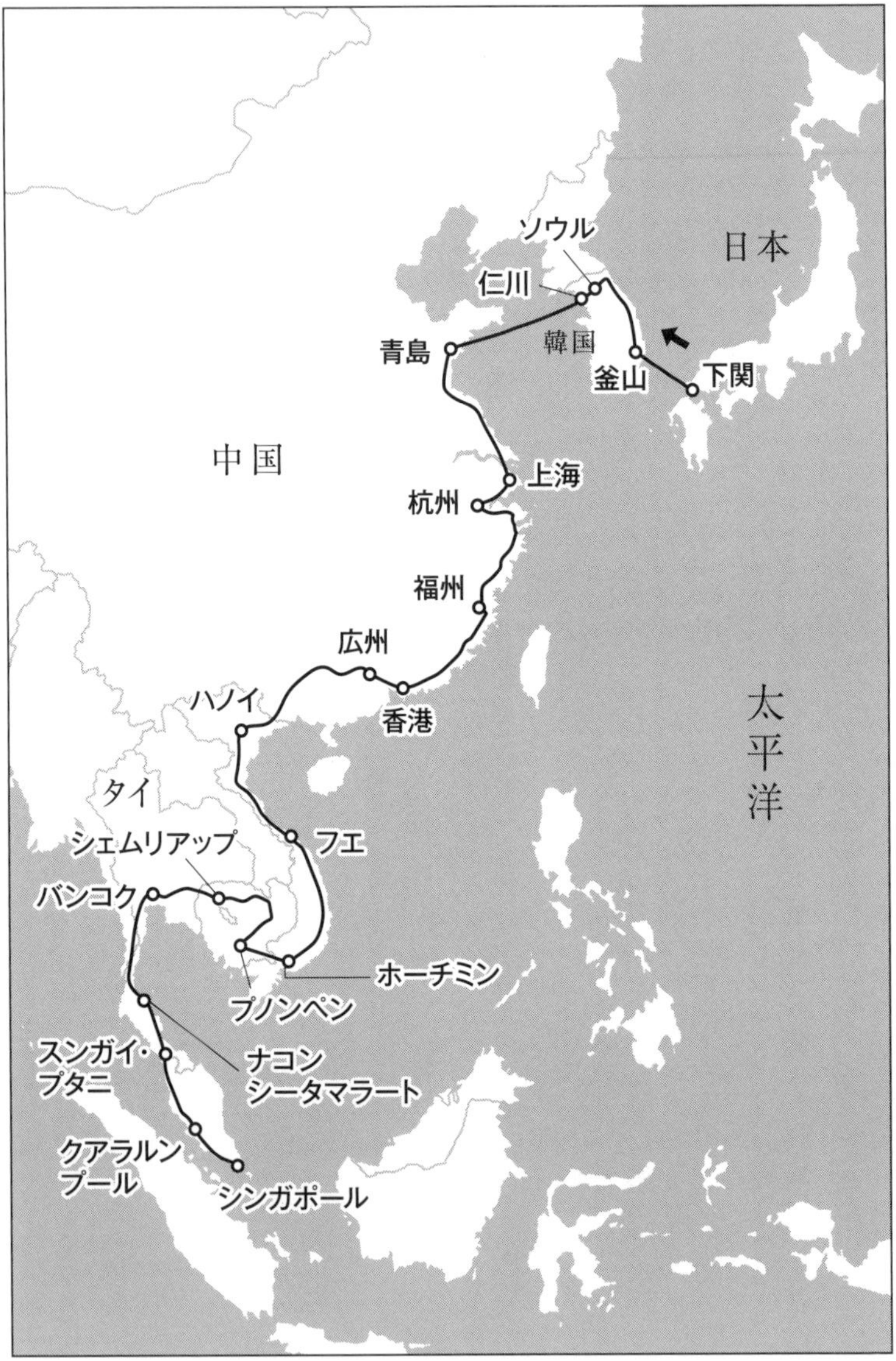

ソウル
日本
仁川
韓国
青島
釜山
下関
中国
上海
杭州
福州
広州
ハノイ
香港
太平洋
タイ
フエ
シェムリアップ
バンコク
ホーチミン
プノンペン
スンガイ・
プタニ
ナコン
シータマラート
クアラルン
プール
シンガポール

第2章

チベット潜入編

チベット入境

ビスケットに蜂蜜をたっぷりつけて食べる。これが今日の朝食だ。

これから、いよいよチベット自治区に入る。

中国はいまでは比較的自由に旅行ができるようになったが、チベットは例外だ。入区許可証がないとチベット行きのバスや飛行機に乗れず、そもそもチベットに向かうことすらできないのだ。

しかしこの入区許可証がやたらに高い。ご飯とおかずが1元で買えるこの国では、数ヶ月分の食費になるほどだ。

だが、許可証がなくてもチベットに入る裏技があるらしい。それらは闇バス、闇タクシーなどと呼ばれており、正規ではないので料金交渉も必要だが、それでも許可証を取るよりもだいぶ安く済む。仮に見つかった場合は区外に送還され、罰金が科せられるが、それでもこの方法でチベットを目指すバックパッカーが絶えないらしい。

ただ、自転車でチベットに行ったという人はまだ聞いたことがない。その点がちょっと不安要素でもある。

8日ほど前のことだ。チベットに隣接する雲南省の町で大きな荷物を載せた自転車の3人組を見かけた。話を聞くと彼らもチベットを目指すという。許可証はとっていないらしい。

「夜中に検問ゲートをくぐれば大丈夫さ」

「そんなもんなの？」

また別の機会に出会った、自転車に乗ったオランダ人の二人組もこう言った。

「検問の厳しい町と、そうでない町を注意すれば大丈夫」

そして、インターネットのあるサイトを教えてくれた。英語だったが、区都ラサまでにある検問の数とその厳しさが、表で掲載されていた。またそのサイトの地図を見ると、4000m台の峠を8つ、5000mを超える峠を2つ越えないと、ラサまでは辿り着かないらしい。

すべて、富士山より標高が高い。一体どんな世界が待っているのだろうか、不安と期待が入り混じる。

まずはチベット最初の町・ツァカロを目指し、川沿いのガタガタ道を進む。途中、家が数軒あるだけの小さい村を通る。そこの村人が言うには、ツァカロまではここから30kmほど、そして町の入り口には検問所があるらしい。

「検問所の手前ギリギリまで行き、そこで夜を待つしかなさそうだな」

しかし、夜中に町を通過するということは、いつ食料や水を補給すればいいのだろうか。これからずっとそうならば、かなりやっかいだ。

村を抜け再び川沿いを遡る。道沿いに1台のトラックが止まっていた。

進行方向は私と一緒でチベットの方を向いている。トラックの脇を通り抜けようとした時、運転手さんが言った。

「どこに行くんだ？」

ここは川沿いの一本道で先にはチベット自治区しかない。隠しても仕方ないだろう。

「ツァカロを目指してます」

「砂を積んだら、ツァカロに行くから、乗って行きなよ！」

ヒッチハイクするつもりは毛頭なかった。こんな時にまさかの「逆ヒッチハイク」である。

一瞬悩んだが、アイデアが浮かんだ。ツァカロの検問所を通過する前に降ろしてもらえばいいのだ。それなら運転手さんにも迷惑はかからないだろう。

その流れで、トラックに砂を積む作業を手伝うことになった。

大きなザルに砂を入れ、川岸から土手を上がりトラックへ運ぶ。運び手が４人、川岸で砂を掘る役が１人いた。私は砂を掘る係に回された。彼らの服装や、身に着けているものから見ると、いずれもチベット族のようだった。

しかし、大きなトラックに、一度にザルで運べる砂など微々たるものだ。

「一体いつになったら終わるんだ？」

作業を始めてすぐにこの疑問が頭に浮かんだ。炎天下でひたすらシャベルを振り回す。１時間も経つと、シャベルを持ち上げる手に力が入らなくなってきた。積んだ砂の量は、まだトラックの半分にも満たない。

すると、川原を歩く女性と若者数人が目に入った。

彼らがトラックのそばを通り抜けようとすると、トラックの運転手さんに呼び止められた。話がついたのか、彼らもこちらにやってきて、砂運びのメンバーに加わった。

私はシャベル係を女性に代わってもらい、運ぶ係になった。大きいザル一杯に砂を入れ、土手を上がり、トラックに入れる。こっちの作業の方が、より大変かもしれない。

だが女性と10代の若者が加わり、トラックに積まれていく砂の量がみるみる増えていった。山盛りとはいかないが、だいぶ積まれた時点で運転手が「もういいだろう」と皆に合図をし、砂運びの作業が終わった。

自転車を砂の上に積み込む。ここからが重要である。運転手さんに「ツァカロの手前３㎞で降ろしてくれ」と筆談で申し出た。彼はチベット人だったが、漢字が分かるらしい。

「なんでだ？」

彼は不思議そうに言った。

「ツァカロには検問所があるから」

「確かに検問所は２つあるが、問題ないぞ」

いやいやチベットの人や中国人には問題ないだろうが、外国人は違うんだ。そう丁寧に説明するが、彼は余裕な表情でこう繰り返す。

「全然問題ない、ツァカロの町の中まで乗せてやるよ」

しかし、私を乗せているせいで運転手さんが罪に問われるのは、非常に心苦しい。とことん「手前で降ろしてくれ」と主張するが、運転手さんも「問題ない」の一点張り。そして最終的には私が折れた。

「それだけ言うなら乗せてくれ」

他の作業者達も砂の上に乗り、トラックは走り出した。

やっぱり道は悪く、トラックの荷台で激しく上下に揺さぶられながら車はいよいよチベットへ。

チベット自治区との区境は、ツァカロよりも手前にあるとのことだった。

荷台から前方を覗くと、道路脇に大きな看板が現れた。人気のない場所にポツンと忘れ去られたようにある。近づくと漢字が書いてあった。

「チベット区にようこそ」

それは読み取れたが、その横に見たこともないアルファベットとも漢字とも似つかない文字で、何かが書かれている。恐らくチベット語だろう。

「いよいよ、チベットか」

気持ちは高まったが、なんだか拍子抜けもした。人っ子ひとりいない川沿いの道だし、これなら、誰でもチベットに入れるじゃないか。

だが、最初の町の入り口に厳しい検問があるのかもしれない。とにかく運転手さんの「大丈夫」の言葉を信じ切るしかない。

トラックは川沿いの道から外れ、坂道をしばらく登った。すると前方に民家が見え始めた。

「ある、確かにゲートがある」

しっかりと横に人が張り付いていて、ゲートは閉じられている。

「どうなるんだ」

いきなりここで捕まってどこかに戻れなんて言われ、その上罰金まで取られたらたまらない。

ドキドキが止まらなくなってきた。

トラックがスピードを落とし、ゲートに近づく。

「いよいよか」と緊張状態でいると、トラックがデカイ音でクラクションを鳴らした。

「パッパー」

すると、ゲートのバーが開いた。運転手さんが窓から手を出して、係員に「ようっ」と挨拶している。

「えっ」

どうやら顔見知りのようだ。それで私に「検問は問題ない」と何度も言っていたのだ。かくして私は第一の関門、チベットの最初の町のゲートを楽々と通過してしまったのであった。

「いやー助かった」

正直、気が抜けた。そしてトラックはツァカロの町のど真ん中で止まった。

ここで公安に見つかっては元も子もない。物陰でこっそり自転車に荷物を積み込む。運転手さんの話によると町の外れにもゲートがあるが、それは「木材検査ゲートだから、問題ないよ」とのことだった。

念のため、自転車を止めて、町外れまで歩いて様子を見に行く。ゲートの脇に「木材検査駅」と書かれており、ゲートのバーは上がったままだ。木材検査という漢字から察するに木の運搬に関する検問所だろう。ゲートはあるものの人影がない。特に人の出入りのチェックはしていないようだった。

これで、チベット最初の町は無事通過できた。

坂を登っている途中の断崖絶壁で日が暮れた。今夜はここで寝るしかない。だが、細い道の山側で寝るか、谷側で寝るかの判断が難しい。山側は落石や土砂が降ってくる可能性があり、谷側は地滑りが起きたら谷底に一直線だ。

考えた末、「潰れるより、落ちる方がまし」という結論を出して、谷側の道沿いにシートを敷いて、眠ることにした。車はほとんど通らないので、その点は安心だった。

翌朝、断崖絶壁で目を覚ます。周りには誰一人おらず、車も通っていない。静かな夜明けだった。

朝食は、この日もビスケットに蜂蜜をたっぷりとつけて食べた。

ここから山沿いに、さらに上り坂が続く。道幅は狭く、車がやっと1台通れるくらい。当然ガードレールもない。車でハンドル操作を少し誤ったら、簡単に崖下に落ちてしまいそうだ。だが、自転車にとっては十分な道幅があるとも言える。

チベットに来てから、日差しが強く感じる。陽が出ると、ジリジリと肌を焼かれるようだ。逆に、陽が隠れている時は、ものすごく寒い。

空気はカラッカラに乾燥していて、汗は一瞬で吹き飛んでいく。酸素が薄いせいか呼吸が苦しく、喉の奥が乾いて声が出せなくなるどころか、痛くなることさえあった。

チベットに入る前に水不足で苦労したので、それ以来、常に水を携帯するように心がけた。民家があれば水を分けてもらえるのだが、人がいないところでは、山の湧き水か、川の水をペットボトルに入れて確保した。湧き水を見つけると、飛びついて、「この世で一番美味しい飲み物は水」と思いながら、もうこれ以上飲めないと思うほど飲んだ。悪い水だった時は、すぐに腹の調子が悪くなった。

時々、「公安」と書かれた青と白で上下が塗り分けられた車が通りかかることがある。つまりパトカーだ。

最初の頃は、公安の車が見えると自転車を物陰に隠したが、よくよく考えると私が車を発見した時は、当然向こうからもこちらが見えているはずなので、「無駄な努力」と気づき、次第に何もしなくなった。

実際のところ、公安の車が止まって、尋問されるようなことは一度もなかった。その理由はよく分からないが、まあ公安の車は気に留めなくてもいいらしい。

夕方近くになってマルカムの町が見えた。例のサイト情報では、ここの町にも検問があるらしい。

路上にトラクターが止まっていたので、運転手のおじさんに「町の中に検問所はありますか？」と筆談で尋ねてみた。

「是（ある）」

やはり、情報通りのようだ。まだ明るかったので、ゲートに近づけるだけ近づいてみようと思い、町のすぐ手前から自転車を押してゆっくり進む。

町の入り口に差し掛かったが、それらしき建物もゲートも見当たらない。

「もうちょっと行けるか？」

さらに進んで行くと、やがて家々が連なり始めた。

「あれ？　これもう町の中じゃないの？」

商店が並んでいる。完全に町だ。

「ゲートがないじゃないか」

しかし油断は禁物、目立たぬようにゆっくり進み、細い路地に自転車を止める。近くにパン屋があったので、そこの人にジェスチャーで聞く。

「ここに自転車を止めても大丈夫？」

「いいよ、いいよ」

笑顔で返事が返ってきた。入区許可のない外国人を警戒する素振りはない。その後も、みな「日本人だ」と言うと「うおっ、珍しいな」と驚いた顔をするが「ここに来てはいけないんだぞ」と言う人はいなかった。

自転車がなければ町を普通に歩けた。ちょっと薄汚れてはいたが、中国人に見えるのかもしれない。

マルカムの町は最初の町ツァカロとは全く違い、漢民族が多かった。漢字の看板が並び、中華料理屋もたくさんあって、中国の田舎町に似ていた。

歩いて町外れまで行ったが、検問所らしきところは見当たらない。近年、撤去されたのだろうか。嬉しい誤算だ。

「よかった、よかった」

自転車に乗って、町を抜ける。すると道に分岐点があり、左側の標識に「ラサ」右側に「成《チエン》都《ドゥ》」と記してあった。ラサを目指している私は、もちろん左の道に入る。するとすぐに検問所が目に入った。

「げっ、ここにあったのか」

チベット自治区の検問所。入区許可証がない者にとっては難関だ

ゲートの横には制服を着た公安員が何人もいる。慌てて方向転換したが、かなり不自然だったので、怪しい動きに見えたに違いない。しかし誰も追ってこないので、そのまま「成都」への道をとぼけて進む。

「しっかりあるじゃねーか、検問所」

ブツブツ一人で文句を言う。仕方ない。深夜になれば通過できるという情報を信じて、出直すことにしよう。近くに見つけた工事中の用水路の中にシートを広げ横になる。しかし寒い。

そういえばマルカムは標高4300mにある町だった。すでに富士山より高いじゃないか。あまりに寒いのでテントを出そうと思ったが面倒くさくて、寝袋の中で縮こまりながら、夜が更けるのを待った。

なかなか寝付けず、夜11時頃になっ

て「そろそろいいだろう」と少し高台に上がり、町を見下ろした。まだ、検問所には明かりが灯っている。

「まだか……」

再び寝袋に戻る。ウトウトしながら、ふと時計を見ると午前2時21分。かなり寒い。

「寒い、寒い」

再び先ほどの高台に上がると、検問所の明かりが消えている。

すぐに寝袋をたたみ、自転車を押してゲートに向かう。見るからに怪しさ抜群、そのまま不審人物として捕まってしまいそうだ。

静かに歩いているつもりだが、家の前を通りかかるたびに犬が遠吠えをする。それだけならまだいい、もし放し飼いの犬が飛びかかってきたら、この暗闇では勝ち目はない。

いよいよゲートが見えてきた。小さな灯りがゲート周りをぼやっと照らし出している。人の気配はない。昼間は下りていたゲートも上がっている。

それまで以上に慎重にゆっくりと、自転車を押しながらゲートに近づく。息を殺してゲートの真下を通り、それからまた1歩、2歩と遠ざかる。そのまま、自分が闇の中に完全に同化するまでゆっくり進んだ。

マルカムの検問所は厳しいと聞いていたので、通り抜けた時は、嬉しさが込み上げた。

ふと空を見ると、月が出ている。今のうちにゲートから離れようと、自転車に乗って走り出した。

「ワゥンワゥー」

前方から犬の吠える声が聞こえてきた。しかもその声はどんどん近づいてくる。「もしかして!」と思った通り、2匹の犬が私に向かって全力疾走しているではないか。

「うわっ」

方向を180度変え、今抜けたばかりの検問所に向かって一目散に走り出した。

「おいおい、戻ってる、なにやってんだ」

そう思いながらも、犬からひたすら逃げる。やがて犬は追ってこなくなり、吠えるだけになった。

おかげでまたゲートのすぐ近くまで戻ってきてしまった。仕方ない、検問所に近いがここで夜を明かすことにしよう。検問所から見えない道脇の畑にシートと寝袋だけ広げ、横になる。

「夜が開けたら一番乗りで出発しよう」

そう思いながら、寝袋の中に丸まって、朝が来るのを待った。

犬に押された死の烙印

マルカムのゲートを深夜に通過し次に目指す町はゾゴン。およそ160kmのこの間、地図上では村もない山間の道が続いている。事件はこの区間で起こった。

荷物を満載しているので、坂道はいつも自転車を押しながら歩く。

右手はハンドルを摑み、左腕は肘をハンドルに乗せ、額を左腕につけて自転車を押す。こうすると、いくらか楽に登れるのだ。ただ、前方が全く見えないどころか視界が地面だけになってしまう。そこが難点だった。

今日も先の見えない長い坂道を、例のごとく額を左腕に乗せ、ひたすらに自転車を押す。小さな村の最後の建物の脇を通り過ぎたあたりで、突然、ふくらはぎに違和感を覚えた。誰かにふくらはぎを手でぎゅっと摑まれた感じだ。

反射的に頭を上げて後ろを振り向くと、なんと大きな白い犬が私のふくらはぎを嚙んでいるではないか。

「うっぎゃー、お前はどこから来たんだ！」

犬は私と目が合うと嚙んでいた口を「パッ」と離した。私は第二の攻撃に備え、自転車を放り出して身構える。

「来るか？」

すると犬は、何事もなかったようにとことこと建物の前まで戻り、のそっと座った。

通常、犬が攻撃してくる時は、まず吠えるものだ。だがこの犬はひとつも吠えず、「そーっ」と後ろからきて、ガブリである。とんでもないやつだ。

幸い、寒さ対策でズボンを重ね穿きしていたので「まあ、大丈夫だろう」と思っていたが、ズボンを捲り上げてみて愕然とした。４本の牙が布を貫通し、その内３ヶ所から流血している。

「ヤバイ、ヤバすぎる」

気がつけば、額に脂汗が出ている。狂犬病の恐ろしさを思い出したからだ。

今日の日本ではなくなったが、アジア諸国では未だに数多くの人が狂犬病で命を落としている。治療法は、狂犬病が発病する前に、できるだけ早くワクチンを接種することしかない。

だが、どうにもならない状況だ。この小さな村に病院があるわけもなく、次の町とは75㎞も離れている。

とにかく、ずっと前にもらったアルコールをリュックから出して、傷口を消毒する。

「ちくしょう、あれだけ犬に注意していたのに！」

俺、死ぬのかなと本気で思った。そして、ラオスで出会ったミキ姉さんの言葉を思い出した。

「引くことも勇気よ」

すぐに近くの大都市まで戻って、きちんとした治療を受けなければ、本当にヤバイ。地図を広げる。昆明《クンミン》か成都か——だが、私の中にこの選択肢はなかった。

「進むんだ、意地でも」

そんな言葉が心の奥から聞こえる。

変な気持ちだった。確かに「引くことも勇気」、それも納得できる。

でも無銭旅行を始めた時の「覚悟」はこういう時のためにあるのだ。足を引きずってでも進んでやる。

「ふふっ、ちょっとカッコイイぜ！」

なんて思ったりしたが、内心ドキドキである。

一応、消毒はできた。犬ももう攻撃を仕掛けてくる気配はない。

大声でその犬を飼っているであろう建物に向かって叫び立てた。

「ウェイー（中国語）、ハロー（英語）」

すると建物の中から、公安の制服を着た男が二人出てきた。ここは、どうやら公安の建物だったらしい。

「ヤバっ」

一瞬そう思ったが、ここは入り口に「木材管理」の札がかかっているので大丈夫そうだ。それより、そんな場合ではない。傷口を見せながら必死で訴える。

「あの犬が、嚙みついた、狂犬病で死ぬかもしれない」

紙にできるだけ簡単な漢字を使って書いた。すると若い方の男が紙とペンを取った。

「心配ない」

無愛想な表情で、その紙を私に見せた。

「なっ、何を根拠に」

こっちも命が懸かっているので必死だ。

「何で心配ないんだ？」

「俺も2ヶ月前に嚙まれた、けど今のところ大丈夫だ」

「おっ、おまえもか！」

心の中でそう突っ込んだものの、私の知る限り狂犬病には潜伏期間があり、2年後に発症したケースもあるらしい。

「それは潜伏期間なのではないか？」

そう伝えても、彼は「大丈夫だ」と言い張る。彼と一緒に出て来た、少し年上の公安員も「大丈夫、大丈夫！」と根拠は不明だが言い続けている。そして、彼が紙にこう書いた。

「とりあえず飯でも食っていけ」

私達の飼い犬が噛みついて悪かった、飯でも食って機嫌を直してくれという意味だろうか。よく分からない展開だが、とりあえず、白米と炒り卵を混ぜた冷えたチャーハンを腹一杯ご馳走になった。

ってそんな場合じゃないだろう。だが、食事を終えた私は、さっきの坂道の続きを、登り始めた。

精神的にはかなり参っていた。犬に噛まれた上に長い坂道なんて、やってられない。だが、誰が助けてくれるわけでもない。私の代わりに進んでくれる人はいないのだ。

その日の夕暮れにゾゴンの町に着いた。あたりが暗くなり始めていたので、町外れにテントを張る。だが、「発病したら死ぬかもしれない」と思うと、なかなか寝付けなかった。

翌朝、すぐにテントを撤収して、ゾゴンの町に戻る。町には小さな診療所があった。そこに駆け込み、「犬に噛まれた、狂犬病が心配」と書いた紙を、受付のおばちゃんに見せる。

「まぁまぁ」

おばちゃんは私をなだめる仕草をして、並んでいる椅子を指差した。

「そこで待ちなさい」

診察室に飛び込む勇気もないのではやる気持ちを抑えて、椅子に座る。しばらくすると先ほどの受付のおばちゃんが、診察室に案内してくれた。室内には白衣を着たお医者様らしき人がいた。

「犬、噛、私」

と早速紙に書いて知らせる。

「どれ、傷口を見せてみろ」

「狂犬病が心配だ」

再び紙に書く。すると医者はあっさりこう答えた。

「チベットにはないよ」

ぐぐっ。中国得意の「没有《メイヨウ》（「ない」の意味）」である。

中国ではこの言葉をそこら中で聞いた。いつもは「そっか、ないのか」で済ませていたが、今回ばかりは命が懸かっている。

「ホントにないの？　中国には狂犬病があるでしょ？」

「あるよ、でもチベットにはないよ」

だが、チベットと隣合わせの雲南省には狂犬病があるらしい。

「なんで隣の地区に狂犬病があって、こっちにはないんだ？　犬に、区域も何もないと思うけど」

当たり前の疑問だった。

「どこで噛まれた？」

「マルカムとゾゴンの間の山奥」

「じゃ、大丈夫だ」

「本当かよ！」

その後再三に亘り問答を繰り返したが、「狂犬病は没有」の一点張りだった。

ちなみに私が麗江市《リジャン》（チベット近くの都市）でコピーした日本語のガイドブックには、こうハッキリ書かれていた。

「チベットで犬に嚙まれたら、すぐに病院に行くこと、発病したら死亡率100％である」

現地の医者を信じるか、日本のガイドブックを信じるか。

しかしここから、大都市に戻ってワクチンを打つ気にはどうしてもなれなかった。そういう意味では、現地の医者を信じた方が、気が楽になるのは間違いない。

「保険を掛けるくらいなら、命を懸けろ」

そう繰り返し口にしてきたものの、現実になって少しビビリ気味である。

謎の西洋人

狂犬病の恐怖に怯えつつも後戻りせずに進む。ポムダからポミという町に向かう。

ポミからは下り坂が続き、標高は2000m台まで下がってきた。標高4000m台だったラウオなどは、まだまだ冬のような気温だったが、ここまで下りてくると春の様にポカポカと暖かくなった。

そういえばもう5月だ。木々も青々としていて、久しぶりの緑はとても新鮮で、美しく見えた。

気が付くと、セミの鳴き声が聞こえ、ハエが飛び回り、小さい羽虫が顔にぶつかってくる。標高3000m以上の場所には、昆虫達の姿もなかった。

自転車を止め、セミの声にしばし耳を傾ける。大袈裟かもしれないが、荒涼とした死の世界から、躍動感のある生の世界に戻ってきたような気がした。

トンマイという小さな村に着くと、雨が激しく降り出した。「飯店」の看板を出している店を見つけたので、ちょうど店先に出ていた店員さんに「チャーハンありますか？」と尋ねる。「ある」と言うので、雨宿りも兼ねて、中に入る。

店内にはテーブルが3つ。真ん中の円卓では、中国人と思われる3人が大声で話しながら食事をしていた。

奥のテーブルを見て、視線が釘付けになった。金髪の西洋人が一人、腰掛けている。観光地では全く珍しくない西洋人だが、こんなチベットの山奥で見かけると「ぎょっ」とする。

どうしても気になったので、テーブルに近づいて思い切って英語で聞いてみた。

「あの、あなた中国人ですか？」

我ながらおかしな質問だ。彼はジッとこっちを見ているだけで無言のまま。

「英語が通じないのか？」

そうも思ったが、それならば「分かりません」という動作をするものだ。

だが、彼は黙ってこちらを見ているだけ。すぐに彼が黙っている理由が分かった。

彼も不法入区者なのだ。突然目の前に現れた人間を警戒するのも当然だ。ここは許可のない外国人が入れないはずの区域なのだから。すぐに私は言い直した。

「私は日本人で旅行者です。自転車でここまで来ました」

すると彼の警戒が取れたのか、今度は笑顔で返事がきた。

「私も旅行者で、私も自転車で来ました」

彼はオーストリア人で、リンハードと名乗った。そして合席させてもらい、一緒にチャーハンを食べることにした。お互い、この辺境の地まで自転車で来た者同士、話すことは山ほどあったが、一番面白かったのは「チベットで公安に捕まった」という話だった。

彼がある日、ゾゴンの町で飯店に入った時のことだ。料理を注文して待っていると、突然店に公安が現れ「パスポートを見せてください」と英語で言われた。もちろん不法入区なのでそのまま公安所に連行され、罰金200元（約3000円）を請求された。その日は指定の宿に宿泊させられ、翌日チベット自治区の外まで行くバスに強制的に乗せられたという。

話が面白いのはここからだ。リンハードさんは、幸い公安員が一緒にバスに乗り込んで来なかったので、すぐ次のバス停で下車。再びラサを目指して自転車で走り出したというのだ。一度捕まったにもかかわらず、すぐに再び自転車で走り始めるあたり、驚くというか笑ってしまう。

リンハードさんとひとしきり話すと、雨も弱くなっていたので、私は出発することにした。リンハードさんは天気が安定しないので、今日はトンマイで一泊すると言っていた。

村を出て少し下ると、先ほどの雨のせいか、一歩一歩足を取られるような泥道に入った。車輪が泥に捕まり、とても自転車を漕ぐどころではない。傾斜がきつく、泥で足場が滑るので、足に力を入れて汗だくになって登る。下りも傾斜が急すぎて制動が難しく、自転車にブレーキをかけながら、歩いて下る。カンボジアの道も悪かったが、まだ平らなだけましだった。こちらは上り下りがある分大変だ。

加えて道は細く、川側は谷で山側は急斜面。いつ土砂崩れが起こってもおかしくない状況だ。

「地滑り注意」と標識があったが、本当にそうだと思った。

実際、リンハードさんからこのあたりで自転車旅行者が土砂崩れに巻き込まれて亡くなったという話も聞いていた。

結局この日はこの恐ろしい道から抜け出せず、川原の空き地の泥の上にテントを張って寝た。「ゴオォォォー」という川の低い音が、一晩中聞こえていた。

翌日坂道を自転車を押して登っていると「チリン、チリン」という聞きなれない音、振り返るとリンハードさん。かなり先行していると思ったがもう追いつかれてしまった。

この後通る予定のニンティ、そしてパイイの町は、外国人にとって「最も危険度が高い」とされているところだ。

ニンティには公安の外交部の分署があるという。過去には、カップルで捕まり、一人1000元（約1万5000円）の罰金でチベットの外に輸送された例もあるらしかった。

だが、この2つの町を抜けたら、ラサまでは舗装道路が続いている。つまり非開放地区を突っ切る私達にとっては、ここが最後の関所になるわけだ。

ニンティまであと2㎞のところまで近づいた。あまり近づきすぎると、今度こそ「外交部」の公安に捕まりかねない。道路から100mほど外れ、幹線から見えない場所にテントを張った。そしてリンハードさんと「朝の4時にここを出発しよう」と約束を交わし、それぞれのテントに潜り込んだ。

雨がテントに当たる音を聞きながら、うとうとしていた。ふと時計に目をやると午前3時40分、慌ててテントを抜け出す。雨はやんでいるようだ。

テントを片付けていると、リンハードさんのテントの方から明かりがチラチラ見えた。どうやら彼も起きてテントをたたみ始めたようだ。明かりが近づいてくる。

「グッドモーニング」

暗闇の中、頭にヘッドランプをつけた姿が少し可笑《おか》しかった。

午前4時過ぎ、荷物を自転車にくくりつけていると、雨が激しく降り出した。リュックをビニール袋に入れ、雨合羽を着る。

「誰が雨の日、闇の中を走りたいだろう？　最悪のコンディションだ」

しかし、こんな辺鄙《へんぴ》なところで一日潰し、明日の夜まで待つ気もない。リンハードさんも準備を止める気配はない、行くぜ。

完全なる暗闇の中、リンハードさんとニンティの町を目指す。

道はガタガタ、思い切り水溜まりに足を突っ込んだり、石を踏んづけたりして、何度も自転車が倒れそうになった。

しかし町の手前まで来ると、舗装された道路に変わった。グレーのアスファルトに引かれたセンターラインが私達をまっすぐ導いてくれる。

明かりがポツポツと見えてきた。ニンティの町だ。

朝4時だというのに、家先や店先に明かりが見える。最初の店の明かりの下で、リンハードさんが止まった。私も止まり、二人で目を見合わせる。

「いよいよ町だね」

町は静かで人っ子ひとり姿が見えない。犬の鳴き声も聞こえない。リンハードさんは坂道をスイスイと登っていくが、私は自転車を下りて押して上がる。坂の上でリンハードさんが待っていてくれた。無事ニンティの町は抜けられた。

ここから次のパイイまで、雨が降る暗闇を10㎞以上走らなければならない。私が調べたネット情報では10㎞くらい、リンハードさんの情報では18㎞くらい。

どちらが正しいにしても、暗闇の中を10㎞以上は走ることになるだろう。これまでで最長だ。時間にして1時間以上は暗闇を走る計算になる。唯一の救いは道が平坦に近く、舗装道路であること、そしてセンターラインがきっちり引かれていることである。

やがて遠く闇の中にほのかに光が見え始めたが、なかなかそこに近づかない。雨合羽の中、服は汗でグッショリだった。雨は降ったり、やんだりを繰り返している。

「満月だったらどんなに走りやすいだろう」

そんなことを考えながら、暗闇を進む。

やっとのことでパイイの町に着くと、入り口に分岐があった。街灯がズラッと並んでいる方が、町中心へと続く道だろう。私たちは、もう一方の町を迂回して行く方の道を進む。

パイイは、今まで通過してきたチベットの町とは比べものにならないくらい大きかった。中国沿岸部の「市」に値する大きさだ。しばらく進むと、前方になんと「信号機」があった。チベットでは初めて見た。空がうっすらと明るくなり始めていた。人々が動き出す前に町を抜けよう。

やがて周囲に民家や、商店が少なくなり、町が終わりを告げた。

町を離れて川沿いの道に入ったところで、リンハードさんが止まった。私も自転車を止めて、水を飲む。リンハードさんが小さく笑いながら言った。

「パイイの町にグッドバイを言ったかい？」

おっと、たしかに。

「グッバイ、パイイ」

あたりはすっかり明るくなって、朝を迎えていた。

自転車を漕いでいると、喜びの気持ちがジワジワと湧いてきた。

「ついに最後の難関を越えた！」

ご褒美なのか、平坦で滑らかな舗装道路がまだ続く。1㎞の標識が次々と過ぎていく。タイヤが土に埋まるわけでもないので、上り坂も苦にならない。

午後4時、前方でリンハードさんが止まっていた。

「今日は朝早くから走ったからここにテントを張る」

まだまだ明るいので、私は先に進むことにした。リンハードさんのペースは速いので、またどこかで追い越されるだろう。

久しぶりの日本語

パイイの町からはよい道が続く。最後の峠「ミラ山（標高約５０００m）」で野宿した時は凍りそうになったが、なんとか無事にチベット自治区の区都ラサに着いた。

ここは外国人に開放されているので、何の後ろめたさもなく、自由に街を歩き回れる。つまり、もう公安員から逃げ隠れしなくていいのである。「やったー」と大声で叫びたい気分だった。

久しぶりにインターネットショップを発見し、店内に入る。

「電源を貸してもらえませんか？」

店員と筆談で話をしていると、後方から大きな声が聞こえてきた。

「ネットが繋がらないよ！」

やけに言葉がすんなり頭に入ってきたので「あれ？」と思ったら、日本語だ。

振り向くと小型のノートパソコンの前に座った60歳前後の男性が文句を言っている。

筆談をしていた店員さんが不思議そうにこちらを向いた。

「ネットが繋がらないそうだ」

そう紙に書いて伝える。そして振り向いて声をかけた。

「おじさん、日本人？」

もちろん日本語で文句を言っていたくらいだから日本人に決まっているのだが、会話のきっかけとしてそういう質問になってしまった。

「そうですよ」

丁寧な返事が返ってきた。先ほど文句を言っていた時とはずいぶん違う。

「自分のパソコンがどうにもインターネットに繋がらなくて」

「ああ、そういうわけですか」

「ええ。文句は大きな声で言った方がいいですよ。言葉が分からなくても伝わるから」

それで日本語で大声を出していたのか。「ちょっと無茶苦茶だな」と思ったが、口には出さなかった。ただ、ネットが繋がらないのは私も困るので、こう提案してみた。

「一緒に、他の店で試してみませんか？」

「そりゃ助かります」

別の店を探しながら、道すがら初めて出会った旅行者ならではの話をした。

「どこから来て、どこに向かっているんですか？」

「日本から船で上海に入りました。ここからネパールに行くつもりです」

ネパールを目指しているのは、私も同じだ。二人ともビザをまだ取ってなかったので、翌日一緒にネパール大使館に行くことになった。

おじさんの名前は近江さん。自作のトランクケースに折りたたみ式の自転車を携帯しながら、旅行していた。自転車を持ち歩いて旅行をしている人には初めて出会った。

「これがあると街中の移動が楽なんですよ」

トランクには車輪が付いていて、自転車の後部に接続すればリヤカーにもなる。すべて近江さんが設計、製作したらしい。なかなかの技術者である。

私はラサに着いてから、郊外の川原で野宿をしていた。標高4000m以上の場所に比べると、気候は温暖で穏やかに感じた。

無事、ネパールのビザを取得できた日に、近江さんが言った。

「お世話になったので、私の宿で一泊していきませんか」

宿の「スノーランド」はドミトリー式で、他にも日本人の旅行者が数人宿泊していた。彼らの話では、チベットはこの時一般観光も禁止になっていて、正規の方法でも入区できないらしい。当時流行していたSARSの影響とのことだった。

つまりこの場にいる全員が、正規以外の方法でここまでやってきたことになる。そう言われると個性派が揃っているように思えた。

こういう出会いも宿に泊まることのメリットだが、私にとって何より嬉しかったのは、体を洗えることだ。雲南省の大理《ダーリー》市で旅行者にシャワーを貸してもらったのが最後だから、43日間もシャワーを浴びてなかったことになる。

汗だくになり、水浸しになり、雪に降られ、泥にまみれた日々を思い出しながら、シャワーを浴びた。

シャンプーしても最初は全く泡が立たない。2回目も、ただ泥色の液体が体を伝っていくだけ。3回目で、やっと泡立ち始めた。

体を擦ると面白いように垢が出てきた。「うぉー、すげぇ」と騒ぎながら久しぶりのシャワーを浴びた。

行け、ママチャリダーズ！

「僕もママチャリで行きます」

マロさんが唐突に言った。私がラサに着いて6日目のことだった。穏やかで柔らかい印象の彼がこんなことを言い出すとは。

バックパッカーのマロさんと出会ったのは、近江さんが泊まっていたスノーランド。日本から上海まで船で渡り旅をしてきたが、タイで賭博詐欺に遭い、資金のほとんどを騙し取られてしまったという。ここまでは、残りの資金を節約しながら、どうにかヒッチハイクで来たらしい。

そこで無銭旅行をしてきた私と出会い、旅を続ける方法に気づいたというわけだ。

結局、ネパールまで一緒に走ることになった。今までもリンハードさんのような自転車旅行者と何人か出会ったが、みな、スピードの出る高級な自転車だった。彼らとはなかなか一緒に走るのは難しかったが、ママチャリならば、ほぼペースは一緒だろう。

またレストランで食事をしてホテルに泊まるのなら、金銭的にも歩調を合わせることは難しいが、チベットは一度郊外に出てしまえば、宿も店もなく大自然が広がっているだけだ。その辺もあまり問題にはならないだろう。今まで一人で突っ走ってきたので、二人での自転車旅は楽しみだ。

近江さんは、彼の旅の目的のひとつ、チベットの聖山・カイラス山へと旅立っていた。この日の早朝に出発し、早くても1週間は戻ってこない予定だった。

だがなんと、数時間でスノーランドに戻ってきてしまった。

「どうしたのですか？」

そう尋ねると、カイラス山は許可証がなくては行けない場所なので、バスで公安に見つかってしまい、強制的に降ろされてしまったらしい。近江さんはこのカイラス山行きを楽しみにしていたので、がっくりと肩を落としていた。そこで、近江さんにこう声をかけてみた。

「ネパールまで、自転車で一緒に行ってみませんか？」

一瞬、間を置いて、近江さんは言った。

「荷物がなければねえ」

事前に調べたところによると、ラサからネパールはそれほどハードな道ではないようだ。

「私がリヤカーを引っ張りますよ」

「えっ、そうかい？」

そうなれば話は決まりだ。マロさんに続いて近江さんも一緒にネパールに向かうことになった。

夕方4時を回った頃、準備を済ませてラサを出発。とにかく今日は郊外まで行ければいいと思って、走り出した。近江さんは折りたたみ式の自転車だが、私達より少し遅いくらいでそれほど差はない。急ぐ旅でもないので、ゆっくりとしたペースで進む。

完全に街から離れ、今日は道路脇の空き地で寝ることにした。一人の時と違って、3人もいるので、襲われる心配がないのが嬉しい。それぞれのテントを張り終えたところで、近江さんが言った。

「一杯飲みませんか？」

彼はカバンの中から小さい酒瓶を取り出した。私とマロさんは「じゃ一杯だけ」とそれぞれの器を出して、それにお酒を注いでもらった。ロウソクの火を囲みながら、乾杯をする。

「初日無事に終わりましたね！」

一人で走っている時と違って、お酒を飲みながら語らえる状況がとても楽しかった。ほろ酔い気分で、テントに寝転ぶ。

翌日は小雨が降る予報だった。自転車旅に慣れていない二人には、少々辛い条件かもしれない。

翌朝、近江さんのガスバーナーを使ってお湯を沸かし、3人でインスタントラーメンを食べる。ビスケットに比べれば、温かいものが食べられるだけでありがたい。

道は舗装されていて、平坦なので進みやすかった。マロさんが先頭を走り、私が真ん中、折りたたみ自転車の近江さんが、どうしても一番後ろになる。

最初はそれほどでもなかったが、徐々に近江さんの遅れが目立ち始めた。マロさんと相談して、標石5㎞ごとに近江さんを待つことに決めた。これで5㎞以上差が開くことはない。

だが、いくら待っても近江さんが来ない。どうしたのだろうかと道路を見つめていると、遥か遠くに近江さんの緑のカッパが見えた。

私達は自転車を置いて、近江さんの方に歩いていく。どうやら自転車を押しているようだ。

「前輪がパンクしました」

近江さんが、苦しそうな表情で言った。私がその場ですぐに修理をする。だが近江さんの表情は険しく、かなり辛そうだ。

「大丈夫ですか？　近江さん」

「辛いね」

この日の夕方、近江さんは２５０km先のシガツェまで自転車で行き、そこからは車でネパールに向かうことに決めた。大幅な予定変更だが、こちらも今日の様子を見ていたら何も言えなかった。

シガツェまでの道のりは大きな峠もなく、穏やかな道が続く。走り始めて6日目、残り10kmというところで、またも近江さんが大幅に遅れ始めた。

「あと10kmです、近江さん！」

声をかけながら、どうにか進んでいく。私とマロさんが坂の途中で近江さんを待つ。

「あと、５km！」

苦しそうな顔をして私たちのところまで上がってきた近江さんは、一息ついただけで、さらに坂を登っていった。そして坂のてっぺんでこっちを振り返って叫んだ。

「おーい、町が見えるぞー！」

追いつくと、眼下に木に囲まれた大きな町が見えた。シガツェだ。

そこからは、自転車で坂を一気に下っていく。嬉しくて仕方ない。

一番最初に町の入り口に着いたマロさんが、ゲートの下で待っていてくれていた。

「いやぁ、ついに来ましたね！　シガツェ！」

互いに声をかけ合い3人で揃って町の中に進んだ。

近江さんはシガツェで数日ゆっくりしてから、車で私たちを追いかけることになった。

ここまで、近江さんの辛そうな表情を何度も見てきた。自転車旅行をここでやめても、全く問題ない。決めるのは、旅行している近江さん自身なのだ。

マロさんは、ここから150km先にあるラツェの町にしばらく滞在する予定だった。

だからもしかすると、近江さんとマロさんには、もう会えないかもしれない。二人がしんみりと握手をしている。ここまで1週間、悪条件の中、一緒に寝泊まりしてきたのだ。

「またどっかで会えるって！」

私はできるだけ陽気に言った。近江さんに見送られながら、私達はシガツェの町を抜けていく。

近江さんがいなくなってからは、「夜の一杯」がなくなったので、夜が長く感じる。朝食は再びビスケットやパンに戻った。

シガツェを出発してから2日目、ラサ以降初めての峠に入った。今まで緩やかだった傾斜が、いきなりきつくなる。標高は4000mを超えていた。

マロさんにとってはチベット初の峠になるので心配していたが、彼は全く息も乱さず大丈夫そうだ。峠の頂上に着くと、いつものように青空にたなびくタルチョ（旗）が出迎えてくれる。

標高4300m、まずはひとつ目の峠をクリアした。

シガツェを出発してから4日後、ラツェに到着。マロさんはこの町で数日過ごすので、ここでお別れになる。だが道は一本道だ。ネパールでも、ビザ取得のために1週間は滞在しなければならない。また会える確率はかなり高いはずだ。そのせいかあまり「さよなら」という気持ちにならなかった。

マロさんが町外れまで見送ってくれ、そこからは久しぶりに一人になった。

近江さん、倒れる

ラツェの町を抜けると、再び峠に入った。頂上では、真新しい青い標識に白字で「ギャツォラ峠　5220m」と書いてあった。

工事をしているおじさん達が作業の手を止めて、私に話しかけてきた。

「昨日も一人小さい自転車でここを下って行った人がいるぞ」

「小さい自転車」と聞いてピンときた。小さい自転車でこんなところを走る人はそうはいない。近江さんがシガツェの町で手配した車で私達を追い越し、先にこの峠を自転車で通過したのだ。

「1日前か、追いつけるだろうか？」

一日の走行距離の差がどのくらいか見当もつかないが、進むしかない。ここからは下り坂だ。上りと違って体を動かす必要がなく、シートに腰掛けているだけなので体が冷えていく。しかも風を切っていくので、体感温度はさらに低い。手袋をしていても指は凍りそうだし、冷気で顔が固まってくる。

坂道の途中、路面上に不思議な轍《わだち》が続いているのに気がついた。線が3本、平行に走っている。そうだ、近江さんの自転車とリヤカーだ。それ以外にこんな轍はできない。しっかりした新しい跡だったので、それほど遠くない距離に近江さんがいるはずだ。

凍りついた川を横目に坂を下る。道のずっと前方に、黒い小さな点が見えた。時々ペダルを回してスピードをつける。近づくにしたがって黒点の輪郭がハッキリしてきた。人の後ろ姿。さらに接近する。自転車とリヤカーが確認できた。間違いない、近江さんだ。一気にペダルに力を入れて加速する。

「こんにちは！」

チラリと後方を振り返った近江さんが驚きの声を上げる。

「おおっ！」

私は、さらに加速して横に並んだ。

「一休みしましょう」

川沿いに開けた空き地があったので、そこに自転車を止めた。簡単にここまでの経過を説明し合っていると、羊飼いのおじさんがやってきて言った。

「火を貸してくれないか」

近江さんがライターを差し出す。おじさんは持っていた籠からヤクの糞を幾つか取り出し、火を点けた。糞が勢いよく燃え出した、驚くほどよく燃える。

チベット人はヤクの糞を乾燥させて燃料にすると聞いていたが、本当だった。

おじさんは川の水をヤカンに入れて、お茶の葉を入れ、それを火にかけた。不思議そうに一部始終を見ていた私達に、おじさんはジェスチャーで言った。

「器はあるか？」

持っていた器を差し出すと、ヤカンからお茶を注いでくれた。グツグツ煮立っていたはずなのに、すぐに飲める。高地だから沸点が低いのだろうか。生き返る心地だった。

昨日からの舗装道路がまだ続いていた。近江さんのスピードがやたらに速く感じる。

しばらくすると、道の分岐点に、チベットの山奥に似つかわしくないしっかりとした標識が立っていた。白い字で「チョモランマ国家級自然保護区」と中国語、チベット語、英語の３つの言語で書かれていた。そして「エベレストベースキャンプまで１０１㎞」とも書いてある。

ここは、世界の最高峰エベレストへ向かうための分岐点なのだ。

小さい頃から名前だけは何度も聞いていた「エベレスト」。この１００㎞先に、エベレストがそびえ立っているのかと思うと、何だか感動を覚えた。標高５０００ｍでさえこんなに呼吸するのが辛いのに、８０００ｍを超えるとどんな世界になるのだろうか。

しばらく進んだところで突然、前を進んでいた近江さんが振り返って言った。

「岩崎さん、ヒッチハイクをしてもいいですか？」

「どこか体調でも悪いんですか？」

「もう動けそうにないんです」

声が弱々しい。さっき休憩してからまだ数十ｍしか進んでいないのに、息も切れている。

「岩崎さんは自転車で行ってください」

だが、こんな地の果てのようなところに、動けない人を置いていけるわけがない。

「もう少し先に行くと、村があるかもしれない。そこでゆっくり休みませんか？」

「もう本当に動けないのです」

本当に疲れきった表情だ。簡単に音を上げる人ではないので、先ほどまではかなり我慢していたのだろう。

「分かりました、では車を止めましょう」

私が言うと、近江さんはヘナヘナと道路脇に寝ころんでしまった。「寝る」というより「倒れ込む」感じだった。

「おおっ、近江さん！　大丈夫ですかぁ？」

とにかく車を捕まえて、一刻も早く安静にしないと。だが、先ほどから車が1台も通らない。

1時間が過ぎた。午後の強烈な太陽光が、容赦なく大地に降り注ぐ。空の近さ、澄んだ空気のせいか皮膚が焼かれていくような暑さだ。近江さんは横たわったままほとんど動かない。木陰に入りたいところだが、大きな樹木が見当たらない。民家はおろか人影も全くない。このままでは、体力をどんどん消費していってしまう。寝ている近江さんの横に座り込み、ひたすら道の先を見つめ続ける。

遥か遠方に砂煙があがった。「何だろうか？」と目を凝らす。それは、車が巻き上げる砂埃だった。ランドクルーザーだ。

「近江さん、車が来ました！」

無人島に遭難して、やっと通りかかった船を見つけた心境だ。

「車ですか、そうですか」

今にも消えてしまいそうな小さな声だ。とにかく車を止めないとまずい。

かなり長い直線道路だったので、道の真ん中に出て手を振った。すごいスピードでランドクルーザーが迫ってくる。近づいてきたので道の脇によって、手を振り続ける。

「ジャッ」

「とっ、止まった〜」

運転席に駆け寄って言った。

「緊急事態です、どうにか彼を次の町まで乗せてもらえませんか?」

しかし車の中を見ると、すでに満席以上に人が詰め込まれていた。

「見て、この車はもう一杯だよ」

たしかに荷台にも荷物が詰め込まれていて、人が乗る隙間はなさそうだ。これ以上交渉の余地はなかった。

それからも砂煙が見えるたびに、手を大きく振って車を止めようと試みた。止まってくれる車もあったが、どれも満席だった。

午後1時からヒッチハイクを始めて、5時間が過ぎた。通った車はここまで6台だけ。

太陽は傾き、暑さのピークは通りすぎていた。車は来ないし近江さんは寝たきりだ。

「今日はここでテントを張り、どうにかしのぐしかないか」

そう考え始めた時、また遠くに砂煙が上がった。今まで以上に、大きく手を振る。もう後がない。その思いが通じたのか、ランドクルーザーは私達の前に止まった。車を見ると、後部に空席がある。すかさず運転席に駆け寄る。

「ジャンム（国境の町）まで行きますか？」

「そこまでは行かないけど、40km先のティンリーの町までは行きます」

後ろに乗っていた女性が英語で答えた。

「そこまで乗せてくれませんか？」

すると、運転手が指で円をつくり「お金」の請求をしてきた。乗るのは私ではなく近江さんだ。近江さんは「それでいいです」と言うので話がまとまった。

近江さんは折りたたみ自転車とリヤカーを車に積み込み、後部の空いている座席に乗り込んだ。

「ティンリーの町で待っています」

そして、ランドクルーザーは砂煙を上げ走り去っていった。

ホッとした。私も自転車を漕ぎ始める。まだ日が出ているので、もう少し先に進めそうだ。

調子よく走っていると、後輪が「カクン」と急に重くなった。「まさか」と思い、チェーンカバーを外してみると、先日徹底的に修理をした箇所が、また壊れている。

「まだ20kmぐらいしか走っていないだろう！」

文句を言いながら、後輪を外す。頭に来てもどうしようもない。ここはチベットの平原、自分でどうにかするしかない。

思い切ってベアリングを取っ払ってしまった。ベアリングがないと車輪と軸が直接触れあって擦れてしまうが、ベアリングが詰まって車輪が回転しないよりはましだ。

だが、ベアリングを抜いたせいで軸と車輪の間に隙間ができて、左右に車輪がぶれるようになってしまった。

「ペキン、キー、パチン」

一回転するたびに車輪がどこかに当たり、３種類の音がする。自転車はただ荷物を載せるだけの物体になった。そいつを押しながらのろのろ進む。時速５㎞以下だ。

夜10時過ぎになっても、町には着かなかった。

翌朝、自転車は相変わらず「手押し車」の状態でスピードは出ないが、唯一下り坂の時だけ乗ることができた。道が舗装道路に変わった。町が近い証拠だ。

ふと、道路脇にコブシ大の石が不自然に置いてあるのが目に入った。

「なんだろう」

よく見ると石に直接マジックで文字が書かれていた。

「スノーレパードゲストハウスで待っています。近江」

「おおっ、近江さん回復したのか」

「スノーレパードゲストハウス」は簡単に見つかった。宿の中庭に入ると従業員がすぐに「あそこにいるよ」と隅の部屋を指差してくれた。

その部屋のドアは半開きになっており、中を覗き込むと近江さんの姿が見えた。

一応扉のドアを手で軽くノックする。近江さんが顔を持ち上げこちらを向いた。

「今、到着しました」

「そろそろだと思ってましたよ」

近江さんは、驚いた様子もなく言った。昨日に比べるとだいぶ元気そうだ。

聞くと、ここで一晩寝たら、ずいぶん体調が回復したらしい。おそらく、脱水症状だったようだ。

「ティンリーの町からはエベレストが見えるんだ」

宿の若い従業員がそう教えてくれた。

「あの世界最高峰のエベレスト？」

「そうだ。それ以外にヒマラヤにエベレストがあるのか？」

若者は少し得意そうに言った。

「どれどれ」

宿のすぐ前の道に出た。遥か先の大地と青空の間に、小さく白い山々が連なっている。その連なった峰々のうち、少し灰色っぽい山がエベレストだという。山自体の位置が違うせいか、見える山の中で一番高いというわけではなかった。

近江さんは元気になったものの、ここから先は、最後の５０００ｍ級の峠が待ち構えている。相談した結果、近江さんは国境の町ジャンムまでヒッチハイクで向かうことになった。

ヒマラヤ最後の峠

ティンリーは幹線沿いに店が何軒か並んだだけの小さな町だった。近江さんと停車している車に片っ端から声をかけるが、どれもラサ方面に向かう車ばかり。一人トラックの運転手が

「いいよ」と言ってくれたが「1000元（約1万5000円）」と、高すぎて話にならなかった。

そうこうしているうちに、ラサ方面に続く道に、あきらかに車ではない奇妙な小さい物体が見えた。次第にそれがこちらにゆっくりと向かってくる。

「自転車だ！」

ゆっくりと近づいてくる自転車を眺めていると、見覚えのある姿だった。

「近江さん！　マロさんですよ！」

近江さんも道路に走り出て、道の真ん中でゆっくりと近づいてくるマロさんを待ち受けた。声が届くほどの距離になると、マロさんがハンドルから片手を離して手を振った。

「おーい！」

私たちは、道の真ん中でもお構いなしに、抱き合って再会を喜んだ。

話に夢中になっていると、町の入り口近くにランドクルーザーがやってくるのが視界に入った。

「ランクルだ！」

私たちは話をやめ路上に飛び出し、大きく手を振って存在をアピールする。目の前に来た車がピタリと止まった。運転手さんに駆け寄り、片言の中国語で尋ねる。

「どこへ向かっているのですか？」

「ニャラムだよ」

ニャラムは峠の向こう、ジャンムまで30㎞のところにある町だ。峠を越えたい近江さんにしてみれば、バッチリな場所だ。

「後ろのトランクでいいので、乗せてくれませんか?」

座席は人で一杯だったが、後部トランクの荷物は比較的少なかった。私が近江さんに状況を説明していると、後部座席の人が日本語で話しかけてきた。

「日本人ですか？」

てっきり乗客は中国人だと思っていたのだが、日本人だったのだ。驚くほど簡単に話はまとまり、近江さんは後部トランクの補助座席に乗せてもらえることになった。

近江さんが乗り込むと車があっという間に小さくなり、砂煙と共に平原に消えていった。

残った私とマロさんは再び旅路を共にし、ネパールを目指すことになった。

チベット〜ヒマラヤ越えの最後の峠は、5000mを越える峠が2つ連続している。ひとつ目を越えたら4km下り、さらに7km進むとまたすぐに次の峠だ。今日、順調に進めば、2つとも越えられる。

あたりに植物の姿はない。土と岩だけの山が目に入ってくるだけだ。

いつの間にか降っていた雨が雪に変わっていた。標高と共に気温も下がっているはずだが、体を動かしているせいか、寒くはない。

「ハッ、ハッ、フー」

マラソンをしているかのように呼吸をリズミカルにし、一歩一歩、自転車を押しながら進む。カーブに差し掛かるたびに、向こう側に頂上の証であるタルチョがはためいていることを願ったが、あるのは大きく蛇行しながら岩山を登っていく道だけだ。

やがて、少し平らなところに出た。

「ここが頂上？」

あたりを見回すがタルチョは見当たらない。

「2つある峠のうち、高い方にしかないのかも」と考え、先に進むと急にタルチョが現れた。

「ここか！」

二人で、まずは第一の峠への到着を祝う。

そこからも、マロさんが先を行き、私がその後をついていく。遠くに雪山が見え、峰々の頭に雲がかかっている。


次のタルチョは頂上の目印であると同時に、私達にとって「山々の終点」でもある。そこからネパールまでは、一気に下りになる。縦方向に並んで自転車を押していたが、いつしか歩調を合わせ平行に並んでいた。道の遥か前方にこの土の世界に似つかわしくない異物が見えた。

「あそこに何か立ってる！」

「ホントだ！」

マロさんが返事をする。その何かは言葉に出さなくても分かっていた。力を振り絞って、二人で進む。一歩、また一歩。そしてとうとうタルチョの足下に来た時、二人とも思い切り腹の底から叫んだ。

「つ、着いたー！」

最高の気分だった。シンガポールで船に乗れず、チベット行きを決心してから、ずっとこの瞬間を待ち続けていたように思う。

ヒマラヤの峠のてっぺんには、必ずこのタルチョがはためいている

雲南省から一体いくつの峠を越えたのだろう。だが、それもここで終わる。ここからインドまでは、延々と下りが続く。

タルチョのそばで記念撮影をして、下りの道に自転車を漕ぎ出した。私は足ブレーキを利かせて下りていく。あまりにスピードが出すぎると危険なので、制御できるスピードにするためだ。マロさんの方が断然速く、あっという間に見えなくなってしまった。

とうとうヒマラヤを越えた。もうインドは目と鼻の先だ。

石の手紙

最後の峠から長い長い下り道が続く。チベット側の町も残すところあと2つ。

ニャラムの町に入ると英語のアルファベット表記が目に付き、それまでの町とは違う雰囲気を醸し出していた。

店を覗くと、見たこともないクッキーやビスケットが並んでいる。手に取ってみると、書いてあるのは漢字でもチベット文字でもない。恐らくネパール語なのだろう。

ここから国境の町ジャンムまでは、およそ30㎞。私とマロさんは定番の5元のチャーハンを食べ、腹一杯にしてから国境を目指す。順調に行けば今日中には国境に着けるだろう。

町を抜けると再び急な下り坂が始まった。未舗装の山道がヘアピンカーブを繰り返している。それを下り切ると、穏やかな川沿いの道になった。

チベットの道のところどころに設置されている標石と、隣に置かれていた近江さんからの石の手紙

道の両脇には、緑色の植物が目立つようになってきた。次第に背丈の高い樹木も見かけるようになる。砂漠のような禿げ山から下ってきた私達の目には、とても眩しく見える。雨がぱらついていたので緑がより一層輝いていた。

ふと標石の脇に、また不自然に石が置いてあるのに気がついた。

「なんだろうこれ」

石に黒いマジックで何か文字が書いてある。

「6月3日9時35分　ジャンムまであと32㎞です。近江」

マロさんと顔を見合わせる。近江さんからの石の置き手紙だった。今日は6月5日だ。近江さんがこれを書いたのは2日前ということになる。

そこからは、5㎞ごとにある標石の下に、毎回石の手紙が置いてあった。

「天空の道、318号線も終わりが近くなりましたね。それぞれ自分の中に何かが……近江」

チベットの道を「天空の道」とたとえた石の手紙もあった。本当にその通りだ。目を閉じると青い空、白い峰々、果てのない乾燥した茶色の大地、薄い空気の日々が頭の中に蘇る。あれはまさに天空の道だった。

「長かったチベットの道が終わる」そう思いながら自転車に乗っていた。緑が増々豊かになり、小川が多くなる。そのせいか何ヶ所も道が川に陥没していた。近江さんはリヤカーを引きながらここを通ったのだろうか？　通ってきたのだ、いくつも置いてある石の手紙がそれを証明していた。

道中、近くに大きい滝があった。水が遥か上方の岩壁から噴出し、道のずっと下にまで落ちている。道路には霧状のしぶきが飛んでいた。その角を曲がると、山の斜面に建物がびっちりと張り付いているのが見えた。おそらくあそこがジャンムの町だ。

そこからは、もはや足ブレーキが通じないほどの急な下り坂に入った。やむなく自転車を降りて歩いて下る。舗装された道に変わり、気がつけば私達は町の中にいた。

近江さんは石の置き手紙に、「6月6日の午前10時まではこの町にいる」と書いていた。

商店が立ち並ぶ町の中心に差し掛かる。すると建物の2階の窓から吊るされた、得体の知れない「銀色の垂れ幕」のようなものが目に入った。

「うん？」

目を凝らすとそれが何か分かった。

「マットだ、マット！」

キャンプで寝る時に敷く、銀のマットだ。こんなことをする人は一人しかいない。

窓が開いたままだったので、大声で叫んだ。

「近江さん！」

しかし返事はない。1階に飛び込んで主人と話をし、部屋に向かう。するとちょうどトイレから出てきた近江さんに、ばったり会った。

「おおっ！　無事に着きましたか！」

この日は近江さんの厚意により、この宿に泊めてもらい、中国最後の「乾杯」をした。

翌日、3人揃って国境に向かう。国境までの道は「すごい坂道だよ」と何人もの人に聞いていた。

それは噂通りで、もはや自転車で下りられる傾斜ではなかったので、歩いて下る。だが、ブレーキが強く利く、近江さんの「メイド・イン・ジャパン」の自転車だけは別だった。

山の斜面を蛇行しながらの急斜が続く。イミグレーションから国境までの距離は、間違いなく今までで最長。なかなか手強い最後の坂道だ。悪戦苦闘の末、川と同じ高さまで下ると、そこに橋が架かっていた。これが中国とネパールを結ぶ橋となっているようだ。

橋の中央には赤い線が引かれていた。言われなくても分かる、これが国境だ。3人並んで、一緒に国境を越えた。

中国、雲南省を出て、86日目のことだった。

「嬉しい」という感情よりも「終わった」という安堵感が体中を巡った。

「バイバイ、中国！」

マロさんと一緒に、大きな声で言った。今までで一番苦しかったけど、今までで一番面白かった。中国、チベットそしてヒマラヤ山脈。

そして私達はゆっくりとネパール側に進んだ。

ネパールの温泉

国境の橋を過ぎると漢民族はほとんど見なくなった。人々の顔も中華系、チベット系から、彫りが深い褐色のインド系に変わった。建物の造りも、コンクリートから赤レンガに変わり、町全体が茶色に見える。看板がやたらに派手になり、英語の表記が多く、なぜかガラスの窓にはシールがペタペタと貼ってある。

ネパール側の国境の町コダリをゆっくり進んでいくと、町の出口にゲートがあり、隣に小屋がある。そこが税関らしい。

「カバンを開けてください」

だが、なぜか近江さんはそれに気がつかず、頭をかがめて、ゲートの下を自転車で通過してしまった。

「おい！」

呼び止められたのも聞こえなかったらしく、そのまま自転車で坂道を下りて、見えなくなってしまった。マロさんと顔を見合わせる。

だろう。

チベットに比べると、村と村の間隔がものすごく近く感じる。これなら遭難することはない

いて、イミグレーションのおじさんに確認したところ、4㎞ほど先にあるらしい。

ネパールに入った私達がまず目指したのは「温泉」だ。国境近くに「温泉」があると聞いて

道は舗装されておらず、チベットとそう変わりがなかったが、周りの山々は緑で覆われていた。

マロさんはリュックの奥まで開けさせられていたけれど、私はそれほど調べられなかった。

「近江さん、税関無視して行っちゃったよ」

一本道の悪路を進むが、なかなか温泉らしきものが見当たらない。道行く人に尋ねてみよう

という話になったところで、はたと気がついた。私達はネパール語を全く知らない。

知っているのは「こんにちは」のナマステと「ありがとう」のダンネバードだけ。とりあえ

ず村人に「ナマステ」と挨拶して、地名のタトパニは「あっちか？」とジェスチャーで聞くの

が精一杯だった。

それでも話しかけた年配の男性は嫌な顔をせず「あっち」と答えてくれる。中国人に比べる

と、人当たりがだいぶソフトに感じた。

村をいくつか通り過ぎる。イミグレーションのおじさんは4㎞と言っていたが、なかなか着

かない。「見落として通過してしまったかな」と思った頃、道路脇に英語で「ホットスプリン

グ（温泉）」と書いた小屋があった。

「おおっ、ここか！」

ついに楽しみにしていた温泉に到着した。

温泉は谷底の川岸にあるらしく、道路沿いの小屋から、階段でずいぶんと下におりなければならない。やがて、お湯のほとばしる音が聞こえてきた。

「いよいよか！」

だが、目に飛び込んできたのは打たせ湯タイプの温泉だった。浸かるタイプをイメージしていたので、ちょっとがっかり。

周りの人を見ると日本のように裸に手ぬぐいではなく、海水パンツを穿いてお湯に打たれている。せっかくなので、私達もパンツ姿になって、温泉に「打たれる」ことにした。

それほど期待していなかったが湯量は多いし、温度も少し熱めくらいでちょうどよく、なかなか気持ちよいではないか。これほど大量の湯に打たれる機会もあまりない。湯に打たれては休み、打たれては休みというのを繰り返し、1時間くらいかけてチベットの垢を落とした。風呂から上がると疲れが一気に出たのか、体が重くなった。

ネパール最初の夜は、発電所の近くの空き地にテントを張った。国境を越えた精神的疲労と、温泉に浸かったのも手伝って、ぐっすりと眠れた。

チベットとネパールの時差は2時間。日の出が7時から5時に変わった。

翌朝、日の出と共に起きてテントを出ると、近くの掘っ立て小屋のような店がもう開いていた。

近江さんと、砂糖がたっぷり入ったチャイ（5ネパールルピー〈約8円〉）を飲む。早朝のヒンヤリとした空気、静けさの中で飲むチャイは不思議と心を和ませてくれた。

標高が低くなると、湿度が高くなり始めた。「ムワッ」とする空気が体を取り巻く。汗も滴り落ちるし、シャツがベタつく。

そういえば、いつの間にか唇も乾燥しなくなった。タイやマレーシアを思い出した。久しぶりにTシャツ一枚になる。

チベットにいる時はある服をすべて着込んでいても寒かったのに。標高が低くなるにしたがって実感したのは空気の濃さだ。坂道で自転車を押しても息が切れず、歌を歌いながら上れるくらいだった。高所に比べるとマラソンと散歩くらいの違いがあった。

それから5日間かけ、私達は無事に首都のカトマンドゥに到着した。

ヒマラヤ山脈という難所を過ぎた気持ちの緩みか、カトマンドゥではダラダラと時間を過ごしてしまった。

マロさんはインドに向けて出発し、近江さんは山岳部にトレッキングに行き、カトマンドゥに戻ってくると日本へ帰国した。

私はというと、ネパール人と結婚してカトマンドゥに住んでいる、アツコさんという人の家に居候させてもらえることになった。旦那さんのプラカスさんとともに、二人は見知らぬ旅行者である私を、嫌な顔をせずに招き入れてくれた。

二人はネパールの手芸品を日本に輸出する仕事をしていて、時々、私もその仕事を手伝った。すぐにインドに向かうつもりだったのだが、居心地の良さに負け、ついつい滞在が長引いてしまった。

ネパールの国境近くにあった打たせ湯方式の温泉

チベット潜入編　移動経路

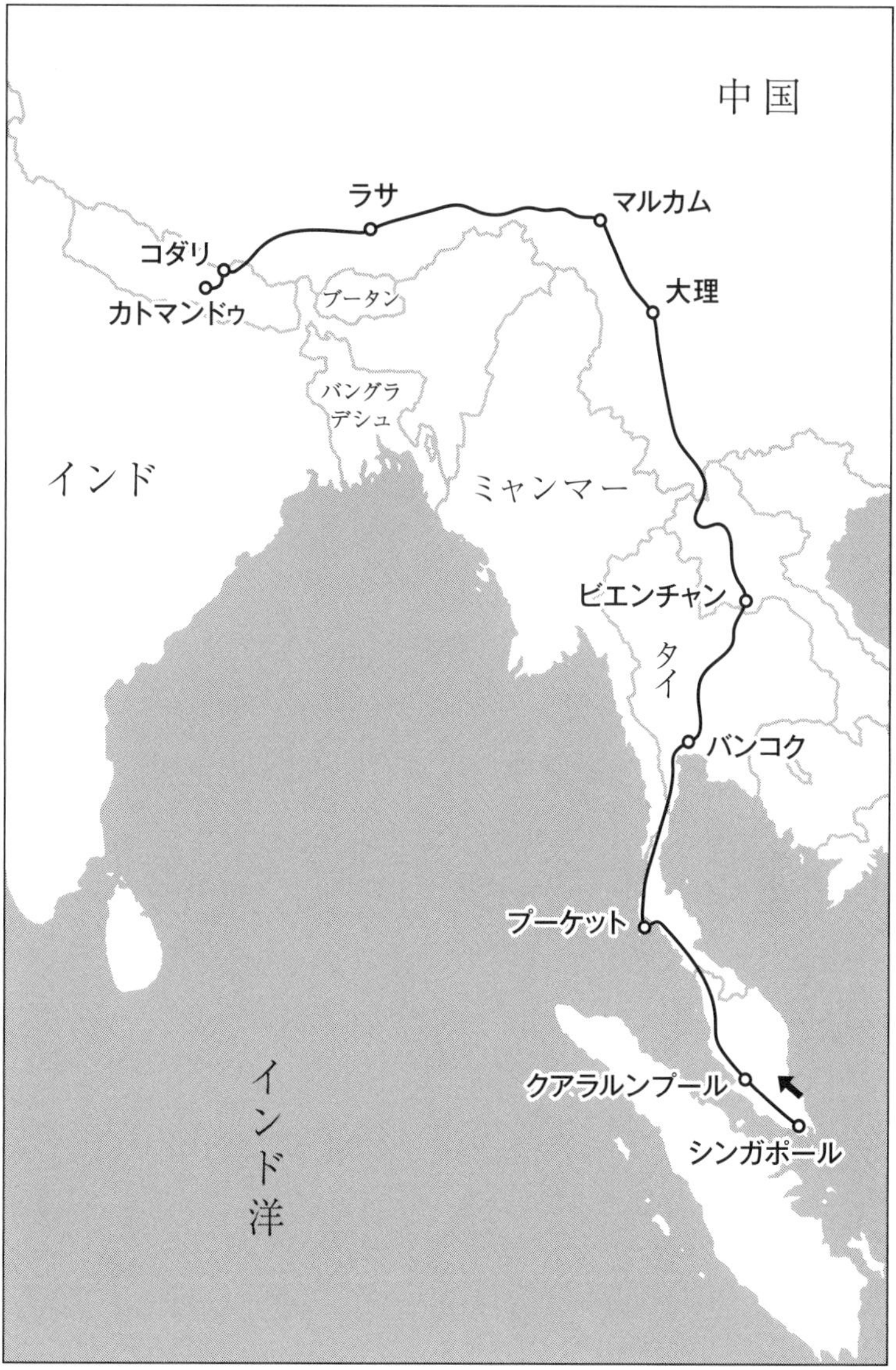

第3章

インド周遊編

インド人に騙される？

インドに入国する前、多くの旅行者からこんな話をよく聞かされた。

「インドでは気をつけろ」

「とにかく、騙されないようにしろ」

「荷物から目を離すな」

隣国ネパールの人々は、こうも言っていた。

「インド人は嘘つきばかりだ」

こんな話ばかり耳にしていたら、インドに対しての警戒心がいやでも強くなる。

２００３年11月３日、タライと呼ばれるネパール南部の平原からインドに入国した。

ネパールとインドの国境はパスポートの提示もなく通過できる（２００３年当時）。だから、今までで一番緊張感のない入国だった。

国境をまたいでも視界に入る景色はさして大きな変化はないけれど、人々の感じがガラッと変わった。穏やかだったネパールのイミグレーションに対して、インドのイミグレーションはずいぶんと威圧的だった。

「騙されないようにしなければ」と思いながらペダルを漕ぎ始める。

しばらく走ると、国境付近の混沌はなくなり、のどかな田園風景が広がりだした。見渡す限り、平野である。植えられているのは麦だろうか。

小さな村の近くの街道を通過していた時だ。屋根だけしかない掘っ立て小屋みたいなチャイ屋があった。

そこに腰掛けていた男二人がこっちに向かって、激しく手招きをする。

「おーい、こっちへ来い！」

「何だ？」と思いながらブレーキをかけ、男達に近づいた。

「お茶を飲んでいきなよ」

通りすがりの見ず知らずの男に、お茶を出してくれるのか。その時、「インドで騙されないように注意しろ」と再三言われたのを思い出した。しかしこの片田舎の小さな村で、旅行者を騙そうとする人なんているのだろうか。

「うーん」

悩んだ末に、彼らの誘いに乗ることにした。

彼らはチャイを3つ注文すると、こちらに向き直り、木の長いすを勧めてくれた。

「そこに座りなさい」

私は言われるままに腰を下ろした。

「どっから来たんだ？」

「どこに行くんだ？」

男達が矢継ぎ早に質問を浴びせてくる。強い癖のある英語だ。

その時、チャイ屋の主人がこっちにやってきた。土間の火にかけられていた古びた銀色のヤカンに入ったチャイを、オチョコのような小さな赤茶色の漆器に注ぐ。

一応、睡眠薬など入れられていないだろうかと主人の行動をチェックしていたが、不審な動きはない。男達にも、同じヤカンから注がれたチャイが手渡された。

私はそれをすすりながら、簡単に答えた。

「日本から来て、ここからベナレスを目指します」

チャイはネパールのものよりも濃厚で甘い。

「日本から自転車で来たわけじゃないだろう。それにここからベナレスは100km以上あるぞ」

右に座っている細身の男が、チャイをすすりながら目だけを向けてそう言った。

「自転車は中国からです。たかが100kmですから、問題ないですよ」

私がそう言うと、男達はまたまた冗談をというような顔をした。

「じゃ、君は自転車で中国からここまで来たっていうのかい？」

「そう、これで来たんですよ」

「おいおい、この自転車でかい、そりゃたまげた」

どうやら、やっと信じてくれたようだ。

「インドは最高だろう？」と聞いてきたので、「まだ今日入国したばかりです」と私。

そんな簡単な会話を続けるうちに、小さな漆器に入ったチャイを飲みきってしまった。

私が料金を払おうとすると、声をかけてきたちょび髭男は「いいんだ、いいんだ」とばかりに、手の平を広げた。

「俺に任せておけ」

もしかしたら法外な値段を請求されるかもしれないと思っていたので、少しホッとした。お礼を述べてから、「では、行きます」と伝えると、「おお、気をつけて」と席を立ち、見送ってくれた。

自転車を漕ぎ出すと、なんだか「ふっ」と気が抜けた。騙されるかと警戒していたけれど、何事も起こらなかった。お茶をご馳走してくれただけだ。

「インドでは気をつけろと言われていたけど、あんな人もいるのだな」

先ほどの二人組を頭に浮かべながら思う。それから日暮れまで、同じような二人組に何度も呼び止められたが、何も起こらなかった。

地平線に大きな太陽が沈み始めた。新しい国に入ってまず悩むのは、寝床のことだ。国が変われば文化や習慣が変わる。したがって寝られそうな場所も変わってくる。

自転車を漕ぎながらあたりを見回す。するとまた店の前に集まっているインド人たちに手招きされた。

「おーい、こっち、こっち！」

日が暮れるので急いで寝床を探したかったのだが、「まぁ、いいか」と呼ばれた方に向かう。私を呼び寄せた人はお店の店主らしく、店員に合図をしてチャイと水を含んだスポンジボールのような甘いお菓子を出してくれた。

「どこから来て、どこへ行くのか？」

まあいつも最初はこういう話になる。チャイを飲みながら説明していると主人が言った。

「今日はどこに泊まるのか？」

「どこか先に進んだところで寝ます」

私がそう答えると、主人が意外な提案をしてきた。

「私の家に来ないか？」

思わず彼の顔を見返してしまった。歳は40前後で、口ひげを蓄えて、落ち着いているように見える。こちらとしてはたしかに嬉しい申し出なのだが、なんだかうまく行きすぎて怖い。主人は私の不安そうな態度を察したのか、こう付け加えた。

「私の家族も一緒にいるので安心ですよ」

たしかに家族と一緒なら安心できる。主人の態度を見ているとどうしても悪い人には見えないので、お願いすることにした。

主人はチャイと甘いお菓子を出すお店を経営していた。日本では考えられないが、客席でずっと店員たちと楽しそうに雑談をしている。8時を回った頃、主人が手招きして言った。

「行こう、私についてきなさい」

自転車を押しながら、その主人の後を追う。店は従業員が閉めてくれるのだろう。幹線道路から外れ、田んぼのあぜ道のようなところをひたすらついていく。明かりはない。あぜ道の終わりにようやく明かりが見えた。そこが主人の家だった。

むき出しのレンガが積まれた家の軒先に、裸の電球がぶら下がっている。その明かりの下から7、8歳くらいの女の子が飛び出してきた。それに続いてサリーをまとった女性が現れる。女性は私の姿を見て、一瞬驚いた顔をしたけれど、主人がすぐに事情を説明をすると納得したような表情をした。

主人が案内してくれたのは、部屋というよりは、網と木でできた簡単なベッドがある場所だった。

「ここでどうぞ」

へとへとだったので、遠慮なくそこに横にならせてもらう。うとうとしながら、今日一日のことを思い返した。

「なんだか、噂とはだいぶ違うんじゃないか？」

インドに来てから、何だかいい人ばかりに会っている。明日からが楽しみだ。

聖なる河のクスリの売人

リキシャ（三輪自転車タクシー）がひしめきあい、車が大きなクラクションを鳴らしながら、それに割り込んでいく。聖地ベナレスの交通状態は酷い。

「この混雑具合はなんだ」

自転車がこれに飲み込まれたら最後、曲がりたいと思っても曲がれない。もう流れに身を任せるしかない。

街に近づくにしたがって、とても自転車に乗っていられなくなり、リキシャに挟まれながら自転車を押して歩いた。リキシャがグチャグチャに渋滞を起こしている交差点を「ここで曲がらせてくれ！」と日本語で叫びながらどうにか曲がると、道の先に水面が見えた。

「おっ、あれがガンジス河か!?」

リキシャに押されるようにしながら進むと、道の両脇に路上マーケットが並んでいた。各自が麻布を広げて野菜を並べている。「へぇ」と思いながら先に進むと、建物が途切れ、大きな河が目の前に広がった。

「えっ、これがガンジス河?」

聖なる河というだけあって、もう少し清涼感のある深緑色をイメージしていたのだが、なんだか大量の泥水が流れているように見える。

まぁ河の色はともかく、ここがインドのハイライト、ガンジス河だ。

「ついにここまで来たか」という万感の思いがこみ上げてきた。

河岸にもっと近づこうと思ったが、下り階段になっていて、自転車では進めそうにない。引き返すために自転車の向きを変えたその時、一人の背の高い細身の男が話しかけてきた。

「ハロー、泊まるところはあるのか?」

観光地によくいる、ゲストハウスの勧誘屋だ。こう言っては何だが、人相が悪い。目の下にクマがあり、前歯が数本抜けている。喋り方もやたらに緩い。そしてあきらかに変な痩せ方をしている。何かの中毒患者のようだ。

「いや、泊まるところは大丈夫です」

すると彼は興味深そうに言った。

「どこから来たんだ? 自転車で」

説明するのが面倒だったので、先日サルナートという町で取材された新聞の切り抜きを彼に差し出した。ヒンディ語で私が辿ってきた旅の概要が書いてある。

彼は切り抜きをジッと見つめてから、唐突に態度を変えた。

「おおっ、君は良い奴だ。俺の家に泊まっていいぞ、何日でも」

耳を疑った。ゲストハウスに勧誘するのが仕事のはずなのに、自宅に泊めてくれるというのか。そりゃ嬉しい申し出なのだが、彼の風貌を見ると少々悩む。明らかに危険な雰囲気を醸し出している。今までずっとこういうタイプの人間には近づかないようにしてきた。

だが、案外気のいい奴なのかもしれない。そんな葛藤をしながら私は尋ねた。

「なぜ、泊めてくれるのか？」

「グッドカルマのためだ」

「カルマ」は日本で言うところの「徳」だろうか。インドでは悪いことが起きると前世のカルマが良くなかったからだとか、カルマが悪いと来世は動物で生まれてくる、などと言われている。

「母と一緒だから問題ないよ」

彼は私の不安を察したのか、そう付け加えた。

私は「人を見かけで判断してはいけない」と、頭の中で何度も繰り返し、結局お世話になることにした。

彼の名前はボビーといった。ボビーは足が悪いらしく、左足を引きずりながら歩いている。

その後を私は自転車を押しながらついていく。

彼の家はメインガートと呼ばれる、ベナレスの中心からすぐのところにあった。石造りの3

階建ての建物で、彼に言わせると築400年以上、先祖代々この家に住んでいるという。

1階と2階には彼のお兄さん家族が住んでいた。少し「ホッ」とする。それならば、殺されてバラされてガンジス河に捨てられることもなさそうだ。狭い階段を上った3階の一室に、彼はお母さんと一緒に住んでいた。

ボビーのお母さんは穏やかで、にこやかな人だった。私を連れてきたことに少し驚いたようだが「どうぞここで寝てください」と、部屋の荷物を動かし、私が寝られるだけのスペースを作ってくれた。

ひと息ついたところでボビーが言った。

「ここに好きなだけ泊まっていいよ。あと、日本人旅行者がいたら、ハッパやハシシが必要ないか聞いてくれ。なんでも安くするから」

会った時からなんとなく分かってはいたが、彼は麻薬の売人なのだ。だが、片棒を担げというわけではなく、あくまでも「需要があれば話を持ってこい」というニュアンスだった。

「うーん、分かった」

はぐらかすように、そう返事をした。

ボビーのところにお世話になって、数日が過ぎた。日が経つにつれ、周りのインド人から彼の評判が耳に入ってきた。

「かなりヤバイ奴だ」

たしかに、毎晩のようにフラフラして、ろれつが回らない状態で夜遅くに帰ってくる。だが、酒の匂いは一切しない。他の何かだ。

ガンジス河に面したガート。ヒンドゥ教徒たちがここで沐浴している

そして心配する母親といつも口論になる。言葉は分からなくても、なんとなく雰囲気で分かる。

さすがにお暇《いとま》した方がいいかもしれない。さっさとベナレスを出発すればいいのだが、この街の持つ不思議な魅力に取り付かれ始めていた。

野宿できそうな候補地に、ガートがあった。ガートとはガンジス河沿いに作られた、階段状の広場である。観察していると、あの一帯には様々な人が寝ている。一人ぐらい、外国人が寝ていても何の問題もなさそうだ。「人がたくさん野宿している場所は安全」という自分の経験則にも当てはまる。

ただし、荷物の管理だけはしっかりしないといけないだろう。寝て起きたら荷物がないということになりかねない。

「ガートで寝泊まりしよう」と決めた。風呂もガンジス河ですべてまかなえる。ある種、理想の野宿場かもしれない。それでボビーに正直に言った。

「ガートで寝てみたい」

「オーケーオーケー。ガートが嫌になったらいつでもここに来いよ」

ガートで寝る人など、別段珍しくもないのだろう。お礼を言って、ボビーのお宅を後にする。

あるガイドブックによると、ベナレスの街では、毎年40人前後の旅行者が行方不明になっているという。だから日没後は外出禁止という宿も少なくない。だがどのガイドブックにも「野宿は危険です。ガートには寝ないように」とは書いてない。まあ書く以前の問題なのかもしれないが。

ガートに寝ている人達は、大きく2つに分かれる。地方から巡礼に来て、宿に泊まらず寝ている人と、なんらかの病気などを抱えていて、ここで死を待ちながら生活している人だ。いずれにせよ、周りに人がいるので、何かあっても助けを求めることができる。また、布をかぶって寝てしまえば、外国人とは気づかれないし、まさかここで外国人が野宿しているとは思いもしまい。

ベナレスの街は初めは汚く、居心地も悪く感じたのだが、日が経つにつれ、実にインドらしいところだと思えてくるようになった。狭く窮屈に感じていたベンガルトラと呼ばれるストリートも、見慣れるとなかなか趣がある。

毎日ガンジス河で体を洗った。ガンジス河は聖なる河でもあり、人々の生活の場でもあるのだ。体を洗う人、洗濯する人、遊ぶ子供、沐浴する人が混在している。死体や、汚物を垂れ流してもいるのだが、圧倒的な水の量がすべてを飲み込んでいってしまう。

日本の日常ではそれほど感じることのない「生と死」が身近に感じられるベナレス。12月の頭にはここを出発して東の大都市コルカタに向かう。

爆走トラックとの闘い

ベナレスから東に行くには大都市デリーとコルカタを結ぶ幹線道路を東に向かって走ればよい。日本でいえば、東京と大阪を結ぶ国道1号のような道だ。

日本では、幹線道路というと中央に白線が引かれた滑らかなアスファルトで、両脇にある歩道との間にガードレールがあるのが当たり前。

しかしインドにそんな道は存在しない。

広い平野にアスファルトを一直線に流しただけの道が延々と続き、ほとんど白線も引かれていない。アスファルトならまだよい方で、途中で途切れてコンクリートになっているところもあった。

交通量はそれほど多くないのだが、トラックが異常に多い。インドの幹線道路はトラックのためだけにあるんじゃないかと思うほどだ。

快適にドライブする乗用車も見た記憶がない。いや何度か見たのかもしれないがトラックの印象が強すぎて、全く覚えていない。

そして制限速度があるのかないのか知らないが、トラックのスピードが容赦ない。

特に危険だったのが、道幅が狭い舗装道路を走っている時だ。路肩はほとんど土なので、自転車では車輪をとられてしまい走行しにくい。だから、こちらとしてもできる限り舗装道路を走りたい。

戦いはトラックが後方から迫ってくるところから始まる。

まず、トラックがデカイ音でクラクションを鳴らし、その存在をこちらにアピールしてくる。だがクラクションぐらいでは、こちらも動揺しない。

次は、窓から助手が顔を出し、助手席側のドアを「バンバン」と叩く。

「邪魔だ、どけ！　どけ！」

言葉は分からないが、間違いなくそう言っているのだろう。やつらは必ずこれをする。

「うっせー、道路はトラックだけのもんじゃねえんだ」

私はそう一人愚痴りながら、舗装道路に居続ける。トラックはさらに接近して、ますますデカイ声で叫び、クラクションを鳴らす。

日本人の感覚では、車が自転車を追い抜く時は自転車から1～2mは離れてゆっくり追い抜いていくものだ。だがこちらでは、自転車の脇スレスレを恐ろしいほどの速度で通り過ぎていく。

毎回、最終的には私が根負けしてトラックに道を譲るために舗装道路をおりることになる。

「早くどけってんだい！」

通り過ぎる際、必ず助手がこう捨て台詞を吐いてすっ飛んでいく。

これが続くとさすがにスリリングを通り越して危ないので、やがて最初の頃のように、再びクラクションだけで道を譲るようになる。トラックとケンカしても吹き飛ばされるだけである。日本の教習所では道路に出たら「弱者を優先」しないと検定に受からない。だがインドでは「強者はそのまま強い、弱者は逃げる」しかないのだと悟った。

そしてそれを裏付けるようなことが、実際に起こった。

ある時、南インドのカルナータカ州のある村の入り口で、後方から来たトラックがいつものように「どけどけ！」と怒鳴り散らしてきた。

「なんだよ、そっちがどけよ！」

私も頑固に舗装道路に残っていると、トラックが私の横に接近してきた。

「そりゃ近い！」

そう思った次の瞬間、トラックの荷台が私の自転車の後部に触れた。

「ズダーン！」

私は、激しく路肩の方に転倒した。

トラックの助手は、明らかに私を引っ掛けたのを見ていたはずだ。だがそのまま走り去ってしまった。唖然として路肩に座り込んでいる私を心配して、村人が寄ってきた。

「大丈夫か？」

転倒しただけで、大きな怪我もなさそうだったので「大丈夫」と答える。

「まったく、なんてトラックだ！」

私は怒りをあらわにし、走り去った方に向かって叫んだ。

すると村人達は口を揃えてこう言った。

「そりゃいかん、あんたが悪い。トラックが来たら逃げなきゃだめだ」

実際そうなのだ。ここではトラックが優先されて、邪魔する存在は道を譲らなければならない。日本ではどう考えても接触したトラックの方が悪いが、インドにはインドのルールがある。

うーん、それにしてもショックだ。

ダバと靴泥棒

ベナレスで出会ったインド人のディープさんが、教えてくれたことがある。

「インドを自転車で旅行するなら、ダバで寝泊まりすればいい。安全だし、ただで寝られるよ」

「ダバって何ですか?」

私が聞くと、こう説明してくれた。

「ダバは長距離トラックの運転手たちが休む場所。道沿いにトラックが止まっていて、木のベッドが並んでいたら、それがダバだ」

たしかに思い返してみると、それらしきものをいくつか見た記憶がある。「あれは何だろう?」と思っていたのだ。

今日も自転車を走らせていると、広い敷地に木のベッドが並んでいる場所があった。ディー

ダバで休憩するトラック運転手たち。インドでは何度もお世話になった

プさんの話を信じ、自転車を止めて近づく。何人かの男がキッチンと思わしきところにいたので、ジェスチャーで「ここで寝てもいい？」と尋ねる。

「オッケー」

あっけないほど簡単に許可が下りた。

ダバは運転手さん用の休憩所みたいなところで、いわばレストラン、シャワー、仮眠所付きのドライブインだ。

ただし、建物は半壊しそうな掘っ立て小屋であることが多い。日本でいえば海水浴場の海の家のような作りで、かしこまった入り口やドアは一切なく屋根の下に簡易ベッドがずらりと並べられているだけだ。

ベッドは完全に木だけのものと、木の枠組みに網を張ったタイプの2種類があった。木のベッドはテーブルの役目も果たし、そこで食事をしたり、くつろいだりできる。

食事をしなくても問題なく寝かせてくれるが、食事もローカル価格なので、観光地に比べると格段に安い。ただしメニューは存在せず、その場で「できるもの」を聞いて、その中から選ぶ。

といっても、そう種類はない。メインは「チャパティ」か「ライス」、おかずは「ダル(豆)」のスープか野菜カレーの「サブジ」である。

「サブジ」に使う野菜は、そのダバによってそれぞれ違った。ジャガイモ、ブロッコリー、ほうれん草、トマトなどから選べる場合もあったが、そういう店はまれで、ほとんどの場合はこちらに選択権がなかったりする。

そもそも、インドの田舎では英語が通用しない。だから、ヒンディ語とジェスチャーで注文をした。大抵は10～15ルピー（約24～36円）で腹いっぱいに食べられる。

ダバではシャワーも洗濯もできた。シャワーというよりも水浴びと言った方が的確かもしれない。ダバの裏には一辺が３ｍぐらいの角型をしたプールのような大きな水がめがある。そこから桶で水を汲み取り、体を洗う。完全に屋外だがインド人は腰に「ルンギ」と呼ばれる大きな布を巻いて水浴びをしている。

洗濯も同様に、ここの水をすくい取ってコンクリートの上で手揉みで洗う。そして木から木へロープが張ってあるので、そこに洗濯物を干す。日中は気温が高く、乾燥しているので、あっという間に洗濯物は乾いた。

ただし、トイレだけはない。

「トイレは？」と聞くと、近くの畑や、空き地を指差されて「あのあたりだ」と言われる。インドの田舎は、畑がトイレになっているので100%リサイクル。ちなみにトイレットペーパーも使わないので、みな水桶を持っていって、用を足した後は左手と桶の水で処理する。

ダバは、私にとって快適でよく利用した。男臭いトラック運転手ばかりで、全く気を使う必要がなかったからだ。

今日もいつものように、網と木でできた簡易ベッドの上に横になる。疲れていたので、靴を脱いでそのまま寝てしまった。

朝になったので、ベッドから降りようとして気づいた。

「あれ？」

靴が見当たらない。最初はベッドの下に入り込んだのかと、覗き込んで見るが、そこにもない。

そこではたと思い出した。時々、ダバの主人や店員に「ここは誰でも出入り自由なので、荷物はもちろんだが、靴にも注意しろ」と言われていたのだ。

だが、見るからに高そうなブランドの靴ならいざ知らず、私の履いている靴は、ヨレヨレのボロボロ。「こんなボロい靴を一体誰が持っていくというのだ」と内心思っていた。主人が移動させたのかなと思ったが、「知らないよ」と普通の調子で言う。

「まさかな」

焦ってあたりを素足で探し回る。

どうしても見つからないので、自分の寝ていたベッドに戻る。

盗人が残していった薄汚い靴

ふと足元に、一足の靴が置いてあるのに気がついた。先ほどは他の誰かの靴かと思ったが、周りには靴の主らしき人は見当たらない。

置いてある靴を手に取って、しげしげと眺める。いたるところに修理の跡があり、靴底もすり減っている。「この靴の持ち主は？」と他の客に尋ねて回るが、みな首を振り「知らない」と言う。

私の靴は見当たらない。持ち主の不明な靴が一足。

これから導き出される答えはひとつ。このボロボロの靴の主が私の靴を履いていってしまったのだ。

たしかにこの靴に比べれば、私の靴の方がマシだった気もしなくはない。しかし、あんな履き古して靴底に穴が空いているような靴を持っていくとは。

驚いたというよりは呆れた。靴を盗んだ本人も今頃は「なんじゃこりゃ」と後悔しているかもしれない。残された靴を履く気にはとてもならないので、持っていたサンダルを履くことにする。しかしなんてこった。

「それはジャドゥーじゃない！」

ネパール以来、自転車で町に寄っては路上に立ち、手品をしている。

手品を始めたきっかけは中学生の時。技術科の先生が授業の合間に時々手品を見せてくれた。それがあまりに面白くて、自分もやってみたいと思うようになった。それ以来、手品を少しずつだが練習した。しかしそれが思いもしないところで、私を助けてくれることになった。

路上で手品を見てコインを投げ入れてくれる人がいる。そのおかげで、食べ物を買い、旅を続けることができる。

帽子に投げ込まれたコインを見ながらしみじみと「芸は身を助ける」という言葉をかみ締める。変な話だが、中高生の頃の自分に感謝したい。おかげで少しずつだが前に進める。

ただ、インドの路上で手品をしていると時々、観客がものすごく不機嫌になることがあった。そういう時、彼らは必ずこう文句を言う。

「それはジャドゥーじゃない！」

インドに入国してすぐの頃は、聞いてもさっぱり意味が分からなかった。「ジャドゥー」は

「手品、奇術」のことだと思い込んでいたので、いくら下手だからといって「手品でない」と言われるのは、心外だった。またこちらが人を楽しませようと思って演じているのに、不機嫌になられるのも理解不能だった。

言葉の意味が分かったのは、だいぶ経ってからだ。ヒンディ語の「ジャドゥー」は手品とかトリックという意味ではなく、どちらかと言えば「奇跡」などに近い言葉だった。超能力や予言もその範疇に入る。とにかく、科学や人智の及ばない「不思議な力」のことらしい。

日本人の多くは半信半疑、胡散臭いと思うかもしれないが、ここは摩訶不思議の国・インドだ。ありとあらゆるところに祭られた神々に向かって熱心にお祈りするし、聖なる地で死を迎えるために、遠路遥々《はるばる》やってくる人もいて、信仰深い。多くの人が、生まれ変わりやカルマ（業）などを信じている。

そしてなんといってもインドには、この「ジャドゥー」を体現している人物が実際にいる。日本でも有名なサイババだ。彼は空中から聖灰や飾り物を取り出す「物質化」と呼ばれる現象を起こしたり、また将来起こる出来事を予言したりもしているらしい。サイババの住んでいるプッタパルティは、信者数の増加により寒村から一大聖地へと発展を遂げた。

日本では超能力者が町を興したという話など聞いたことがない。インドでサイババがいかに絶大な信頼を得ているか分かるだろう。つまり「奇跡」を本気で信じている人々が大勢いる国なのである。

だから私が道端で手品を披露すると、「それはジャドゥーに見えるけど、ジャドゥーではない」となる。こちらとしては別に奇跡を見せているつもりはないのだが、怪しい部分があった

り、タネが分かったりすると、

「そりゃ嘘だ！」

と怒り始めるのだ。

「ジャドゥー」の意味が分かってからは、手品を始める前に必ずこう宣言することにした。

「ナヒーン　ジャドゥー、ナヒーン　ジャドゥー」（奇跡ではありません、奇跡ではありません）

そしてこう付け加えた。

「アート　カ　サファイ」（手の芸です）

また「騙すな！」と怒るタイプがいる一方で、本当の「奇跡」だと思って信じきるタイプも稀にいる。

ある日、手品をしていると正面で見ていた男性が言った。

「紙をお金に変える手品、もう一回やってくれ」

これは、ただの紙切れを5ルピー紙幣に変化させる手品のことだ。

リクエストに応えて、そこらに落ちていた紙を拾ってきて、ちぎって丸め、5ルピー紙幣に変える。すると今度は、前列で見ていた男達が目を輝かせながら、やたら興奮して言った。

「もう一回！」

さらにその中の一人が、落ちている新聞紙を引きちぎって持ってきて、鼻息荒く言った。

「これをお金に変えてくれ」

目が本気だ。とても冗談で言っているようには思えない。それを真似てか、他の前列の男達が次々と落ちている新聞紙を破いて、駆け寄ってくる。

「俺のも変えてくれ！」

「これも！」

我先にと紙を差し出しながら鼻息荒く言う。いずれも真剣な目で笑顔ではない。私は驚いて、手の平を向けて振るジェスチャーを交えて言った。

「ナヒーン　ジャドゥー」（これは奇跡ではないですよ）

しかし、男達も引き下がらない。熱い眼差しで「できるだろう！」と紙片を顔の前で振りかざす。

「いや、できない」

私も彼らに負けじと語気を強めてキッパリと断る。

それでも男達は納得できないのか、「やってくれ！」「頼む！」と繰り返し、そんなやり取りが何度か行われた。らちがあかないので「どうしたものか」と困っていると、前列の端で静かに見ていた一人の男が割って入ってきた。

ずいぶんと落ち着いている。そして興奮した男達に向かって、説き伏せるように話し始めた。

「奇跡じゃない」「できない」というヒンディ語が耳に入ってきたので、何となく意味が分かる。

「これはジャドゥーじゃないんだから、彼は紙をお金に変えることはできないよ」

そう説明をしてくれたようだ。話が終わると、みな納得したのか落ち着きを取り戻した。そして渋々と紙を手放し「なんだ、つまんねーな」という顔をして方々へと散っていった。

同時に私も肩から力が抜けてほっとした。

「助かったよ！　ありがとう」

この場を収めてくれた男に礼を述べる。

「いいんだ」

男は視線を下に落としながら、はにかんだ笑顔をした。

「さて、出発しよう」

そう思って手品道具を片付け自転車にまたがろうとすると、さっきの彼が歩み寄ってきて真面目な口調で言う。

「実はちょっと話があるんだ」

「何ですか？」

彼はあたりを見回して、ひそひそ言った。

「ここじゃまずい、ちょっとこっちに来てくれ」

彼は後ろの家の戸口の裏の方に進み、私を呼び寄せるように手招きをしている。「なんだか人前では言えないことなのだろうか」

不思議に思ったが、先ほど助けてもらったので断るわけにもいかない。私がそちらに行くと、彼はポケットから新聞の切れ端を出した。

「頼む、俺のだけ変えてくれ！」

「おっ、おまえもか！」

インドで本当にあった話である。

コルカタの路上で手品を披露。みな心なしか猜疑的な目で見ているような？

近江さん、再び

2004年2月、インド第2の都市コルカタからムンバイに向かおうとしていた。都市を出てしまうと次はいつメールチェックができるか分からないので、コルカタにいるうちにインターネットショップでメールをチェックする。

するとヒマラヤを一緒に越えた近江さんから、一通のメールが届いていた。

「ネパールを自転車で走っており、インドを目指しています」

折りたたみ自転車でのヒマラヤ越えで「自転車はもうこりごり」と感じているのかと思ったら、その逆だったとは。しかも、一人で自転車旅行をしているとは。

「私は、今はインドのムンバイに向かっています」

そう返事を送る。そして数日後、またメールが届いた。

「ムンバイに向かいます」

私に会いにわざわざムンバイまで来てくれるというのか。

あの過酷な旅行に連れ出して、チベットのど真ん中で動けなくなったり、何度も大変な目に遭ったのに――。

無事ムンバイに到着した私は、友人の紹介で知り合った方の家で近江さんが来るのを数日待たせてもらうことにした。

待ち合わせていた当日、約束もしていなかったがインド門の近くを歩いている近江さんの後ろ姿を見かけた。

「近江さん！」

「見つけられてしまいましたか」

一瞬止まって振り向いた近江さんは驚いた様子もなく言った。

約7ヶ月ぶりの再会に心が躍る。私はここまでの経過をひとしきり説明し、近江さんは一人でネパールを走行した時のことを楽しそうに話してくれた。

近江さんはネパールから日本に戻った後、この7月に北海道の札幌でゲストハウスをオープンさせる準備をしていたらしい。チベットで「老後はゲストハウスの親父でもやろうかな」と言っていたのを思い出した。

近江さんが私に聞いた。

「今はどこに向かっているのですか？」

「インドの最南端を目指しています」

そして、私は近江さんをこう誘ってみた。

「また少し一緒に走ってみませんか？」

近江さんは今回、ネパールのカトマンドゥからインド国境まで、一人で自転車で移動してきたという。かなり自転車旅行に慣れたはずだ。

「そうだね」

近江さんはニヤリとして言った。

そうとなれば話は早い。5日後に、南を目指してムンバイを出発することにした。

また、今回の旅は道連れがもう一人いた。ムンバイで知り合った日本人の学生タケシ君だ。彼も「一緒に行きたい」と安い自転車を新しく買って同行することになった。チベット以来の3人旅だ。

走り始めて2日目のこと。先に行った近江さんを追いかけて、坂を下り始めた。すると道の途中で近江さんが不自然に座り込んでいるのが目に入った。

「途中でつまずいて、転倒しちゃった」

苦笑いを浮かべながら近江さんは言う。

「えっ、体は大丈夫ですか？」

「大丈夫、少々すりむいたけどね」

近江さんは右ひじをこちらに見せた。たしかにすりむけて血が滲んでいる。

近江さんは「大丈夫、大丈夫」と言うが、ここは日本ではない。知らない感染症もあるかもしれないし、大事を取って次の町で病院に行くことにした。

小さな町だったがうまいぐあいに診療所があって医者に見てもらえた。医者は慣れた手つきで患部を消毒してから、包帯を巻いていく。右ひざ上、右ひじ。それから右額にガーゼが貼り付けられて、治療は終わった。

転倒のダメージが大きいのか、近江さんが精神的に落ち込んでいるようだったので、今日はこの小さい町に泊まることにした。

翌朝、目を覚ますと近江さんが顔をしかめて言った。

「わき腹の痛みが止まらない」

再び診療所を訪ねると、同じ医者が丹念に触診してくれた。

先生が指に力を入れて右あばら骨を押すたびに、近江さんが「あいた！」と声を上げる。先生は表情をしかめて言った。

「Xレイが必要だ」

「Xレイって何？」とタケシ君に聞くと彼は言った。

「レントゲンのことですよ、レントゲン」

「何？　そんな重傷なの」

医者に案内されて近江さんはレントゲン室に向かった。

しばらくして先生と近江さんが戻ってきた。先生が手にした黒いシートを光にかざす。近江さんの肋骨が白く浮かびあがった。

「ふーむ」

先生はそう言って、近江さんの方にシートを向け「ここ」と指差した。

示された場所を私も頭を近づけて覗き込む。何だか分からず、もう一度先生の顔を見る。先生が今度はしっかりと指で「ここ、ここ」と分かるように指し示してくれる。

注意して見ると白い骨の間にちょっぴり線が入っている。

「近江さん、これヒビですよヒビ」

驚いたが控えめな声で言った。タケシ君は「うわっ」という顔をしている。

「そうみたいだね〜」

近江さんは他人事のように言う。

「痛くないんですか？」

「いや、もう痛くないんだよ。ただ、笑ったりするとひびくんだよね」

そう言って笑い、「アイタタ」と顔をしかめる。

私とタケシ君は顔を見合わせた。

「さすがに自転車は無理そうですね」

「いやいや、まだ始まったばかりじゃないか。やめるのはいつでもできるから、続けるよ」

先生に尋ねると、こんなようなことを言った。

「まぁ痛かったら痛み止めを飲んで。肋骨は固定できないけど、そのうち治るよ」

本当に大丈夫だろうかと心配したが、近江さん自身が行きたいと言うので、3人旅を続けることになった。

一日に進む距離を短くして、体に負担がかからないように走行を始めたら、肋骨のヒビは予想外にも旅行に支障をきたさなかった。

しかしアクシデントはまだまだ続いた。

再び旅を始めて6日後、前方を走る近江さんが突然止まった。道路の脇に立ち尽くした近江さんが、貧乏ゆすりしているように、全身を震わせている。

こんな状況は「寒いか、トイレを我慢しているか」のどちらかだ。しかし、2月とはいえ、ここはインド。私などTシャツ一枚で走っている。するとトイレか。

近づくと不安そうに声を震わせながら近江さんが言った。

「全身が痙攣していて、止まらない」

「えっ、全身痙攣？」

後ろから追いついて来たタケシ君も驚いた様子だ。すぐに病院に行かなければ。

先ほど町まで８㎞の標識があったから、それほど遠くないはずだ。

電話を探して救急車を呼んでいる暇はない。ここでヒッチハイクをする。来た車をすぐに止めなければ。

幸い通りかかった1台目のジープが止まってくれた。「ドクター、ドクター」と運転手に告げると、こちらの意を察してくれたのか「後ろに乗れ！」と合図をする。

「タケシ君、荷物を頼む」

近江さんに肩を貸しジープの後部に乗り込んだ。勢いよく出発した後部座席から「後で戻ってくるから！」とタケシ君に叫んだ。

車内でも近江さんの震えは止まらない。それどころか顔色がものすごく悪い。「一刻も早く病院へ！」と願いながら近江さんの手を握る。

運転手さんは緊急であることを察してくれたのか、こう言った。

「分かった！　町の手前に病院がある！」

快調に飛ばしていたジープがブレーキをかける。

「おっここか！」と思って外に顔を出すと、そこはガソリンスタンド。

「おい、この緊急時にガソリンかよ！」

そう突っ込みたくなったが燃料がないと車が止まってしまうのだから、仕方ない。

車が動き出すのを今か今かと待つ。やっと動き出し、そして再び車が止まる。今度は間違いなく病院だ。文字は読めないが、看板に赤十字のマークが2つあった。運転手さんと二人で両脇から近江さんを肩でかつぎ、病院内に運び込む。

「ドクター、ドクター!」

すると、私達の慌てようとは対照的に、白衣を着た男性が奥からのっそりと現れた。近江さんは半分白目をむいて、全身を震わせている。

「7月にゲストハウスをオープンするんでしょう!」

元気付けるつもりでそう耳元で叫ぶ。反応しているのか分からない。近江さんは体を震わせているだけだ。

ドクターは近江さんをベッドに横たえて、瞳孔を見る。それから助手に指示を出し、助手が小さな小瓶と注射器を持って戻ってきた。そして近江さんをうつぶせにすると、尻にブスリと注射を刺した。

すると近江さんの震えが少しずつ穏やかになっていった。顔から苦しみの表情が消え、寝ている時のような穏やかな顔になった。先生に尋ねる。

「なんだったのですか?」

「マラリアの急性症状に似ているが、血液検査をしないと分からない」

とにかく大事に至らなくてよかった。近江さんは寝たままだったので、タケシ君のところへ荷物を取りに戻る。近江さんの自転車と自分の自転車を交互に進めて、やっとのことで病院に戻ってきた。

数時間後、検査の結果が出たが、マラリアではないらしかった。

しかし原因は分からず、先生は点滴を打って様子を見ようと言う。

「一体なんだったんですかね〜」

目覚めた近江さんも、身に覚えがない様子。今日は一日安静ということで私達は使っていない病院の2階で寝かせてもらえることになった。

2階のベッドは使わなくなってから久しいらしく、ホコリが積もっていた。まるで廃墟のようだ。マットに浮き出たシミが血に見えないこともない。

昼間はそうでもなかったが、夜になってあたりがシーンと静まりかえると、何とも言えない雰囲気になる。タケシ君が真顔で言った。

「恐い話、絶対にしないでくださいよ」

そう言われるとしたくなるのが人情だが、彼があまりに「やめてください」と泣きそうな調子で言うので、やめた。たしかに、さっきから雰囲気だけで背筋が何度もゾクッとしていた。

実際横になってみると怖いのは幽霊よりも、蚊だったりした。夜中に何度も虫除けスプレーをかけまくって、やっと朝を迎えられた。

階下に向かうと、早起きの近江さんがめずらしくまだ寝ていた。腕には点滴のチューブが付いたままだ。だが昨日の状態からすると、もうすっかり症状が落ち着いているように見える。

昨晩、タケシ君とは「さすがにこんなことがあると、近江さんはここでリタイアかな」と予想していた。しかし近江さんに尋ねるとこう答えた。

「ここで半日ゆっくりしてからタクシーで追いかける」

驚いたが近江さんならそう言うかもなとも思っていた。肋骨にヒビが入り、原因不明の痙攣に襲われてもまだ行くというのだ。人生の先輩に対して失礼かもしれないが、見上げた根性である。

近江さんとは次の町で落ち合う約束をして、私達は出発することにした。近江さんの荷物を積んでいない分、荷物が軽く感じた。

川沿いの気持ちの良い道を、タケシ君と10㎞ごとに待ち合わせしながら走る。下りが多く楽だった。20㎞進んだところで、昼休憩をする。

そしてそこからは、長い上り坂を汗をかきながら、ひぃひぃ言って自転車を押して上がった。次の町の名前はパリ。

フランスっぽい名前だが、別にそんなことはどうでもいい。実際、名前とは全く関係なく、いつものインドの町だった。日本では寒くてコートが必要な季節だというのに、ここでは日射病になりそうだ。

夕方なんとか約束の町に辿り着くと、難なく近江さんと合流できた。体調が回復した近江さんは、また翌日から走ると言い、再び自転車で走り始めた。

チベットや、ネパールの山道に比べるとインドの道は格段に良く、猛スピードのトラックさえ気をつければ何の問題もなかった。

その後は大した事件も起こらず順調に進み、12日後、目的地のゴアに無事到着。ゴアの浜辺でコーラで乾杯しお互いの健闘を称えあった。

そしてここで近江さん、タケシ君を見送り、私は再びインドの最南端を目指して出発した。

最南端の聖地カニャクマリ

インドは北と南では、ずいぶんと雰囲気が変わる。言葉はもちろんだし、食生活も、人々の態度も全く違うのだ。

北インドでは一日に何度も「ハロー、ハロー」と呼び止められたのだが、南インドでは、さっぱり呼び止められない。初めて会うのに「ハローマイフレンド」と親しげに話しかけてくる人もいなくなった。

手品のリアクションが、心なしか小さくなった気がする。一言で言うならば「穏やか」になった。

北インドにいる時は「もう、放っておいてくれ」と叫びたくなるくらいだったのだが、南下するにしたがって誰も話しかけてくれないので少し寂しいくらいだった。

しかし日差しはさらに強くなり、太陽の下に出ると肌が痛くなるほどだ。日中に活動すると倒れてしまいそうなので、一番暑い時間帯は日陰で昼寝をした。

南に下るとダバがなくなったので、再び野宿に戻った。暑いのでテントを張らずにただ寝転ぶことが多くなった。

近江さん達と別れたゴアからひと月以上南に走り、タミルナードゥ州マドライの町に到着、さらに南に向かう。

小さな村に差し掛かったところで、日が暮れた。村を抜けると街灯もなく、すっかりあたりは暗くなった。近くに空き地を見つける。道路沿いにぽっかりと開いた空間で、寝るにはもってこいのところだ。

早速、奥に入り、テントを張る。テントと言っても内側の網の部分だけを使い、蚊帳の代わりにするのだ。

インドでテントを張ると、たいていどこからともなく人が来て「どうしてこんなところで寝てるのか？」とか「ハロー」と話しかけられたりするのだが、ここには人っ子ひとりおらず、あたりは静寂に包まれている。

「こりゃいい場所だ」などと思いながら眠りについた。

翌朝、目を覚ましてテントから出る。南インドは日中は恐ろしい暑さだが、早朝は涼しく気持ちがいい。

体を伸ばしながら、深呼吸をする。ふとテントの横に、細長く土が盛られているのに気が付いた。

「なんだろう？」

ちょうど人間の身長くらいだ。「もしかして」と思い、あたりを見渡すと、同じように盛られた土がいくつもある。更に、よく見ると棒が立てられていて、そのそばには何か儀式をしたような形跡があった。

そうなのだ、ここは墓地だったのだ。

墓石がないので気づかなかったが、このあたりでは土葬するらしい。「うわっ」と思ったがもう遅い。寝る前に知っていたら、この場所には近寄らなかっただろうに。自分のテントのすぐ下に仏様が眠っていたかもしれない、そう思うと背筋が寒くなった。どうりで誰も近づいてこなかったわけだ。

持っていた地図には、インドの最南端は「コモリン岬」と書いてある。だがインドの人には通じず、「カニャクマリ」と言うと「ああ、あそこか」と分かってもらえた。

なぜ目的地にここを選んだのか、深い理由はない。ただ地図上からでもハッキリと分かる場所だったし、インドの最南端でキリもいい。

インドに入国してから約半年の時が過ぎていた。

そして先ほど、カニャクマリを起点としている国道7号線の標石が、残り10㎞になった。

「いよいよ到着だ」

1㎞ごと、標石を通り過ぎるたびにカウントダウンをした。

頭の中で今までの道のりを回想する。日本でホームレスとして過ごした時、韓国でのヒッチハイク、中国で自転車を漕ぎ始めた時のこと、シンガポールの港、そしてヒマラヤ越え、辛かった時のことほどよく思い出す。

そして出会った数々の人々の顔が、一人一人脳裏に浮かぶ。一体どれだけの人にお世話になっただろう。その人々のお陰で、ここまで来ることができた。

標石があと2㎞になった。上り坂の先に、光る水面が見える。水平線の先には何もない。そこからは緩やかな下り坂に変わったが、自転車に乗らず、押しながら歩いた。カニャクマリに到着した時の感動をゆっくりと味わいたかったからだ。

一歩、一歩ゆっくりと進むにつれ、海が近づいてくる。周りにみやげ物屋が立ち並び始め、その店の間に「起点０㎞」の標石があった。

さらに道は下り、海まで伸びている。舗装道路が終わり、道は砂利道になった。自転車ではこれ以上進めなくなったので、自転車を止めて、砂浜を歩き始める。

海が近づくに連れて、無意識に歩みが速くなった。カニャクマリは聖地なので、海の水を浴びながらお祈りをしている人達の姿が目に入る。

波際まで降りる小さな階段を、一段一段降りた。時々大きい波が階段の下の方まで打ち寄せている。階段を降り、海水に触れた。生暖かい外気に比べて、海水はずいぶんと冷たかった。

「ゴールだ」

右手を握り締めた。長い道のりのようで、思い起こすと一日一日が鮮明に浮かぶ。諦めずにここに向かってヒッチハイクをし、ペダルを漕いだ自分に「よくやった」と言おう。

２００４年４月29日。３年前、新宿のホームレスだった私は目的地、インド最南端の地に着いた。

３年間をかけて、日本を始めとしたアジア諸国を走り抜けた。

どんな強固な意志を持っていたとしても、それだけではここまで辿り着けなかっただろう。水や食料、時にはお金をくれる人がいたからこそ、ここまで来ることができたのだ。それを肝に銘じておかねばならない。

ここからは、長い「帰路」が待っている。だが、インドを自転車で走っている時にひとつの思いが頭に浮かんでいた。

チベットの高原で見た、世界一の高峰エベレスト８８４８ｍの頂とはどんなところなのだろうか。地球上で一番高い場所はどうなっているのか。私が人力でそこに行くことは可能なのだろうか、というものだ。

全く未知の世界だが、東京からインド最南端も、インドからエベレスト山頂も、どちらも先が見えないという点では、一緒だ。

日本への帰路にはいつでもつける。少し寄り道して、今度はここから世界一高いところを目指そうと思う。さぁ、新たな目的地に向けて出発だ！

インド最南端にある聖地カニャクマリ。沖には仏像が立っていた

インド周遊編　移動経路

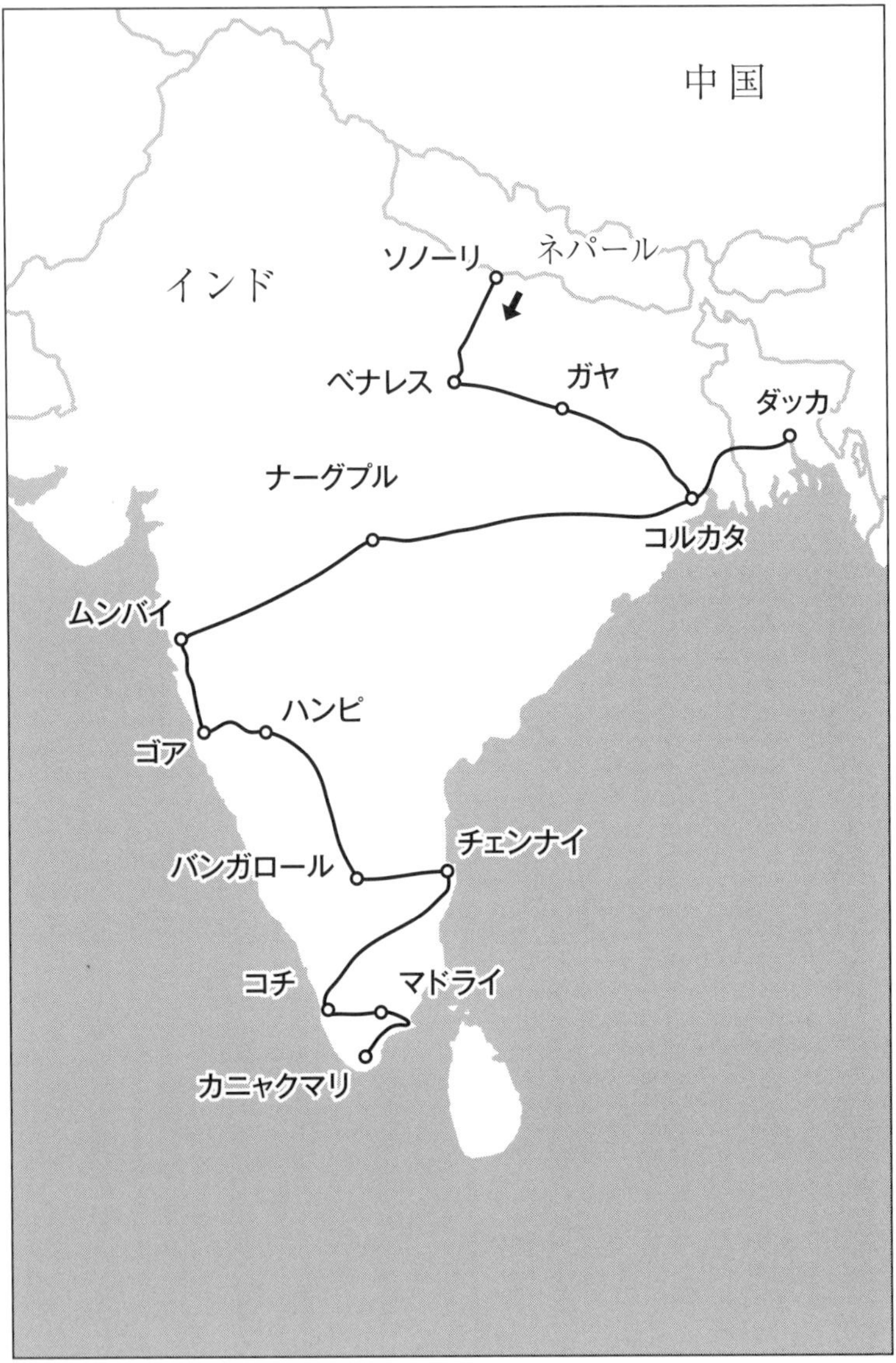
中国
ネパール
ソノーリ
インド
ベナレス
ガヤ
ダッカ
ナーグプル
コルカタ
ムンバイ
ハンピ
ゴア
チェンナイ
バンガロール
コチ
マドライ
カニャクマリ

第4章

エベレスト登頂編

無一文で再出発

カニャクマリ（コモリン岬）はインド洋、アラビア海、ベンガル湾の三海が交差するインド最南端の地。私がいまいる砂浜は、海抜0mになる。

次の目的地は世界で一番高いところ、海抜8848mのエベレスト山頂に決めた。これまで同様「人力」のみで辿り着くつもりだ。

バングラデシュの児童養護施設でもらった、再利用布の「ノクシカタ」でつくった財布をひっくり返し、ありったけのお金を出してみる。

銀色のコインが数枚。それがいまの全財産だ。それを右手の手の平をこちらに差し出している少女に手渡した。少女はそれを受け取ると「もっと」とせがむような仕草をした。

「もうないよ」

空になった財布を見せ、身振り手振りで伝えると、彼女はしぶしぶと私の前を去っていった。

これで持ち金は完全に0円になった。いや、インドだから0ルピーか。トラベラーズチェックもキャッシュカードも持っていない。正真正銘の「所持金0円」である。

しかしこう考えれば問題ない。貴重品や全財産を入れた財布をなくしたと思えばいいのだ。海外では注意していてもあっという間に全財産を失うことがある。

例えば睡眠薬強盗。現地で親しくなって、一緒に飲み物を飲んだら、その中に睡眠薬が入れられていた。その間に持ち物すべてを持ち去られてしまうというやつだ。

首絞め強盗というのもある。こちらの方がもっと強引。突然後ろから首を絞めて意識を失わせ、その隙にすべてを持ち去るという手口だ。また正面からナイフや銃を突きつけ身包《みぐる》みをはぐ強盗さえいる。

通常、旅行者は無一文の状態になると、どうにかその国の日本大使館や領事館に連絡をとり、助けてもらうことになる。

だが、私の場合はあえて0円にして、出発する。ここからどう進んでいくかが面白いのである。道中で何とかお金を得る方法はここまでの道のりで心得てきたつもりだ。

「芸」をする。それでいくらかのコインを得られれば、どうにか食いつないでいける。移動手段は愛車のママチャリがあるので問題ない。

あまり知られていないかもしれないが、インドはアメリカのように州に分かれていて、全部で28州ある。州が変わると、言語まで変わることが多い。インドのお金を見るとよく分かる。紙幣には色々な文字が書かれていて、英語とヒンディ語をのぞいてその数なんと15種類。つまり少なくとも、インドの国内には16種類以上の言語が存在することになる。

ちなみに、ここカニャクマリがあるのはタミルナードゥ州で、アラビア海沿いを少し北上するとケララ州に入る。タミルナードゥ州はタミル語を、ケララ州はマラヤーラム語を使う。

タミルナードゥからケララに入るとさっそく雰囲気が変わった。ケララの人はインドの中で識字率が最も高く、そのせいか英語が通じる割合が高い。町行く人もどことなく上品に見える。南部でも珍しくキリスト教の影響が大きい地域で、ヒンドゥ教の寺院よりも教会をよく見かけた。

旅行者の風の噂で、ケララ州ではマグロを食べずに捨てるので、刺身が食べ放題と聞いていたが、残念ながらマグロに遭遇することはなかった。

再びタミルナードゥ州に戻るとまた雰囲気が変わった。タミルナードゥの人はのんびりしていて、英語もそれほど通じない。教会のかわりにゴープラムと呼ばれるヒンドゥ教の寺院の門をよく見かける。路上にゴミが溢れていて汚いのはたしかだが、肩から力が抜けてホッとする面もあった。

南部の食事は、ミールスが一般的だ。大きなバナナの葉の上に、お米とカレーと惣菜が載っている定食である。これが10〜20ルピー（約24〜48円）で食べられる。

この定食のよいところはお代わりが自由というところ。何杯食べても同一料金なので、腹いっぱい食べられる。自転車を漕いでいるとお腹が空くのでミールスの店を見つけるとよく駆け込んだ。

次はカルナータカ州、インドのシリコンバレーと呼ばれるバンガロール（現・ベンガルール）に立ち寄った。ここは今まで見たインドの街の中でも、飛びぬけて近代的だった。整然とした街並み、ゴミのない通路、こうなると道行く人まで違って見えるから不思議だ。

こんな街で私の芸を見てくれる人がいるのかと心配だったが、芸を始めると次々と人が足を止めてくれた。おかげで進めます、ありがとう。

バンガロールから北上すると、世界的に有名なサイババの住んでいる町プッタパルティがあった。以前は小さな村だったのだが、サイババが居住しているために寄付が集まり、病院やら学校やらアシュラム（道場）やホテルなどが次々と建設され発展したという。

だが私が通過した時にはサイババは不在だったため、残念ながら謁見できず。

プッタパルティのあるアンドラプラデシュ州は貧しさを感じた。

道路はつぎはぎが多く、見かける家も、木の骨格、わらぶき屋根で今にも崩れてしまいそうだった。遊んでいる子供たちの洋服も質素で、靴を履いていない子供も少なくなかった。この州は経済的にあまり豊かでないようだった。州都であるハイデラバードを通過してさらに北上する。

このあたりから中部インドらしく、路上には時々牛を見かけるようになる。

北部のウッタルプラデシュ州に入ると、いわゆるインドらしい人々が増えてくる。やたらフレンドリーになり、手品をすればたちどころに人が集まり、なんやかんやと声をかけてくる。かの有名なタージマハルや、聖地ベナレスがあるのもこのウッタルプラデシュ州だ。

南部のお店ではよく見かけたコーヒーもこのあたりではすっかり姿を消し、砂糖のたっぷり入った甘ーいチャイばかりになる。

食事はターリーと呼ばれるセットで、インドの香辛料マサラをたっぷり使ったカレーとチャパティと呼ばれるインド風の薄焼きパンの組み合わせ。ダル（豆）スープも定番だ。

ウッタルプラデシュ州を北に抜ければ、もうすぐヒマラヤ山脈に抱かれた国ネパールに辿り着く。

どうしたらエベレストに登れる?

カニャクマリを出発してからおよそ2ヶ月後、再びネパールに足を踏み入れた。前回ヒマラヤ山脈を越えて、下りに下ってネパールに入ったのが、およそ1年前のこと。まさか再びヒマラヤ山脈を目指して自転車でここに戻ってくるとは、全く思いもしなかった。しかも今度の上りは前回とは比べ物にならない。世界最高地点に向かうのだから。

インドとの国境の町ナラヤンガートからカトマンドゥを目指して北に向かう。ここから川沿いの山岳道は、自然と自転車を押して歩くことが多くなった。

カトマンドゥ手前15㎞になると、最も傾斜がきつくなる。ここにいたると一切自転車には乗れずに、歩きながら自転車を押して上がるだけになった。最後の坂を登り切ると、緩やかな下りが続く。カトマンドゥ盆地に入った証拠だ。道を進むと次第に沿線に家々が増えてくる。やがて、交通量がどんどん増え、都市の喧騒に包まれる。ここが標高1400mのネパールの首都カトマンドゥである。

ネパール観光の中心地であり、ヒマラヤを目指す多くの登山隊にとっては拠点になる場所だ。彼らは荷物を調えた後に登山を補助するシェルパ達とここで落ち合い、ヒマラヤに向かう。シェルパとはネパールに住む民族のひとつで高所に強いとされ、登山隊のサポートなどを生業にしている民である。

私はまずこの町に滞在して、エベレスト登頂に必要な情報を集めることにした。

だがそもそも、山についてズブの素人である私が、いきなり世界最高峰のエベレストに登ることなどできるのだろうか――。

いや、「できるのだろうか」ではなく「やるのだ」。そう決めないと物事は進まない。

まず、旅行代理店、チャイ屋のオヤジさん、お土産屋の店員、在住の日本人、会った人すべてに「エベレストに登る方法が知りたい」と言ってみた。「分からない」「エベレストは簡単に登れる山じゃない」という答えがほとんどで、「大金がかかること以外知らない」という人もいた。それはそうだ、ネパール人だからといって、誰もがエベレスト登山に詳しいわけではない。日本人がみな富士登山に精通しているわけではないのと一緒である。

聞き込みを始めてからしばらくして、カトマンドゥでお世話になっているアツコさんが、シェルパと結婚した日本人の知り合いに聞いてみてくれることになった。

電話越しにそのシェルパの奥さんは言った。

「まずは富士山に登ってから来た方がいいのでは？」

私はここで1、2年は準備に費やす覚悟をしていたし、ネパールなら富士山より高い山もたくさんある。登山の練習をするために、日本に帰るつもりはさすがになかった。

その後しばらくして、アツコさんが別のシェルパと結婚した日本人を紹介してくれた。その方は登山道具のお店を経営しているらしい。

早速そのお店を訪ねると、店主はたしかにシェルパ族だった。彼は言った。

「エベレストについては分からないけど、登ったことのある人を知っている」

たしかに、実際に登った人の話を聞くのが一番である。

店主の取り計らいで、人生で初めてエベレストに登頂した人に直接会えた。

彼の名前はパサンさんといって、シェルパ族の人であった。パサンさんは、登山隊のサポートとしてエベレストに2回登頂しているらしい。

「経験がなくても、訓練すれば登れる可能性はあるよ。まずは6000m級の山から始めてみたら」

「いきなり、6000m？」

富士山の1・6倍もの高さに驚いたが、彼が一緒に登って教えてくれるという。

またエベレストに登るには許可証が必要だが、登山の経歴は無関係とのことだった。ただし高額なので、登山チームに所属した方が頭割りになって安くなるらしい。

そして最後に、実際にエベレスト登山チームを組織している会社を紹介してもらえることにもなった。パサンさんに会ったおかげで、エベレストがぐっと近づいた気がした。

雨のパラつく中自転車を走らせ、さっそく教えてもらった会社を訪ねる。会社はカトマンドゥの中心から少し外れたところにあった。

そこのスタッフいわく、昨年は二人のマレーシア人を登頂させたとのこと。私はさっそく尋ねた。

「どうしたらエベレストに登れますか？」

回答はやはりパサンさんと同じだった。まずは6000m級の山に登ってみろと言う。

人間にはそれぞれ高所に対する体質があり、エベレストの高さに耐えられるかどうかを知るには、一度6000m以上の山に登ってみないと分からないらしい。

そして、実際に登頂する場合の見積書を見せてもらった。

入山料、ベースキャンプ滞在費、登山ガイド料、物資運搬料などトータルすると5500ドル（約600万円）。

ちなみに私の所持金、80ルピー（約130円）なり……。エベレストへの道は険しい。

後日、何気なく手に取った登山の小冊子をペラペラとめくっていると、前年度のエベレスト登頂者の名前が記載されていた。

よく見るとその横に所属していた登山チームの会社が記されていた。

「これだ！」

きっとこの中に、もっと安くエベレスト登山ができる会社があるはずだ。

小冊子に列挙されていた会社を電話帳で調べ、片っ端から電話してオフィスを訪れる。毎日それを繰り返した。

その結果、およそ300万円で登山できる会社を見つけた。といっても、依然として大きな金額であることに違いはない。

実現するには、スポンサーを見つけるしかなさそうだ。

しかしここはネパール、どうやって私のこの無謀な計画に協力してくれる人を見つけるのか。

思いついたのは、私の活動を地元の新聞に取り上げてもらうことだった。

登山会社にした時と同じように新聞社を電話帳で調べて、飛び込み電話で「海抜0mからエベレスト」計画について熱く話した。すると3社（しかも大手！）が詳しい話が聞きたいと言ってくれた。

急いで英語で登山計画書を作り、それを持って新聞社を訪ね、インタビューを受けた。結果、2社が私の記事を掲載してくれ、スポンサーが現れるのを期待していたが、残念ながら連絡はなかった。

頭を悩ませた結果、日本の友人に連絡して、カンパを集めるしかないという結論に至った。中学の友人、高校の友人など、心当たりがある人に片っ端からメールを出し、さらにホームページ上でもこの話を公開してカンパを募集した。

まず中学の友人が名乗りを上げてくれて、それをきっかけに数多くの人の協力を得ることができた。ありがたくて涙が出そうだった。これで何とかエベレストに登れるだけのお金が集まった。

人生初の本格登山

当たり前の話だが、ジーパンにTシャツ姿でエベレストに登れるわけがない。

エベレストの山頂付近は常にマイナス30度前後、風が吹けば体感温度マイナス40度にもなる世界だ。生半可の装備では、簡単に命を失ってしまう。

そうなると装備にかける金額も、それなりになる。安いからといってニセモノを買ったら命にかかわる可能性がある。本物、いわゆる正規品を買わざるを得ない。

例えば寝袋。正規品には「マイナス10度まで対応」としっかり記載されている。

それをマネして作ったニセモノにも同じ文言が記載されているが、実際に使ってみると0度くらいでもとても寒くて、眠れたものではなかった。

カバンや洋服なら、安かろう悪かろうで済むかもしれないが、本番登山中に「こんなはずじゃ」となっても取り返しがつかない。命にかかわるのだ。

だが幸い、ここカトマンドゥには登山道具の中古品を扱う店がたくさんあった。ヒマラヤ登山を終えた登山隊が帰り道、不要になった道具をここで売っていくらしい。

中古でも一流メーカーの正規品であれば、品質は信頼できる。

登山会社の人に必要な道具のリストを作ってもらい、色々と比較し、経験者に相談しながら道具を買う。おかげでほぼすべてが、中古品だけで取り揃えられた。

道具がひと通り揃ったところで、登山の訓練を始めることになった。

シェルパが言うには、エベレスト登山には「ザイルワーク」と「体力」が、最低限必要だという。

登山経験のない私は、会社に所属するシェルパと練習をして、その成果次第で次の登山隊に所属させてもらえることになった。もし、無理そうだったら、次の年に持ち越しとなる。私にできるのは必死に練習をすることだけだった。

ザイルワークの練習は、カトマンドゥの郊外の岩場で行った。30mくらいある岩山に張ったザイル（ロープ）を登ったり、下りたりするのだ。体力づくりもかねて毎日自転車で通った。

安全帯とザイルの取り扱い、アッセンダーといわれる登高器での登攀《とうはん》、エイト環を使い下降する手順などを何度も行い、体で覚える。

岩壁にもよく登らされた。下から見るとたいしたことのない高さでも実際に体をそこまで運ぶと、その高さに慄《おのの》く。

何度も繰り返しているうちに、その作業にも慣れてきた。だが、実際にはこれを酸素が薄い環境で、ぶ厚い手袋をつけてやらなければならない。うまくいくのだろうか。

練習を始めてからひと月が経過したある日。

標高6189mのアイランドピークという山に登ることになった。アイランドピークのベストシーズンは9月から11月といわれているが、私はエベレスト登山を想定しているので、年が明けた2005年の2月に行うことになった。

初の本格的登山である。果たして私の体は高所に耐えられるのだろうか。楽しみな気分と同時に、緊張が高まった。

本番を想定し、自転車で行けるところまで行き、そこから山道を歩き、アイランドピークのベースキャンプを目指す。標高4000mを超えると呼吸が苦しくなり、吹き抜けていく風も冷たく感じる。

だが、まだたったの4000mだ。この高度ならヒマラヤで体験している。エベレストはこよりも倍以上も高いところなのだ。

標高5000mが近くなるあたりから、さらにゆっくりと時間をかけて進む。高山病を防ぐためだ。一日に上がる標高を500mくらいにとどめ、水をたくさん飲み、十分に休みを取りながら登る。標高5000mに達したのは、山歩きを始めてから実に11日目のことだった。

アイランドピークの裾野から急斜面を登り始める。標高が高くなるにつれて、ますます呼吸

私にエベレスト登山のイロハを叩き込んでくれたシェルパ族のペンバ

が荒くなり、酸素の薄さを嫌でも感じた。時々立ち止まっては喘《あえ》ぎ、息を整える。これが高所なのか。

標高5800mくらいのところで、先行していたシェルパのペンバが、突然足を止めて後ろを振り向いた。

「雪崩の危険がある」

新雪が積もっていて、表層雪崩の危険性があるらしい。山頂まで登りたいという気持ちは強かったが、豊富なシェルパの判断にどうして逆らうことができようか。選択肢は他になかった。頂と命を天秤にはかけられない。

よく山では「引き返す勇気」が大事だと言うが、「まさにその通りだ」と思った。

ここまで来るのに数十日も費やし、山頂がすぐ先に見えている。「ひょっとしたら行けるんじゃないか」との誘惑につい負けそうになる。だがそれを断ち切り、積み重ねてきた高度との日々を手放さなければならないのだ。

今回は練習のための登山だったので諦めることができたが、準備に半年以上もの時間をかける本番のエベレストではどうだろうか。山頂が見える場所で撤退命令が下された時の悔しさは、想像を絶するものじゃないかと思った。

この練習登山の結果、次期のエベレスト登山隊に無事所属させてもらえることになった。またひとつ、エベレストに近づいた気がした。

スタート地点までの長い道のり

エベレスト登山のシーズンは春と秋の年2回。私は、2005年春の登山隊に所属することになった。

エベレストを登山する人は通常、首都のカトマンドゥからルクラと呼ばれる標高2800mの村まで、飛行機で飛ぶ。だが私の場合はあくまで「人力だけで最高峰」まで行く計画なので、ルクラまで自転車と徒歩で向かう。

2005年3月18日、いよいよカトマンドゥを出発。移動手段は相変わらずのママチャリだ。まずはここから約180㎞離れた、エベレストに繋がる山道が始まるジリという村まで向かう。

1日目、カトマンドゥから80㎞離れたカリチョウという村で寝る。

2日目、27㎞の上り坂を自転車を押しながら登る。その後34㎞下ったところで日が暮れた。3日目、再び30㎞の坂道を登り、少し下って車道の終点、ジリの村に着いた。

ルクラに空港ができる前はみな、ジリから徒歩でエベレストのベースキャンプに向かってい
た。だがルクラに飛行場ができてからは、歩く人はほとんどいなくなった。今日、5日もかけてジリからルクラに歩くのはよっぽどの山好きか、物好きな人だけである。

近年流行している「トレッキング」だが、ここネパールでは標高6000m以下の山歩きのことを指す。この定義でいくと、ジリから標高5300mのエベレストのベースキャンプまでは「トレッキング」ということになる。

ジリから始まる山道は、車はもちろん、バイク、自転車も通ることができない。唯一の手段が人間、馬、牛など「生きもの」の足だ。

山道に入ると空気が澄みきっていた。あたりに空気を汚すものがないからだろう。呼吸をするたびに、味のないはずの空気をうまいと感じる。

そしてこの静けさ。聞こえるのは風の音、川の流れる音、鳥の声、そして自分の息づかい。普段は耳に入らないような些細な小さな音が、耳に飛び込んでくる。エンジンや電気が作り出す音がいかに騒がしいか、自然の奥深くに入って初めて実感した。

一日ひとつ、峠を越える計画で歩いた。飛行場のあるルクラまで合計5つの峠が待ち構えているのでちょうどよい。

1日目パタシェ峠（2380m）、2日目デウラリ峠（2705m）、3日目ラムジュラ峠（3530m）、4日目タキシンド峠（3071m）、5日目カリ峠（3081m）。

山道を長い時間かけて登り、その半分くらいの時間をかけて下る。

エベレストベースキャンプまでの道のりは長い。だがこうして歩いていくことで高度に自然と体が慣れていくのは、思わぬメリットだ。

泊まるところは山中の村にある、民家を改造した宿か、または一般の家庭が貸している空き部屋が多かった。

ルクラの標高は2800m。飛行場ができてからはトレッキングのスタートポイントの村として栄えていて、お土産屋、登山道具を扱う店が軒を連ねている。

トレッキング目当てのツーリストが多いので物価はだいぶ高い。宿泊所も「山小屋」というより、おしゃれなロッジという感じだ。

ここからエベレストのベースキャンプまでは「エベレスト街道」と呼ばれている。以降は、あまり急激に標高を上げると高山病になりやすいので、一日に500m前後上げていくことにする。

自分が高度に強いのか弱いのか、低地で知るすべはない。唯一、高所に行くことが、体質を知るただひとつの方法だ。

高山病の初期症状が出たら、無理せず高度を維持する。症状がよくならないようならば、すぐに高度を下げねばならない。高山病の症状が重くなると死に至ることもある。肺に水が溜まる肺水腫や、脳内に水が出る脳浮腫などの症状が出たら危険である。

エベレスト街道の途中で、一人の日本人トレッカーに出会った。

その日の彼は問題なさそうだったが、翌日、咳が止まらず嘔吐を繰り返し、もう自力では動くことができない状態にまで陥っていた。

結局、急遽村の無線でヘリコプターを呼び、首都のカトマンドゥまで搬送された。救助される彼の姿を見て、改めて高山病の恐ろしさを実感する。

ルクラの次の村はナムチェバザール。その昔中国とインド、ネパールの陸路貿易の拠点として栄え、現在ではトレッカーや登山者達の拠点となる大きな村だ。

三方を山に囲まれていて、その山腹沿いに家々が立ち並び、上方から見ると丁度「U」の字型に村ができている。

この村は、標高3440mにもかかわらず、両替所やベーカリー、病院、ツーリスト向けの本屋、登山用品店、衛星回線を使ったインターネットカフェまである。高度に体を慣らすために、多くのトレッカーはここで何泊かする。

ナムチェバザールは別名「シェルパの里」と呼ばれるだけあって、村を構成する民族は、ほぼシェルパ族である。モンゴロイド系のシェルパ族は、私達日本人や中国人と同じような顔立ちをしている。ただ、常に高所の強い紫外線にさらされているので、皮膚の色はみな浅黒い。かの冒険家、植村直己《うえむらなおみ》さんもここで高所のトレーニングを行ったという話を聞いたことがある。

ナムチェバザールからさらに400mほど標高が上がると、チベットの寺があるタンボチェという村に着いた。標高はすでに3867m。富士山の高さを超えている。ここまで来るとだいぶ空気の薄さを感じる。ここに着いて、初めて目指すエベレストの頂がチラリと見えた。

さらにその翌日、標高4400mのディンボチェから平原を歩くこと3時間。大きな岩がゴロゴロとしている急坂を登ると、見晴らしのよい高台に出た。そこには、石を積み重ねた石塔

シェルパ族の子供達。彼らもいつかはエベレストを制覇するのだろうか

がたくさん並んでいた。聞くと、このヒマラヤ登山で命を落とした登山家やシェルパ達の墓だそうだ。

そこからまた歩くこと2時間、エベレスト街道最後の村、いや村というには小さすぎる、山小屋が5、6軒集まっただけの集落ロブチェに到着した。標高4930m。あたりには緑はなく、目に入ってくるのは岩がむき出しになっている荒れた土地とそれを遠くから囲む雪山、そして青い空である。

トレッキングで訪れる人達は、ここで宿泊したあと、翌日早朝に出発して標高5545mのカラパタールを目指す。ネパール語のその名の通り、「黒い岩」がそこに積まれたかのような丘である。

エベレスト街道トレッキングの終点はこのカラパタールである。ネパールで売られているエベレストの絵葉書の写真は、必ずといっていいほど、このカラパタールからの景観である。エベレスト、そしてその隣のローツェ、ヌプツェというエベレストを囲む8000m級の峰々が一斉に見渡せ、さらにローラ、プモリ、東側にはヒマラヤの山々が白い尾根を連ねている。さらに目を凝らすと、一つひとつはとても小さいが色とりどりのテントが張られているのが見えた。いよいよベースキャンプだ。

ベースキャンプに到着

カラパタールの丘から、北に向かうこと3時間、ベースキャンプに到着した。地面が土からゴロゴロとした岩場に変わり、左手にはプモリがそびえ、右手には谷を埋め尽くすように広がる氷河が見えた。氷河をこれほど近くで見たのは初めてだ。聞いた話では年間数㎝のスピードでゆっくりと下流に動いているという。エベレストはもちろん、それを囲む、ローツェ、ヌプツェの高峰に降り積もった雪が、雪崩となってこの谷に集まり、谷に集められた雪は圧力と太陽の熱で氷に変わり、氷河となる。

ベースキャンプのある場所は標高5300m、富士山頂上よりも1500mくらい高い。

適当に石を動かして整地し、テントを張れるスペースを作る。石の下には氷河が広がっている。

ベースキャンプから、肝心のエベレストの山頂は見えない。空気は薄く、計算では酸素濃度が海抜0mのところの約半分。靴を履く時、寝袋に潜り込む時、気づくと酸素が足りなくて「ハァハァ」と息を切らしている。

「ゴォーー」

突然、雷にも似た低い轟音が響いた。

「何だ、何だ？」

見回すと山の斜面に白い煙が立ち上っている。雪崩だ。目の前の8000m峰に積もった雪がすべり落ちてくる。

ベースキャンプでは、何度もこの光景を目にした。

十分に距離が離れている時は、「おおっ、崩れたね」とお茶を飲みながらのんびり見ていられるのだが、ここまで雪崩の粉雪が舞ってくるほど近い時があって、時折肝を冷やした。

登山会社の組織したメンバーは、合計17人。約2ヶ月間一緒に生活をすることになる人々の国籍はイギリス、アメリカ、ドイツ、スペイン、オーストリア、ロシアなど実に様々だ。

そこからさらに、それぞれの隊に分かれる。

私の所属した隊を取り仕切るリーダーは、シェルパのペンバだ。彼はこれまでにエベレストに数回登頂しており、若いが頼りがいがある。ペンバを中心にクライミングや荷揚げを手伝うシェルパ、私を含む4名の登山者が加わり、ひとつの登山隊となる。

私の隊の登山者はこんな面々だった。

ジョセフ、57歳のオーストリア人。登山を30年以上続けていて、オーストリアの数々の山を始め、世界各国の山を登っている。8000m以上の山に無酸素で登頂した経験もあり、エベレストへの挑戦は今回が3回目。

ジョセフは体が大きいが、心もずいぶんとおおらかだ。オーストリアから持参したスモーク肉を、いつも豪快に切って分けてくれる。オーストリアではブランドの洋品店を経営しているらしい。

次にスティーブ、47歳のアメリカ人。セブンサミットと呼ばれる、7大陸の最高峰制覇を狙っているクライマーだ。すでに北米のマッキンリー、南米のアコンカグアに登頂している。加えて、セブンサミットではないが難しいといわれるネパールのアマダブラムを冬期に登っている。その時は凍傷になりかけたらしい。

仕事は会社員で、今回は2ヶ月の休暇をもらって、エベレストに来たという。会社でチームマネージャーをしているらしく、今回もビシッ、ビシッと決断していた。エベレストに挑戦するために毎日10㎞のジョギングをしていたという彼からは、並々ならぬ意気込みを感じる。

つまり二人とも、一流のクライマーということだ。一方の私。登ったことのある山は、赤城山、榛名山、妙義山、以上。ごめんなさい。迷惑をかけないようにします。

もう一人、アンドレアというメンバーがいたのだが、ベースキャンプに来る途中、凍った川で滑って腕の骨を折ってしまい、ヘリコプターで首都のカトマンドゥまで運ばれたのだそうだ。入山料も収めていただろうに、スタートラインにも立てず、大変気の毒だった。

ベースキャンプでは、メンバーそれぞれにテントがひとつずつ与えられる。ずっと共同生活だとストレスになるので、各自がプライベートの空間をもてるのは、貴重だ。食事はキッチン専用のテントに集合して食べる。

各国の登山隊が集まるエベレストのベースキャンプ。標高はすでに5300mある

ベースキャンプでの食事は大事である。たくさん食べられなければ力が出ないし、疲れる。ベースキャンプには料理専門のシェルパがいて、メンバー全員の食事を作ってくれていた。

料理は基本的にジャガイモがメインで、それにスープや、一品野菜炒めなどのおかずが付いている。

私達の隊は国際色豊かなのでコンチネンタル料理をベースに、それをネパール風にアレンジした食事が多かった。ちなみに隣の韓国隊は韓国料理。日本隊の場合は和食がメインになるというから、日本を離れて久しい私にとっては、羨ましい限りだ。しかし、贅沢は言っていられない、食べられるだけ幸せなのである。

風呂はもちろん入れない。顔を洗ったり足を洗ったりするだけである。

水は小さい小川から汲んできた雪解け水を火で沸かして使う。滞在した2ヶ月の間で、何度か頭からお湯を浴びた。さっぱりして気持ちがいいのだが、天気のよい日にしかできない。

トイレは、床のない小さなテントの下に樽を置いて、そこに用を足す。トイレの樽が一杯になると、それを担いで下ろしてくれる人がいる。

外で用を足せばいいと思うかもしれないが、地面は石と氷河なので穴を掘るわけにもいかない。また外気は冷凍庫なみの気温なので、糞尿が分解されずにいつまでも残ってしまうのだ。

ベースキャンプは色々な人に支えられているのである。

アイスフォールとクレバス

4月13日、真っ青な空の下、プジャが行われた。山の神に「これから登りますが、どうぞよろしくお願いします」とお祈りするのだ。

エベレスト登山を開始する前には、どこの隊もこの儀式をする。シェルパは「プジャ」を行うまでは、決して山には入らない。それだけ彼らの信仰心は強い。

石を積み重ねて作った2mほどの石塔に木の棒を立て、その木の先端から四方にタルチョを地面に向かって張る。タルチョとは、チベットの峠を越える時に必ず頂にあった、赤、白、黄、青、緑の旗に細かく経典が書いてある、あの旗である。その旗の下、石塔の前で真っ黒に日焼けしたシェルパのお坊さんがブツブツと経文を唱える。意味は全く分からないが、お経のリズムはヒンドゥ教というよりは日本のお経に近い。

そして、石塔の脇にこれから使う山の道具を並べる。厄払い的なものだろう。

途中、ネパールのどぶろく「チャン」が振る舞われ、大麦の粉「ザンパ」が入ったどんぶりが回ってくる。ザンパはチベット地方の主食だ。皆がひとつかみそれを手に握り、どんぶりを次の人に渡す。私も真似をしてひとつかみする。

長かった経文が終わると、お坊さんの掛け声と同時にシェルパ達が次々にザンパを青空に向かって放り投げた。私も同じように空に粉を撒く。ザンパは風に流され、すぐに消えてなくなった。

儀式特有のおごそかな雰囲気が解け、神妙な顔つきだったシェルパ達の顔がほころんだ。これにてプジャは終わりらしい。

ベースキャンプから最初に目指すキャンプ1までの道程は、「アイスフォール」と呼ばれる。直訳すると「氷の滝」だが、実際は「氷河の滝」だ。

ここは、標高6000mにある無数の氷河が無秩序に崩落している場所。数階建てのビルのように巨大なものから、人ほどの大きさのものまである。

崩落といっても、その速度は、毎日数㎜から数㎝程度。恐ろしく遅い速度で、何十年もかけて少しずつ下に動いている。時々ベースキャンプに響いてくる「ゴゴゴォ」という低く不気味な音は、氷の滝が崩れながらゆっくりと進んでいる証だ。

ベースキャンプからエベレストへの第一歩は、まずこの巨大な「アイスフォール」を登攀することになる。だが、無秩序に並んだ氷塊を登るのは非常に困難だ。そのため、熟練のシェル

エベレスト登山の前に必ず行う儀式「プジャ」。みな神妙にお祈りしている

パたちで構成される「SPCC（登山ルート工作隊）」が事前に道を作ってくれる。

SPCCはどこの登山隊にも所属せず、毎年登山期になると、このアイスフォールに道を作るためだけにやってくる集団だ。

ネパール側のエベレスト登山では恒例になっており、各登山隊はSPCCが作ったルートを使って、アイスフォールを越えていく。

もちろん慈善団体ではなく、エベレスト登山を計画している各隊から「ルートの使用料」を徴収している。彼らが難所の氷壁にザイルを張ったり、氷河の割れ目であるクレバスにハシゴを渡したりしてくれるので、私達は登攀がだいぶ楽になる。

彼らが存在しなければ、登山者は毎年ここのルートを確保するだけで、多くの時間を取られてしまうだろう。

SPCCのおかげで氷塊に囲まれた中でもルートを見失うことなく、クレバスを迂回せずに進むことができる。だが、アイスフォールが危険地帯であることに変わりはなかった。氷塊の倒壊は誰にも予想できない。自分が通過している時に、真上の氷壁が崩れ落ちれば簡単に下敷きになる。

特に氷がせり出した箇所の下を通過する時は、できる限り早足で一気に抜けるようにする。「今は崩れないでくれよ」と祈るような気持ちで。そういう危険箇所にはたいがいタルチョが祭られていた。つまり「神頼み」ということなのだ。

キャンプ1に近づけば近づくほど、アイスフォールの傾斜はきつくなり、クレバスも増えてくる。1mに満たないクレバスは飛び越えて進むが、それ以上は、SPCCが設置してくれたハシゴの上を通過する。だが自分の足の下に広がるクレバスは、場所によっては底まで光が届かず、恐ろしく深い。死の世界への入り口がポッカリ口を開けて待っているのだ。

実際、クレバスに落ちて亡くなる登山家は少なくない。今期も一人のアメリカの登山家がクレバスに落ちて亡くなったと聞いた。

「落ちたら間違いなく助からない」

そう思うと、一歩一歩が慎重になり、安全のために張られたロープを握る手にも力が入った。特に大きなクレバスはハシゴが連結されていて、長くなればなるほどハシゴが揺れるし、傾き、バランスを失いやすい。緊張し、足がすくむが、途中で止まるわけにもいかないので下を見ないように進む。

ベースキャンプから見ていると、アイスフォールを登っている登山者は点のように小さくしか見えない。まるで巨大なかき氷の上を這い回るアリのようだ。

氷の崩壊は日中の気温が高くなってきた時に起こりやすいので、できるだけ気温の低い夜明けに、ここを抜けなければならない。

標高7000mまで高度順応

エベレスト登山には、約2ヶ月ほど必要だ。どうしてそんなにかかるのか。

例えば、一日500m登ると仮定すれば、7日で足りるはずだと思うかもしれない。だが高

SPCCが事前に設置してくれたハシゴを使ってクレバスを渡る

所の登山はそんな単純にはいかない。「高度順応」があるからだ。エベレストの登山に要する時間の6割はこの高度順応のためにあると言っても過言ではない。

実際にはこういう流れだ。まずベースキャンプからキャンプ1まで600m登り、その日のうちに、ベースキャンプまで戻る。次はキャンプ1に滞在し、キャンプ2まで500m登る。そしてキャンプ1に戻り、翌日ベースキャンプまで降りる。キャンプ3に辿り着くまで、このようなサイクルを繰り返すわけだ。

また、ベースキャンプに戻ったら1~2日は休憩、また天候が優れない場合も延期になる。

キャンプ1から標高6400mのキャンプ2までは「ウエスタンクーム（西の谷）」と呼ばれる。エベレストとヌプツェの間にあり、両山に降り積もった雪が堆積した谷間である。傾斜は比較的なだらかで「雪原」と言ってもよいくらいだ。

しかしその優しそうな顔をした雪原に、時々恐ろしいほど大きなクレバスが口を開けて待っている。

ウエスタンクームをひたすら歩き続けると、エベレスト南西壁の麓に点のようなキャンプ2が見えてきた。

だがこれが、歩いても、歩いても近づかない。時間が経つにつれて足が重くなり、少し歩いては休み、少し休んでは歩く。見えているのに、その距離がなかなか縮まらない。

どうにかこうにかキャンプ2に辿り着いた。あたりを見渡すと3方向を8000m級の雪山に囲まれた絶景の場所だったが、ヘトヘトでそれどころではなかった。

実際に登頂を目指す時には、ベースキャンプからここまで一気に登らねばならない。キャンプ1からキャンプ2への移動だけでこんなに疲れているのにと、少し不安になる。ここにきてさらに呼吸は苦しく、体もだるい。初めて食欲がなくなった。高山病の症状が出始めたのかもしれない。

この高度に順応できれば、次はキャンプ3。いよいよ7000m超えの世界だ。

キャンプ2からさらにしばらくウエスタンクームを歩くとローツェ（8516m）に突き当たった。次はそのローツェの氷壁を登っていく。

下方から見上げる。角度は60度くらいだろうか、氷の急斜がずっと続いている。標高差にして1000m。

先行者が張ったロープに「ユマール」と呼ばれる登高器を取り付けて右手に摑み、片足を氷に蹴り込む。アイゼンの爪が氷を嚙んだことが分かると、もう片方の足をさらに高いところに蹴り込む。全体重を預けているロープが切れたり、雪崩が起きたら「確実に死ぬな」などと思いながら、一歩一歩進む。

何歩か登ると息が切れる。そのたびに動作を止めて喘ぎ、息を整える。呼吸が落ち着いたら、また何歩か歩き、同じことを繰り返す。見上げると、果てしない氷の壁がどこまでも続いている。

キャンプ3はローツェの上方にあった。標高7300m。雪を削り取り、棚を作りそこにテントを設置する。雪崩がきたら一瞬で埋まるところだ。

ここに至ったところで一度ベースキャンプまで下山、体力を回復させる。

ベースキャンプに戻って4日後、いったん高度4000m台のディンボチェまで下りて数日を過ごした。さらに3000m台のタンボチェまで下りると、あたりは青々と木々が茂り、路上には色とりどりの花が咲いていた。

岩と雪しかないモノトーンの世界から下りてくると、木の緑や花の色が新鮮で、少々大げさだが、おとぎの国に来たかのようだ。再びあの世界に戻ると思うと、正直少々気が重い。

ベースキャンプに戻ると、5月だというのに雪が舞っていた。

いよいよエベレスト登山本番に入る。シェルパ頭が登山計画を説明した。

高度順応を終えているので、「うまく進めば」6日間あれば山頂まで登って降りてこられるらしい。

しかし実際は好天が6日続くことは珍しい。行程のどこかで雪が降ったり、風が強くなったりしたら、その日はテントで待機することになるし、吹雪になったら下山を余儀なくされるかもしれない。自然はそんなに都合通りに事を進ませてはくれないというわけだ。

つまりここからの鍵を握っているのは「天候」である。かつては、シェルパの経験からくる「天気予報」、つまり勘で登山をしていたが、現在では衛星電話やインターネットの情報から大気の状態を見て、行動を決めるようになった。

しかしどんなに技術が発達したといっても、予報は予報であり、100%的中するわけではない。こと山の天気に関しては雲の動きが早く、予想は難しいらしい。

近年ではほとんどの隊が、それぞれ何らかの外部との通信手段を持っており、様々な天気予報がベースキャンプ内を駆け巡る。

シェルパはネパールの天気予報を、ある隊はアメリカの天気予報を、ある隊はドイツ、スイス、イギリス……といった具合で、出どころの違う天気予報が乱れ飛ぶのだ。予報の内容がみな一緒であれば、迷うことはないのだが、そんなことは稀だ。だいたい1日か2日、予報がずれるから面倒なことになる。

どの天気予報を信じるかは、もはや一種のギャンブルと言ってもよい。最終的にはシェルパ頭が決定するのだけど、私達隊員もそれぞれの情報を主張するので大変だ。

私の隊で言えば、スティーブはアメリカの天気予報が一番だと思っているし、ジョセフは友人の勤めているドイツの気象庁が正確だと言う。私は日本から来ているチーム本多が日本から取り寄せている天気予報が一番信頼できると思っていた。

一昔前なら、シェルパ頭が雲を見て「一週間天気がいい」と予測すれば、皆がおとなしく従ったのだろうが。さて、どうなるか。

一度きりのチャンス

いよいよ山頂を目指してアタックする日が、5月19日に決まった。

依然天気予報の情報は錯綜していたが、おおむね5月19日から23日までは良い天気が続きそうだとの予報が多かったからだ。

だが、出発前日の18日になって天気予報が一転、晴れの期間が1日早まった。それを聞いて、違うグループの4人はすぐにベースキャンプを出発した。

私達は準備が間に合わず、予定通り19日の出発になってしまった。歯がゆい気持ちで、悶々として過ごす。

5月19日、我々もベースキャンプを出発。天候が安定しているうちに一気にキャンプ2まで上がる。さらに翌日、標高7300mのキャンプ3を目指す。

キャンプ3までの高度順応はすませているものの、7000mを超えると呼吸が非常に困難になる。ちょっとペースを早めるとすぐに息が切れ、音が聞こえそうなほど、心臓がドキドキと脈打つ。

急な斜面ではロープを掴む腕、体を持ち上げる足に力を入れなければならない。するとまるで100mを全力疾走した直後のように、息が荒くなる。息を切らさないようにノロリ、ノロリと進み、ようやくキャンプ3に到着。全身の力を使い果たし、一歩も動きたくなくなるほどの疲労で、すぐにテントに横になった。

キャンプ3からは、就寝時に酸素ボンベを使う。ボンベを横に置き、マスクを付けて酸素を毎分0・5リットル流すのだ。

味も何もない気体が、ゆっくりとマスクの中を満たす。深く呼吸し、空気を肺の奥底に送り込む。すると意識がハッキリし、気持ちまで安らいでくる。そのまま深い眠りについた。

私達がキャンプ3に達した同刻、1日前に出発した4人は、キャンプ4に到着していた。今夜、山頂アタックをかけるらしい。

もし明日天候が崩れたら、私達にチャンスはない。1日早く出ていたら、今頃は私達もキャンプ4で登頂の機会をうかがっていたかもしれない。

翌朝、テントの外でシェルパが無線で話している声が聞こえた。

昨夜アタックした組のことが気になっていたので、テントから顔を出してシェルパに尋ねる。

「昨夜のアタックは失敗に終わった」

「なぜ？」

「風が強すぎたらしい」

シェルパのティンリーが肩を落としたように答えた。今も上方の天気は芳しくなく、崩れ始めているとのこと。我々のキャンプ4への移動もキャンセルになり、キャンプ2に戻ることになった。

キャンプ2に着くと、昨夜アタックした4人も下山してきた。やはり風が強くて、ルートが確保できなかったという。

彼らはここでリタイヤすることになる。一度標高7900mのキャンプ4まで行くと、自分の所有している酸素を消費してしまうからだ。基本的には、みなアタック1回分の酸素しか持っていない。

下山してきたロシアの登山家ルドゥミラーが悔しそうに言った。

「ロシアからエベレストに挑戦するのは難しいんだ。これが自分には人生で一度のチャンスだった」

だが1日出遅れた私達にはまだ酸素が残っているので、アタックの機会はまだある。昨日までは「1日出遅れた」と後悔していたのだが、出遅れていなかったら、今年の登山は終わっていた。

登山では絶対的に正しい判断など誰にもできない。すべては自然に委ねられている。

エベレストの春の登山期は毎年5月で終わる。6月に入ると気温が上昇し、アイスフォールにある氷塊の崩壊が活発になるからだ。5月でさえ中旬を過ぎると氷壁の倒壊がたびたび起こり、そのたびにルートが変更になった。長年エベレスト登山を経験しているシェルパでさえ、6月はアイスフォールには入りたくないと言う。

予定した5月23日のアタックは断念せざるを得ず、私たちはキャンプ2に下山したが、今後の天気予報を聞くと、次の好天は27日以降らしい。

歴代のエベレストの登頂記録を見ても、そのほとんどが5月中。6月というのは皆無だ。例年ならばすでに登頂者が出ていてもおかしくない時期だが、今年はまだ誰一人として山頂を踏んでいなかった。

天気予報を聞いて、私達は絶望した。

仮に27日にベースキャンプを出発するとして、どんなに早くても山頂まで4日はかかる。つまり下山を入れれば、6月に入ってしまう計算だ。チャンスは残されているが、限りなく難しい状況に追い込まれてしまった。

「僕は危険を冒したくないな」

スティーブがポツリと言った。その時はどういう意味で言ったのか分からなかったが、翌日ベースキャンプに下りてから、スティーブは下山を決断した。つまり、今回はエベレストを諦めるということだ。あまりにあっけないので、私は驚いた。

まだ可能性が完全に断たれたわけではない。大金を使い、長い休暇を取り、遥々とこの地まで来たのだ。私だったら最後の1ミリの可能性に賭けたいと思うが、スティーブはそうではなかったのだろう。彼には彼の引き際があるのだ。

積み上げた時間と労力が大きければ大きいほど「引く」ことに強い意志がいる。私にもその時が来るのだろうか。ベースキャンプを去るスティーブの背中を見ながらそんなことを思った。

5月27日からの好天に合わせ、キャンプ2まで再び登る。最後のチャンスに多くの登山隊が期待をかけ、同時期に登り始めていた。そのせいか、アイスフォールの難所では、見たことのない「渋滞」ができていた。

雪崩の頻度や、クレバスの巨大化は誰の目にも明らかで「いつ自分に危険が降りかかってくるか」と考えると気が気でなかった。

キャンプ2に着いた翌朝、下山する人達の姿をチラホラと見かけた。

何だか悪い予感がする。シェルパ達が「天気予報が変わった」と告げた。27日から天気が荒れ始めて、31日まで続くというのだ。実質今年の登山は終わりと言う。これで、最後の希望の光も消えてしまう。

肩を落としながら、日本のチーム本多のテントを訪れた。すると日本の天気予報では、明日から風が弱まり、3、4日は持つはずだというのだ。

飛び跳ねて自分の隊に戻り、日本の天気予報の話をする。ジョセフは半信半疑な様子だ。

「それじゃ、衛星電話でドイツの友人に聞いてみよう」

そう言って、彼はドイツの気象庁に勤める友人に電話をかけた。ドイツ語で会話をした後、首を横に振りながら言った。

「やっぱり明日から天候は荒れるそうだよ」

天気予報が真っ二つに割れた。どちらの予報を信じるかで、行動が180度変わってくる。

その日の夕方、ジョセフが硬い顔で言った。

「今年はここまでにする」

スティーブに続いてジョセフも下山を決めたのだ。

「ここまで来たのだから、明日まで待ってみれば？」

私は、そう勧めてみた。

「ドイツの天気予報を信じるよ、それにもう6月だしね」

スティーブの時と同じだ。私に引き止める権利はない。私達の隊ではこの日ほとんどのメンバーが下山を決めた。キャンプ2に残ったのは、私を含めて、わずか3人だった。17人いたメンバーがそれぞれの理由で山を降りていく。

スイスの登山家エビリンがポツリと言った。

「山は下りるのが大変なのよ」

夕食は胸が一杯で、食事が喉を通らなかった。

まだ頂上に行けると信じていたかったが、希望の光もわずかだ。

テントの外に出ると穏やかな風が吹いていた。以前のような冷たさを感じない。気温がそれだけ上昇してきているのだろう。

翌日、まだ空気の冷たい早朝にジョセフがキャンプ2から下山を開始した。入れ違いに韓国

標高 7300m のキャンプ3から見た、エベレストの頂上

隊が登っていく。いよいよ残ったメンバーは3人だけになってしまった。もし、ジョセフの聞いたドイツの天気予報が的中すれば、もう今年は登頂のチャンスはない。

空を見上げる。今は風もなく、青い空が広がっているが、30分後はどうなっているか分からない。

ベースキャンプにいるシェルパ頭からも「今回登れなかったら、下山するように」と無線で連絡がきた。どうあがいてもこれが正真正銘の今期の最後のチャンスになるだろう。やきもきした気持ちのままキャンプ2で時を過ごした。

ジョセフが去った翌日の早朝、テントの外から「ザッザッ」という足音と、「ガシャ、ガシャ」と腰につけた登山道具がぶつかりあう金属の音が聞こえてきた。

すぐに身支度を整えて、テントから飛び出る。まだ朝日は昇っていないが、薄明かりの中、雪原を歩いている人達が見えた。

空を見渡すと夜明け前のオレンジと紫が混ざった色をしている。雲もなく風もない。さっそく、登山の準備を始める。順調に行けば今日はキャンプ3までなので、それほど急ぐ必要はないのだが、どうしても気持ちが焦ってしまう。

キャンプ2を出発し、もう3度目になるローツェの氷壁に取り付く。登攀の要領が摑めたのか、今までで一番短時間でキャンプ3に着くことができた。

キャンプ3から見えたエベレスト山頂は真っ青な空に囲まれていて、堂々としていた。山頂から雪の煙を吐き出していない。頂上付近に風がない証拠だ。

このまま天候が安定してくれれば、昨日出発した韓国隊が、今夜から明日にかけて今年度の初登頂をしてくれるはず。そうすれば、明日は自分の番だ。

前回同様、酸素マスクをつけて横になる。頭痛もなく体調はよい。

いよいよこの登山の終わりが近づいていた。

強風の中のアタック

早朝5時半、テントを叩きつける風はない。コンディションは良いようだ。

雪を溶かして作ったお茶とビスケットの簡単な食事を済ませ、テントの外に出る。外気は恐ろしく冷たいが、雲ひとつない透き通るような夜明け前の空だ。上方にはキャンプ4に向かう他の隊の列が見えている。

シェルパのティンリーに尋ねると、まだ山頂を踏んだグループはないとのことだ。誰かが山頂に立つということは、山頂までロープが張られたということも意味している。

他の隊に遅れないように、私達もキャンプ3を出発する。ここからはボンベを背負い、酸素を吸入しながら登山する。マスクをすると、呼吸が驚くほど楽になった。今まで「ひぃひぃ」言いながら登っていた斜面も、呼吸をさほど意識せずに登ることができる。全身に力がみなぎるようだ。

正直、酸素の効果がここまであるとは思ってもいなかった。登山家の間ではボンベを背負うことによる負荷と酸素吸入による利点のバランスで、「無酸素派」と「酸素派」に分かれるらしいが、私は断然酸素を吸う方が楽に感じた。

体から力が出るので、背負っているボンベの重さも気にならない。近年ではほとんどの人が酸素ボンベを使ってエベレストを登っているという。

ローツェ氷壁を登りきると、左手に積雪していないほぼ垂直の黄色の断層が見える。これは「イエローバンド」と呼ばれる、ヒマラヤ８０００m級の山特有の帯状の地層だ。

イエローバンドに着くと、登る壁が氷から岩に変わる。雪や氷では役に立っていたアイゼンも、岩登りには向かない。爪を岩に引っ掛けながら登るが、不安定なので体重をかけると何となく怖い。頼りは先人が張ってくれたロープだ。

　岩壁にはロープが何本も垂れ下がっているが、この中から新しく、色鮮やかなものを選んで自分の体に固定する。古く色のあせたものは去年かそれ以上前に取り付けられたもので、いつ切れてもおかしくないのだ。

　周囲は無音だった。耳に入ってくるのは自分の荒い呼吸、岩とアイゼンがぶつかる鈍い音だけ。目の前のゴツゴツとした岩から視線をはずし、上を見上げる。壁の上にはこれ以上ない真っ青な空が広がっていた。この壁の上には空しか存在していないような錯覚を起こす。何も考えず、上へ上へと体を運ぶ。

　黄色い壁を越えると、再び開けた雪原に出た。前方で、いくつかの隊が列になって歩いているのが目に入った。壁に比べると傾斜のなだらかな斜面は少し気が緩む。

　ここで朗報が入った。入れ違いに下りてきたシェルパ達が、無線で今年初の登頂者が出たと教えてくれたのだ。つまり山頂までのロープが張られたことになる。私は大きな期待を抱いた。

　雪原を大きく湾曲するように左に進んでいくと、再び黒い岩に雪が積もった急斜面に出た。ここも先人の足跡を追いながら、ロープに体を固定しよじ登る。そこを越えると、平らな岩場に出た。さらに進むと色とりどりのテントが視界に入る。

　ここがキャンプ4「サウスコル」（エベレスト南東稜鞍部）だ。なんでこんなところに、と思うほど平坦で広い。

　標高は7900m。地面に雪はなく、大小の石が露出していて、その間には本来はないはずの人工物のゴミが散乱している。目に付いたのはガスの空き缶や、携帯食料のゴミ、はたまたテントの部品など。目の前には、エベレストの最後の山頂部分がピラミッドのようにドーンとそびえている。

酸素マスクを外す。ゆっくり動けば、酸素がなくても苦しくない。

シェルパが組み立ててできたてのテントにもぐり込む。それから雪を溶かしてスープを作り、コップを両手で包むようにして持ち、少しずつ飲んだ。

頂上へのアタックはいよいよ今夜だ。だが横になるにはまだ早い。外の様子を見ると、エベレストの方から人がポツポツと下ってくるのが見えた。きっと今日の朝登頂した人達だろう。彼らはもう、天候に悩まされることもなく、登れるか否かの葛藤から解放されているわけだ。

「俺達だって」と思いつつ、テントにシェルパと3人横になった。

風が四方からテントの生地を揺らす。なかなか眠れないが、酸素マスクをつけて体を横たえているだけでも、体は休まる。

「本当にこの風はやむのだろうか？」

つい懐疑的な気持ちになるが、たまにわずかの時間、風がやむ。すると、「ほーらやっぱりやんだ」と喜ぶ。暗闇の中で、ずっとこの一喜一憂を繰り返す。

ヘッドランプをつけてふと時計を見る。夜7時。しかし風が弱まる気配はない。

昨日登った人の話では、夜の8時には風はやんだという。だが8時になっても風は弱まらない。チーム本多の天気予報によると、夜中過ぎには風がやむはずだ。それを待つしかないのだ。

たまらず起き上がりテントの外に頭を出して空を見上げる。雲が分厚く、星も見えない。9時を過ぎた。「もしかしてやまないのか」「ここまで来たのに」とどうしようもない焦燥感が募ってくる。

突然テントの外から人の声がした。

「ジャパニーズ！」

隣で寝ていたティンリーが起き上がり、「出発だ！」とヘッドランプを灯した。他隊のシェルパが「そろそろ時間だ」と伝えに来てくれたのだった。

風はまだまだ強いが大丈夫なのだろうか。

外に出ると雲が晴れて、声を上げたくなるほどの星が上空に瞬いていた。息を呑み、その星空を見上げる。星が近いというか、もはや宇宙を感じさせる。このまま星空を見上げて感動に浸っていたいが、そんな時間はない。

酸素マスクを被り、ゴーグルをかけ、ヘッドランプをつける。ダウンスーツのチャックを締め上げ、腰に安全帯を巻く。最後に高所登山用のブーツを丁寧に履き、重たい鉄のアイゼンを装着する。

外気にさらされているのはゴーグルとマスクの間の頬のわずかな部分だけだ。まるで宇宙飛行士のようないでたちだ。

明るい星空と雪で光る地上の間に、不気味なほど黒く巨大なものがそびえ立っている。目指すエベレストの山頂部だ。その手前にチラリチラリと動く小さな光が見える。先に出発した人達のヘッドランプの灯りだ。

先を行くティンリーの後ろを追って足を踏み出した。

真っ暗で足元しか見えないので、距離感がつかみづらい。しばらく硬い氷の平地を進むと、固定ロープがある場所に出た。自分の安全帯とロープを繋ぐ。分厚く大きい手袋をつけているので、器具の付け替えがやりにくい。なんとか付け替えて、ティンリーの後を追う。ティンリーが私に合わせてゆっくり足を運んでくれているのが分かる。彼は時々足を止め、私もそれに合わせる。

後ろから来た二人組が追い抜いていった。さらに進むと、その先は暗い闇になっていた。ロープは雪道を左に導いている。

そちらに進むと、尾根の細い一本道で風が吹き荒れている。一歩稜線に出ると、ゴーグルとマスクの間のわずかな肌が、風に触れる。凍りそうに冷たい。いや冷たいというより、熱湯を浴びた時のような熱い感覚だ。

これはまずい。すぐに風の当たらない場所まで引き返す。

しばらく立ち尽くしたが、心を決めて稜線に再び足を踏み出した。ロープが張られているので、恐怖はそれほどない。吹き付ける風に逆らって足を踏ん張ると、急に風向きが変わって体がよろめく。

風の中をゆっくり進むが、あまりの強風にロープを摑んだまま膝を落とし、かがみ込む。体を持っていかれそうな風だ。私はそのまま両手を拝むような格好にして雪面に伏せた。雪の冷たさがジャケットを通じて鈍く伝わってくる。

「この風がやまない限り、とても先には進めないぞ」

頭を上げて後方を見たが、誰もこの稜線に入ってきていない。

気づくと右側の空が薄い紫色に変わっていた。徐々に星が姿を消していく。そうだ、永遠にこの闇の中を進まねばならないと勘違いしていた。

夜が明ける。あたりの景色がうっすら見え始めた。自分が今いる場所が闇からあぶりだされていくように、視界が開けていく。右側は雪の急斜で左側はそのまま切れ落ちている稜線だった。

ヒマラヤ山系の雪化粧をした峰々が大地の突起物として複雑な地形を作り出している。峰々のその向こうから強烈なオレンジ色の光線が差し込んできた。

「夜明けだ」

生きてきた今日まで、毎日起こっている現象なのだが、この舞台で見るそれは、神々しく、まるでこの世のものとは思えないほど幻想的だった。

薄い紫色の空がすっきりと透明感のある碧に変わった。優しいオレンジの光の出現と同時に、暴れまくっていた風が、その凶暴さを失っていく。

あたりが「シーン」という耳鳴りが聞こえるほどの静寂に包まれた。ふとオレンジの光の主から「さぁ、おゆきなさい！」と語りかけられているような気がした。

うつぶせていた上体を起こす。風は完全に収まっていた。

振り返ると後続者達がこちらに登ってくるのが目に入った。

「行ける！　進める！」

フワリとした雲がずっと下の方に浮かんでいるのが見える。地平線の遥かかなたに、黒い雷雲がかかっていた。その雷雲が下に向かって光の筋を走らせる。音はここまで届かない。静寂の中の稲妻は、まるで無音の映画のワンシーンのようだ。神の視点になって、下界の出来事を見ているような感覚だった。

私は雲の上にある稜線を歩いている。飛行機の窓から見える景色の中を実際に歩いているようだ。耳に入ってくるのは自分の足が雪を踏む音と、自分の呼吸音だけだ。

南峰と呼ばれる、峰のひとつに着いた。ここで下ってきた登山者と初めてすれ違う。

「ここからどれくらいか？」

マスク越しにできるだけ大きな声で尋ねた。

「1時間半くらいだ」

天候が崩れなければいけるかもしれない。風はやんだが、上空に微かにある雲は風に流されたような形状をしている。

その先にはかの有名なヒラリーステップが見えていた。

1953年、エベレストに初登頂を果たしたエドモンド・ヒラリーが最初に切り開いたとされる岩場だ。これが最後の難関である。

岩壁がオーバーハングしている。壁が垂直以上の角度に少し反っているのだ。ザイルを頼りに岩に足をかける。難所とされているだけあって無数にある中、今年のものと思われる鮮やかな色のザイルに登高器を噛ませ、それを頼りに少しずつ体を上に持ち上げる。

ここでは足で踏ん張ることができないので、腕力だけでたぐり登っていく。ザイルが張られていなければ、登攀するのに思わぬ時間がとられただろう。

重い荷物、薄い空気、疲れきった体。残った力を振り絞って、体を引っ張り上げる。岩の隙間を縫うように進むと、緩やかな幅のある稜線が目の前に広がった。

稜線の終わりに、旗がなびいているのが見える。雪と岩と氷の世界にはおよそ似つかわしく

標高 8848m のエベレスト頂上にて記念撮影。海抜０ｍから人力のみで到達

ない物だ。呼吸に苦しみながらも、旗に向かって足をゆっくり進める。

初めて「登頂できる」と確信した。ずっと夢見ていた場所だ。

足を進めながら、これまでの旅を思い出していた。今まで自転車で走ってきた道のり。今まで通ってきた国。今まで出会った人々。そして今までの自分の感情。

涙が込み上げてきた。だけどそれは飲み込んだ。泣かない。色とりどりの旗が冷たい風に音もなくはためいている。

荒い呼吸のまま、時計に目をやる。午前8時55分。

今、私は世界で一番高いところにいるのだ。視界をさえぎるものは何もない。これまで見上げていた8000m級の山々の頂すら、眼下にある。

雲に覆われた大地が湾曲している。地球の丸さが感じられる、8848mの頂だ。

この瞬間とこの景色を、私は一生忘れない。

終点と始点

旅の終点は、新たな旅の始点である。

いつも旅の終わりを迎えるたびに、次の目的地を考えてしまう。そうすることで旅と旅が繋がっていくと思えるからだ。

エベレストの頂上に到達する前から、次の旅のプランはもう決まっていた。

それは「水の旅」を追いかけるというものだ。

８８４８ｍに降り積もった雪が、氷になり、気が遠くなるような年月をかけてアイスフォールを崩れ落ち、やがて一滴の水滴になり、小川に流れ出す。渓流は山岳部を流れ出て川へ合流し、やがて大河に変わる。そしてその大河は海に注ぐ。

この流れを追いかけてみたいと思ったのだ。山岳部の川を下るのは難しいが、平野部の川なら下れるかもしれない。ヒマラヤから流れ出て海に注ぐ大河、ガンジス河を海まで下ろう。それが次の旅路になる。

エベレストの山頂は完全に雪で覆われており、広さは3畳くらいしかなかった。赤、青、黄、緑などの旗が雪面に刺さり、強風になびいている。色あせていないから、今期の登頂者が残していったものだろう。

ここに留まって素晴らしい景観をもっと眺めていたいが、そうもいかない。立ち止まっているだけでも、ボンベの酸素は消費していく。もし酸素が尽きてしまったら、思うように動けなくなり、死に至る可能性もある。

写真撮影をしてから、すぐに下山にとりかかる。山頂にいた時間は15分もないだろう。

登ってきた雪道をひたすら引き返す。「道」といっても雪上に残された、数々のアイゼンの踏跡だけである。固定されたザイルに安全帯を通し、足を踏み出す。登る時は上方を見ているのでそれほど高度を感じないのだが、下に向かう時はすぐそばの切れ落ちた斜面が視界に入る。

「ここを落ちたらどうなるのだろうか」

そんなことを思いながら、足を滑らせないように、一歩一歩慎重に下る。登頂後は緊張が取れたのか、心なしか足取りが重くなった。夜通し登ってきた疲労感も出てきているのだろう。ヒラリーステップを抜けると傾斜のきつい雪の斜面に出た。左右ともに雪面が数m見えているだけで、その先は切れ落ちている。登頂時は夜中に足元だけをライトで照らして登ってきたので、周りの景色はほとんど見えていなかった。

「こんなところを登っていたのか」

ザイルを握る手に力が入る。再び安全帯をザイルに固定して、体重を預け、落ちていく体を腕の力で制御しながらゆっくりと下る。

下方にカラフルなテントが点々と見えてきた。キャンプ4だ。

キャンプが見えると余計に気が緩むが、「あと少しだ」と思いながら下り続ける。分厚いジャケットの袖口から覗く時計を見ると12時を回ったところだ。キャンプ4を出発したのは前日の夜10時なので、この時点で14時間以上歩き続けていることになる。

雪の斜面を下りきり、サウスコルの手前に着いた。雪に覆われた平らに近い空間が広がっている。この雪原を越えればキャンプ4だ。

あたりに人影は見えない。それぞれのペースで下山しているうちに、隊のみなとの距離が開いてしまったのだろう。目標になるものが何もないので、自分の感覚と、アイゼンの跡だけを頼りに進む。

進むにつれて足元からは雪がなくなり、代わりに硬い氷の面になった。

アイゼンの爪を確実に氷に食い込ませながら進む。少し下りの傾斜がついてきた。もうすぐキャンプ4が見える頃だと思い前方を見るが、傾斜がきつくなっているだけで何もない。

「変だな」と思い、足を止めてあたりを見渡す。するとなんということか、正面に見えるはずのキャンプ4が、左手の谷を挟んだ向こう側にあるではないか。

どこかで気が抜けたのだろう。いつの間にか先行者のアイゼンの跡がなくなったのに気づかず、自分の感覚だけで進み、知らず知らずのうちに右に逸れていたのだ。このまま進めば、1000mの氷壁をすべり落ちてしまう。

何もできずに立ち竦んだまま、時間だけが過ぎていった。だがもう残りの酸素はほとんどない、ぎりぎりだ。

覚悟を決め、ピッケルを細いクレバスの間に刺し体を反転させる。何でもない動作だが、少しでも滑ったら一巻の終わりだ。ピッケルをまた一歩先へと刺しなおし「慎重に慎重に」と自分に言い聞かせながらゆっくりと体を動かす。その動作を何度も繰り返し、氷の傾斜を戻り、雪原まで戻ってきた。

だが行く手には大きなクレバスが口を開けていて、思う方向に進めない。クレバスを大きく迂回すると、やっとのことでアイゼンで踏み固められた雪道を見つけた。

登山は本当に気が抜けないものだ。道を間違えた時は生きた心地がしなかった。前方に下山している人の姿が見えたので、今度は見失わないように後を追って進んだ。

ゆるい氷斜面を下り、キャンプ4が目の前に現れた。

時計に目をやるともう夕方4時を回っている。自分のテントに着くと、装備をはずして倒れ込むように横になった。明日は一気に標高6400mのキャンプ2まで下山予定だ。ぐっすり眠り、疲れを取るはずだったが、あまりの寒さにほとんど眠ることができなかった。恐らく外気はマイナス20度前後だろう。テントを叩く風もすごく、四方向からテントを揺さぶっている。ただひたすらに体を丸く縮め、体温を逃がさないようにして朝を待つ、長い夜だった。

翌日、キャンプ2まで下ってくると、気温が暖かくなって酸素ボンベも必要なくなり、食欲も出てきた。さらに下山し、アイスフォールの下方にやってくると、とうとう色とりどりのベースキャンプが時々視界に入ってくるようになった。

見慣れたベースキャンプの入り口に到着すると、シェルパのアパが出迎えてくれた。

「おめでとう！」

そして自分のキャンプに戻ると、シェルパ達から歓迎の嵐を受けた。私は彼ら一人ひとりと、固く握手を交わした。

それからチーム本多のテントで衛星電話を借り、実家の両親に無事に登頂したことを報告した。電話からは、喜んでいるというよりは「ホッ」とした感じが伝わってきた。親心とはそういうものなのだろうか。

この日は大きなメインテントで、ささやかながらシェルパ達が祝杯を挙げてくれた。ビールは長らく凍らせておいてあったらしく味がおかしかったが、久しぶりに飲んだアルコールは体に染みわたった。

シェルパ達がネパールの音楽に合わせて陽気に踊る。どうやら、私達の登頂というよりも、仕事が今日で終わるのが嬉しいようだった。

翌日、麓の村からヤクが来て我々のベースキャンプはすべてのテントを撤収、シェルパ達とはカトマンドゥでの再会を誓い、登山隊は解散した。

私はまだベースキャンプが残っていたチーム本多で一泊させてもらい、日本のインスタント食品を肩が悲鳴を上げるほど大量にもらった。

帰り道は途中までチーム本多のメンバーと歩き、彼らがナムチェバザールの近くにあるシャンボチェからヘリコプターに乗り込むのを見送る。私はまだここから10日以上かけて、歩きと自転車でカトマンドゥに戻らなければならない。

だが、薄い空気の中で登山して痩せた体は、標高が下がると軽くてしょうがなく、酸素の濃さも手伝って峠も全く辛くなかった。トレッキング道に入ると、緑や花が綺麗で散歩気分で歩く。すれ違うポーターはランニング姿の人もいる。もう夏が近い。

ベースキャンプを出て9日後、トレッキングの出発点であるジリに戻ってきた。ここからは舗装道路だ。

2ヶ月間も自転車を止めさせてくれたムルックさんの家を訪ねる。ムルックさんは笑顔で迎えてくれた。

「どうだった？」

「無事に山頂まで行ってきました」

「そうか、そうか」

頷きながら、彼は言った。

倉庫に眠っていた自転車は埃にまみれていて、タイヤの空気が少し抜けていた。空気を入れれば、問題なく走るだろう。自転車の手入れをしてペダルを踏み込む。久しぶりの感触だ。

登山とは使う筋肉が違うので、筋肉痛になりそうだ。ムルックさんにお礼を言い、ジリを出発。道中も顔見知りのところに立ち寄りながらカトマンドゥに向かう。

カトマンドゥに着いてまず目指したのは、プラカスさんとアツコさん夫婦の家だ。門を叩くとアツコさんが「おめでとうございます！」と言いながら、扉を開けてくれた。チーム本多の隊員から、すでに登頂したことを知らされていたそうだ。

チーム本多の隊員達はもうとっくにカトマンドゥを発っており、誰にも再会できなかったのは残念だった。

カトマンドゥに到着してあっという間に数日が過ぎた。雪崩や滑落の恐怖に怯えることも、天気予報を聞いて一喜一憂することもない。あの薄い空気の中での記憶が薄れ、腑抜けた平穏な日々が流れていく。

カトマンドゥの街中を自転車を漕ぎながら、ふとハンドルを握る手をしみじみと眺める。ちゃんと片手に5本ずつ指がついている。頭の中で「閉じる」と思えば手は閉じ、「開け」と思えば開いた。

「生きて帰ってきたんだ」

まだ険しい山の中にいた私の「心」が、ふとした瞬間に現実に戻った感じがした。体そのものは何日も前から町にいたのだけれど、不思議と現実感がなかったのだ。

この瞬間「エベレスト登山が本当に終わったんだ」と思った。

エベレスト登頂編　移動経路

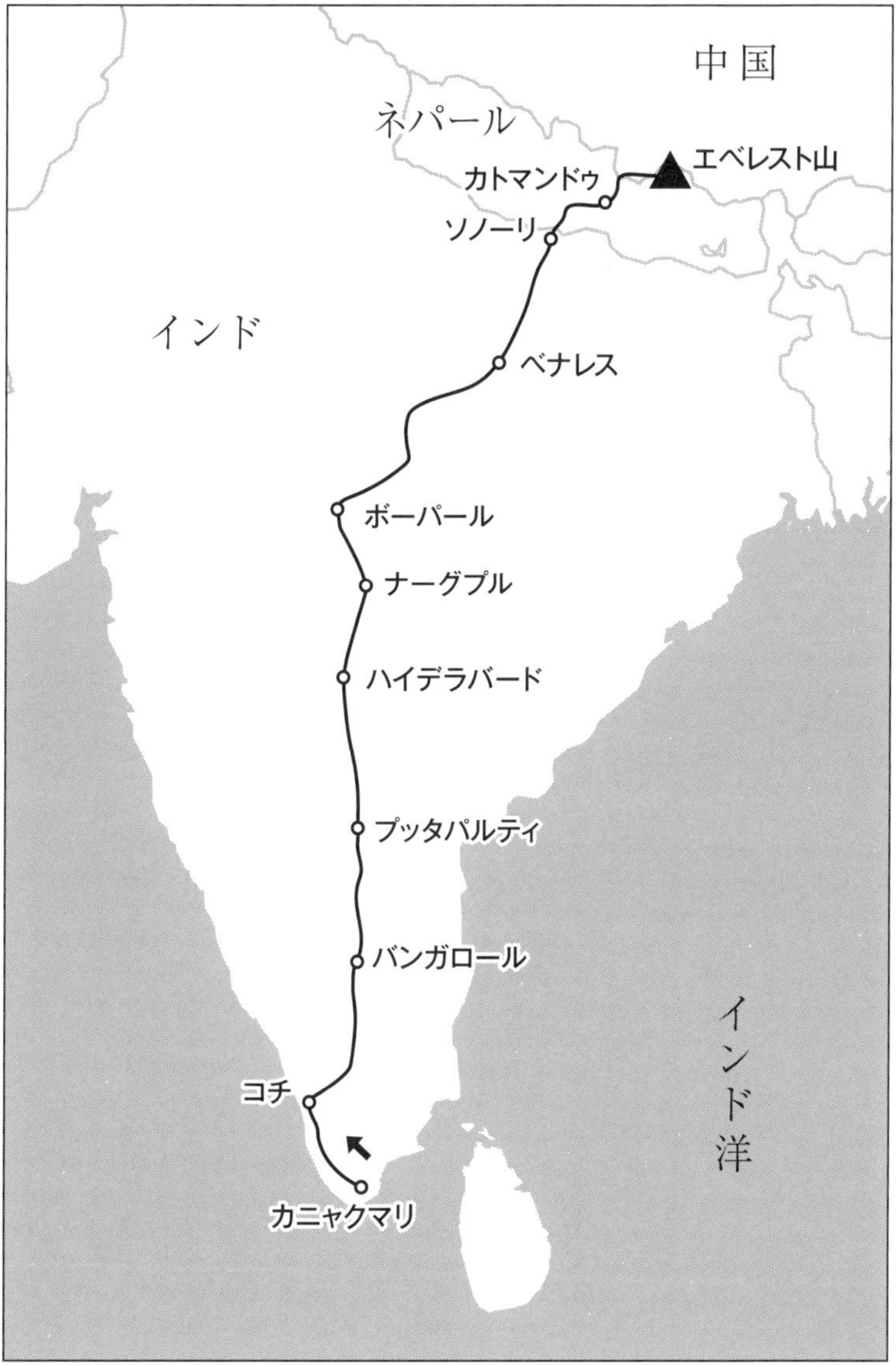

第5章

ガンジス河下り編

ベナレスでボートを買う

インドでガンジス河は「ガンガー」と呼ばれている。これはヒンドゥ教では「川の女神」を意味するそうだ。

私は、再びヒンドゥ教の聖地ベナレスに戻ってきた。手漕ぎボートでここから海まで川を下るのが次の旅の目的だ。エベレストのベースキャンプの脇を流れる雪解けの小川を見て「こんなところから川が始まっているのか」と驚いたのが、この計画の始まりだった。

せっかく海抜0mからエベレストの山頂まで行ったのだ、今度は全く逆のことをしてみよう。しかしただ海まで自転車で下るのでは、面白味がない。

ならば、この水の流れを追いかける旅はどうだろうか。

ヒマラヤの高峰に積もった雪が太陽の光を浴びて雫に変わり、それが集まって水の流れをつくる。それが谷を流れる渓流になり、さらに平地に流れ出て合流して、大きな川となる。ヒマラヤ山系に積もった雪が水源となり、インドのヒンドゥスタン平原を悠々と流れるガンジス河を作っているわけだ。この水の流れを追いかけていけば、自然と海に到達できるはずだ。

この計画を思いついた時は、「神の川を下る」という行為は、ヒンドゥ教的に何か問題があるのではないか、と心配した。そこで地元で暮らしているヒンドゥ教徒達に相談すると、彼らはこう言った。

「そりゃ面白そうだ、やってみろ」

インド人は色々な意味で寛大だ。そういえばヒンドゥ教で崇拝の対象とされる牛が叩かれたり、邪険に扱われたりしている光景をよく目にした。ガンジス河を下るくらい、どうでもいいのかもしれない。

ベナレスに着いてあっという間に4日が過ぎた。川下りの計画は思いのほか進まず、時間だけがどんどん過ぎていく。

今日は自転車旅行者のイチカワ君が持っていたインドの地図をコピーさせてもらった。自転車で回る彼が持っていた地図はさすがに詳細で、特にガンジス河流域の構造がよくわかった。

ベナレスより下流は、多くの川を取り込んでさらに川幅が巨大になり、主流はそのままコルカタを越えてバングラデシュに流れ込んでいる。川の途中にイミグレーションはないだろうから、不法入国にならないように、コルカタ手前でインド国内を流れる分流に入らなければならない。その入り口を見極められるかが重要だ。川に標識はないし、教えてくれる道案内の人がいるわけでもない。

船でガンジス河を下る話をすると、周りのインド人達が様々な情報を持ってきてくれるようになった。道を聞いても適当に答えて、さっぱり目的地に着けないのでお馴染みのインド人だが、参考程度に聞いておこう。気になる噂がいくつかあったので挙げてみる。

噂その1。ガンジス河の下流には「ファラッカ」と呼ばれる堰が存在する。

これはたしかにあるようだ。地図を見ると、川沿いにファラッカという町があるから、その周辺だろう。ただ、どんな堰なのかは全く不明である。

噂その2。ガンジス河下流にはワニが棲息していて、人を襲う。

ここ聖地ベナレスでは、ガンジス河でワニに襲われたという噂は聞いたことがない。インターネットで調べたところ、いるにはいるが魚類しか食べないおとなしいワニとのことだった。クロコダイルじゃないなら、大丈夫だろう。

噂その3。これはよい噂である。年に数度、コルカタからガンジス河を遡って、ベナレスまで船がやってくるというのだ。つまり、途中、滝やダムなどの障害はないということになる。しかしこの情報は信憑性がイマイチだった。

さて、ガンジス河の情報をいくら調べたところで、肝心の船がなければ川下りはできない。幸いここベナレスには、観光客を乗せる遊覧ボートがいくらでもある。

ベナレスを一度でも訪れたことがある人なら分かると思うが、川岸を少し歩くだけで「ボートはどう?」と話しかけてくるインド人が後を絶たない。メインのガート(お祈り場)の近くなら、50m歩けば3人には声をかけられる。

値段はインドだけに交渉が重要で、最初の言い値を鵜呑みにすると通常の10倍なんてこともある。慣れてくると、一人当たり1ドルも出さずに乗れる。

私は、手ごろな大きさの手漕ぎボートを見つけては「あれはいくら?」と値段を聞いてまわることにした。

だが声をかけてくるボート屋に聞いても、なかなか具体的な返事が返ってこない。

それもそうだ、ボートを買い取ろうとする人間などまずいないし、そもそも彼らは雇われで、オーナーではないことが多いのだ。それでも根気よく続けていると「1000ドル」とか「700ドル」と、値段を提示してくる者が出てきた。

だが、こちらも相場を知らないので、高いのか安いのかも分からない。とりあえず、リサーチを続けて、ボートの大きさと値段のバランスを計っていった。

そんなある日、「250ドルでいい」という人物を見つけた。彼は日本人に人気の高い川岸のお茶屋のオーナーだった。

「ちょうど、ボートを買い換えようと思っていたんだ」

彼が所有しているボートは全長4mくらいで、塗ってあるペンキのせいかそれほど古くは見えなかった。骨格と船底は木製で、側面に鉄板が張り付けてある。

その後、何日か続けても、もっと条件のいい船には巡りあわなかったので、最終的にこの船を買うことに決めた。

当初は一人で行くつもりだった。だが、今回の川下りはそれほど過酷なものにはならないように思えてきたので、同乗者を募集することにした。

購入した船の広さは3畳くらいあった。ガンジス河観光では、同じサイズの船に6～8人くらい乗せて川巡りをしている。寝泊まりすることを考えても、3人くらいまでなら乗り込めそうだ。ただし、エベレストから海抜0mに人力で戻るという私の旅の計画上、船の操作は私一人が担当するつもりだった。

「一緒にガンジス河を下りませんか？」

ためしに知り合った日本人旅行者をスカウトしてみるも、みな反応は冷ややか。当然といえば当然か。

だが、ネパールで知り合った旅行者に再会したのをきっかけに、「行きたい」という人が、芋づる式に6人も集まってしまった。

さすがに6人は船に乗れない。やむなくお断りしようと思ったが、みな非常に盛り上がっていて、ちょっと言い出しにくい雰囲気だ。そこで、思い切って船を2隻に増やして、分乗して行くことにした。こうすれば、万が一、片方が沈没しても救出できるというメリットがある。

船も決まり、参加者も決まった。出発に向けてだいぶ前進したが、まだまだやらなければいけないことがある。

まず重要なのは船の操舵である。私の経験は、湖で遊覧ボートを何度か漕いだことがあるだけ。ガンジス河は緩やかといっても流れがあり、湖とは違う。

まずは練習と思い、ガンジス河に漕ぎ出したものの、あっという間に流れに引きずり込まれて、コントロールを失う。水流がボートの操縦にこれほど影響を及ぼすとは思いもしなかった。観光客向けのボートを漕ぐインド人は簡単そうに操作していたけど、実は技術とコツがいるのだと思い知った。

見るに見かねたのか、ボートを買ったお茶屋の店主の弟が、コーチ役として練習に付き合ってくれた。

彼の名前はスラジ君。まだ12歳だが、船の扱いは大人顔負けだ。小さい頃から船を扱っているらしい。そんなスラジコーチのもと、ボートの漕ぎ方を学ぶ。私以外の他のメンバーも、午前と午後の練習に参加してもらった。1隻は私が漕ぐが、もう1隻は誰かが漕がなくてはならないのだ。

オールも既製品ではなく、竹の先に厚さ2㎝ほどの木の板を適当な形状に切り、打ち付けただけのものだ。長さと重さが左右で微妙に違うので、均等に力を入れると船が曲がってしまう。また左右のオールが体近くで交差するので、体にぶつからないように、注意しなければならない。

特に難しいのが船の旋回だった。左手と右手のオールを反対方向に漕げば船が高速で回転するはずなのだが、これはもう少し練習が必要だった。

日々、コーチの指示通りに上流の火葬場を目指したり、対岸に渡ったりを繰り返して、船の操縦を体で覚える。手の平にマメができ、それがつぶれ、一週間もするとある程度は流れの中で船をコントロールできるようになった。船酔いも少し心配していたが、水面が均一なせいか、気分が悪くなるほど酔うことはなかった。

船の操縦をひと通り覚えたところで、船を正式に購入した。

1隻は私の両親と友人にカンパしてもらったお金を使い、もう1隻は参加者で割り勘にしてもらった。手書きではあるが、いちおう「この船はあなたに売りました」という契約書も交わしてもらった。これで船は、名実ともに我々のものになった。

購入後、長期の川下りに対応できるように改造を始めた。

まずは座席の部分に手を加える。船の上で寝泊まりをする予定なので、横になるスペースを確保しなければならない。

船の中央部分に段を組んで、ベニヤ板を乗せる。これで甲板はフラットになった。ベニヤ板の下には荷物や食料が入れられるので、一石二鳥だ。

もうひとつの重要な改造は、船に幌を付けることだ。11月とはいえ日中のインドの日差しは

ベナレスのお茶屋で売ってもらった手漕ぎボート。オールの柄は竹製

強烈である。もちろんのことだが、川の上に日陰はない。日差しを浴び続けると、思いのほか体力を奪われてしまうものだ。乾季なので雨はそれほど降らないと思うが、もし降った時の雨除けにもなる。また、船からせり出した場所にトイレを設置することも構想していた。

それと同時進行で、船に積んでいく荷物も揃えなければならない。主に、水、食料、調理器具などだ。

もちろん冷蔵庫などないので、常温でも長持ちする、米、ジャガイモ、パスタを始めとした主食系を合計40kg近く。にんじん、玉ねぎ、大根、マメ、卵とおかずになりそうなもの、それから塩、砂糖、胡椒などの調味料も。

調理方法はプロパンガスの20リットルボンベがそのまま使えるコンロをひ

とつ積み、予備として私がエベレストで使っていたガソリンを圧縮加熱して使うバーナーも積んだ。鍋は熱効率を考えて、圧力鍋を選んだ。

言うまでもないが、死体や下水が容赦なく流れ込むガンジス河の水は飲料には適さない。そこで50リットル入るプラスチックの容器を各船に積み込み、公共の井戸からくみ上げた水を入れた。飲料用以外の水は、すべてガンジス河の水で賄う。水や食料が足りなくなったら、川岸の村を訪ねて補給するつもりだ。

あとは、6人分の荷物と私の分解した自転車。これで積荷は全部になる。

そして迎えた、2005年11月4日。いよいよ出発という時に、どこから話を聞きつけたのか、インドのテレビ局がやって来て、インタビューを受けることになった。

船を売ってくれたオーナーが、花の首飾りをかけてくれた。日本の万歳のようなヒンドゥ教のお祈りを浴びながら、船に乗り込む。

メンバーを簡単に紹介しよう。

まずネパールの首都カトマンドゥで出会ってベナレスで再会したアミちゃんと、その友人のミクちゃん。二人ともアジアを旅している。さらに、彼女達の宿に宿泊していた、インドを放浪中のケンジ君とユージ君。最後に、ネパールから自転車でここまでやって来た小林さん。みな、予定があってないようなバックパッカーだ。

「ガンジス河を下る」という噂を聞きつけて集まった日本人旅行者達に見送られながら岸を離れる。練習の時と違い船に積んだ荷物の重さをずっしりとオールに感じる。

しばらくすると、歩くくらいの速度で、船が流れ始めた。船が旋回せずまっすぐ進むようにオール捌《さば》きに集中し、船をコントロールする。

ガートの前を通過すると、ヒンドゥ教の寺院から鐘の音が鳴り響き、スピーカーからは耳慣れたヒンドゥ教のお祈りが聞こえる。熱心に祈りを捧げ沐浴する信者の姿も見える。

ベナレスの日常だ。ゆっくりと前を通過し、耳に届く音が小さくなると、今度はマルビヤ橋から自動車のエンジン音やクラクションの音が聞こえてきた。橋をくぐり、小さく見えるくらいまで離れると、先ほどまでの喧騒が消え、あたりは嘘のように静まりかえった。

さあ、ガンジス河に抱かれながら海まで行こう。

暗闇のガンジス河

船は順調に流れ始めた。河の右岸は雨季の増水した水に削り取られた土の壁が続き、左岸は少し草の生えた平地が広がり、奥には土手が見える。土手の高さは5mはありそうだ。雨季のガンジス河の水量がいかに多いかを示している。

それ以外は静かな水面、そして青く澄んだ空が視界に入るだけだ。このまま穏やかに海まで流れてくれれば、なんて優雅な船旅だろうかと思う。

しかしそれは、すぐに間違いだと気づかされることになる。

船の前方に障害になりそうなものは何もない。「このまましばらく流れてくれるだろう」とオールを放置して操舵席の横に寝転び、真っ青な空を見上げる。メンバーもみな、横になっている。川の流れが心地よかった。

ふと体を横に向けると、さっきまであんなに離れていた土壁が、すぐそこまで迫っている。知らぬ間に船が右岸に寄せられていたのだ。

しかもスピードがかなり速い。普段は徒歩程度の速度しか出ないのに、今は自転車と同等に感じる。

「うわっ!」

あわててオールを水に戻し、舵を切る。オールの抵抗と流れの速さが手伝って船頭が急に左方向を向いたが、その分後尾が右に流される。間一髪土壁には接触しなかったが、気がつくのがもう少し遅かったら、ぶつかってダメージを受けていただろう。

先ほどまでのお気楽気分は一瞬で吹き飛んだ。

たとえ見た目は静かな大河であっても河の流れには緩急があり、突然船が旋回して流れに飲まれ、あらぬ方向に向かってしまう。船を漕ぐ時には前方に背を向けているので進行方向は確認できないが、常に船は川の真ん中においておかねばならない。

しかし、これはまだまだ序章に過ぎなかった。

同日夕刻、前方に不思議な物体が現れた。川を遮るように横に線が走っている。橋にしては高さがないし、このあたりに堰があるとも聞いていない。

ゆっくりと謎の物体に近づく。だいぶ近づいてから、それがドラム缶を浮かべた橋だと分かった。大きいドラム缶を２ｍ間隔ぐらいで繋ぎ、その上に板が渡してある。

橋の高さはあまりない。船に屋根をつけたので、通れるかどうかギリギリの高さだ。幅もやっと船が通過できるほどしかない。

水は細い場所を通る時ほど、流れが速くなる。ドラム缶の間を抜ける時の水の流れは相当に速そうだ。

「できるか？」

だが、考える前にやらなければならない。船頭から激突したら沈没するかもしれないし、側面がドラム缶に押し付けられても、その水圧で転覆するだろう。オールを握る手に力が入る。ドラム缶があっという間に迫ってきた。みな固唾を呑んでいる。ドラム缶の間隔の中心に船を合わせる。水流がさらに速くなる。

「ガゴゴゴゴッ！」

側面はこすったものの、船は無事にドラム缶の間を抜けた。

「ふぅ」

さすがに、ヤバかった。乾季のガンジス河は、こんな場所が、まだまだあるのか？

今回は何とか通り抜けられたが、先が思いやられる。傾き始めたオレンジ色の太陽が土手の向こう側に姿を消すと、あたりは少しずつ暗くなり始めた。

次第に闇に包まれていくガンジス河。ベナレス付近と違って、視界に入る人工的な明かりは一切ない。曇り空で星もない。水面はそれよりも深い漆黒だ。水面と陸地との明るさの差はほとんどなく、前方も後方も闇に包まれている。

準備していたランタンに火を灯した。やわらかく温かい光が、暗黒の世界に少々の安らぎをもたらす。

だが、それもつかの間。ランタンの光を目指して次々と虫が飛び込んでくる。蚊のような小さな羽虫から蛾のような大きな虫まで、ひっきりなしだ。あまりに虫がすごいのでランタンの明かりはすぐに消すことになった。再びあたりは真っ暗闇になる。

やがて、オールから伝わってくる水の感覚がおかしくなってきた。船が進んでいるのか止まっているのか分からなくなったのだ。

水にオールを入れるが、進んでいる気がしない。それどころか船が今どちらの方向を向いているのかさっぱり分からなくなった。

川に流れがあるならば下流に進むはずだが、それも感じない。まるで大きな湖の真ん中にポツンと取り残されたような感じだ。

「どっちに進めばいいのか？」

2隻の船はなんとか、はぐれないようにしながら闇の中を彷徨っている。方角の分からない水の上を当てもなく漕ぐのが、無性に怖くなった。

「岸はどちらだろうか？」

せめて月でも出ていれば、陸の影くらい分かるだろうが、今は星も出ていない曇り空だ。しばらく不安であったが、右前方遥か遠くに光がほんの小さく見えた。

光の点は動かない。どうやら陸からの光のようだ。おそらく右岸だろう。光が水面に反射していること、船は中央よりいくらか左岸寄りを流れていたことなどからの推測だ。

途中で船が完全に180度回ってしまっていたら、この推測は役に立たないだろうが、さすがにそれはないと思う。

つまり、その光から遠ざかるように船を進めれば左岸に近づくはず。そのたったひとつの光を見つめながら、船をゆっくり漕いだ。

しばらく漕ぐと暗闇の中に僅かだが、水面とは違う薄い影が現れた。

「左岸だ！」

これほどまでに安堵するとは思わなかった。岸さえ見えれば、何かあっても、そこまで泳げばなんとかなる。

今日は左岸に船を止めて、寝ることにした。流れが緩くなったところで重石をつけた紐を投げ入れれば、停泊させられるだろう。

しかし、ここでも見事に予想を裏切られる。船を固定するために用意していた石にロープを縛りつけ、川に放り込むと、あっという間に石が川底に達して、ロープがピーンと張る。だが、すぐに船はノロノロと動き出した。石が川底で踏ん張る力よりも、水流の力の方が明らかに大きいのだ。

同時にザーッと船の横で水の音が唸りだした。川は流れに乗っている時は緩やかに見えても、流れを遮ろうとすると、恐ろしいほどの力を見せつけてくる。

とてもじゃないが石ころひとつでは2隻の船は繋ぎとめられない。さらに岸に寄り、何度か石をひっぱり上げては放り投げるを繰り返し、川底のどこかに引っかかるのを期待した。

5回目くらいに「ガチッ」と音がして何かに引っかかり、船はやっと動かなくなった。水の抵抗もさっきよりだいぶ緩やかだ。今日はここで寝ることにする。

初日から川下りが想像以上に困難であることを、嫌というほど味わわされた。果たして海まで辿り着けるのだろうか。ボーッと見える川岸を見ながら眠りについた。

船は時々ユラリ、ユラリと揺れたが不快ではなく、むしろゆりかごのように心地よく感じた。

まさかのボート沈没

昨晩、夜間にガンジス河を移動することがいかに危険か、とことん思い知った。

だが、船を着岸させた状態で朝を迎えると、やじうまのインド人がどこからともなく寄ってきてしまいかねない。

そこで、暗くなったら川岸から10～15mくらい離れた場所にアンカーを投げ込み、船を固定して寝ることにした。こうすれば、誰も近づいてこられないので安心だ。

日中ずっと船を漕いでいるせいか、よく眠れる。夜中に一度目を覚ますと、頭上に数え切れないほどの星が煌いていた。

どのくらい経っただろうか、ミクちゃんの「なんか変な水の音がする」という言葉で再び目を覚ました。寝ぼけていたので一瞬「近くに小川があるんじゃないのか？」と思ったが、よく考えれば、大河の真ん中で寝ているのに、小川の音などするわけがない。

たしかに耳を澄ますと水がチョロチョロと流れる音がしている。誰かが用を足している時も似たような音がするのだが、それにしては長すぎる。

「一体、何の音？」

暗闇で首をかしげていると、隣の船から大きな声が聞こえてきた。

「うわっ、何これ、水がはいってきとう！」

福岡出身のケンジ君が、方言丸出しで叫んでいる。

「そっちの船にいってよか？」

ケンジ君が、律儀に許可を求めてから、こちらの船に飛び乗ってきた。もし、「やだ」と言ったら彼は船に残ったのだろうか？　後で思い出すと面白い。

しばらくすると、船が「ブクブクッ」と大きな気泡をいくつか出して、一気に漆黒の川の中に消えていった。

一瞬の出来事だった。ケンジ君の声が聞こえてから、30秒も経っていないと思う。ユージ君も同様にこっちの船に乗り移っていたが、脱出が少し遅れたせいで、全身水浸しになっている。幸いなことに、沈んだ船に寝ていたのはケンジ君とユージ君の二人だけだった。

「マジかよ……」

ずぶぬれのユージ君から滴る水が冷たい。時間は朝の4時。あたりはまだ完全に真っ暗だ。これも不幸中の幸いか、船の屋根に使っていたブルーシートがまだ水面に浮いている。その真下に船体が沈んでいるはずだ。

寝る前にアンカーを下ろしたケンジ君に川の深さを尋ねると「10mくらいはあるのでは」と答えた。10mといったら、相当に深い。素潜りで荷物を回収できるだろうか。

とにかくいったん岸に船をつけて荷物をすべて下ろし、軽くした船で沈没現場に戻る。懐中電灯の小さな明かりが、沈んだブルーシートを映し出している。

ブルーシートをどけながら、浮かび上がってくる荷物を次々と船に引きあげる。バックパックが水を含んで、重さが尋常じゃない。毛布やその他の荷物も同様だ。引き上げるたびに、船内に洪水のように水が滴り落ちる。

途中、小林さんの荷物がプカプカと浮いているのを発見した。

「飛び込んでもいいですか？」

小林さんが、真剣に聞いてくる。しかし、懐中電灯の明かりから外れてしまったらもう見つけられないかもしれない。

「落ち着いて！　船を今近づけるから」

私はシャツを脱ぎ、短パン姿で水の中に飛び込んだ。ケンジ君の推測が正しければ水深は10m。早朝のガンジス河の水は冷たいが、そんなことはいっていられない。

しかし飛び込むとすぐに、船体に足が触れた、水深にしておよそ2～3mというところだ。

小林さんの荷物は暗い川に流されて見えなくなっていた。

足で船体の荷物を探り、発見したら潜って手で引き上げる。それを何回か繰り返すと、足の先には何も触れなくなった。他の荷物はすべて流れ出てしまったようだ。

停泊した時は流れの緩やかなところだと思っていたのに、実際に川に入ってみるとしっかりとした流れがある。

流された荷物を探すために、ケンジ君が船を下流に向けた。私は沈没現場でそのまま船体に荷物が残っていないか足で探ることにした。しばらくすると、足の先にバラバラにした自転車の本体パーツが触れた。自転車はさすがに流されていないようだ。

私のリュックはまだ見つからない。あの中には、ここ数年の日記、アドレス帳などがすべて入っている。息が続く限り潜って探したが、船の中には何もない。

そうこうしている間に空が白み始め、あたりが見渡せるようになってきた。

下流に漂流物を探しに行っていた船が戻ってきた。

「けいさん（私のこと）のリュックが流れてたよ！」

船上に置いてあったものはすべて、少し下った流れの弱くなっている岸沿いにプカプカと浮いていたそうだ。助かった。

しかし、ケンジ君の全財産とパスポートが入った貴重品袋と、ユージ君の腰袋がまだ見つかっていない。私達は再び、下流に流されていないか確認するために船を出した。

川岸に沿って慎重に目を凝らしながら進む。暗い時には見つからなかった船底の板、燃料の入ったポリタンク、水のタンクなど様々なものが流れ着いていた。

しかし、何度か行ったり来たりを繰り返しても、ケンジ君の貴重品袋とユージ君の腰袋は見つからなかった。

すっかり夜が明ける。沈没地点に戻ると、どこからやってきたのかインド人が集まっていた。驚いたことにそこには、水中に沈んだはずの船の姿があった。

陸に残って一部始終を見ていた小林さんの話ではこうだった。

地元の漁師さんが船頭から出ている紐を手繰り寄せて、数人の現地の人がロープを綱引きのように引き、沈没していた船体をゆっくりと陸の方に引っぱり上げたのだという。

なんとありがたい！

それから「全部あったよー」という声も聞こえてきた。

なんとユージ君の腰袋は川で漁をしている漁師さんの網にひっかかっていた。網を引き上げにきた漁師さんが「何じゃこりゃ」と不思議そうな顔をして見ている時に、ユージ君が気づいて「それ、俺の腰袋だ！」と叫んだのだという。

ケンジ君の貴重品袋は船の屋根の柱に引っかかっていたらしい。

漁師さんは引き上げた船を点検するように見回すと、右前方の外壁の鉄板の継ぎ目を指差した。そこをよく見ると、わずかばかりであるが隙間ができている。

「原因はここだな」

言葉は分からないが、漁師さんはそう言っているようだ。

「直せそうですか？」

トンカチでトントンするジェスチャーで尋ねると、漁師さんは「ウン、ウン」とあごを小さく横に振った。インド風の「大丈夫」の返事だ。

日が昇り、暖かくなってきたので、水中から引き上げた荷物を乾かす。船の屋根に使っていたブルーシートを広げ、そこに濡れたものを並べていく。

気がつくと、現地のインド人に取り囲まれていた。私は紙の荷物が多いので、乾燥に時間がかかる。皆でこうして荷物を広げていると、フリーマーケットの店のようだ。

インド人達は最初遠巻きに見ていたが、やがて近づいてきて「これはなんだ、あれはどう使うんだ？」と口々に言い始めた。相手をするのに一苦労する。少し隙を見せると、勝手に手に取って見始めるので、それも注意しなければならない。

水没した荷物を天日干しで乾かす。気がつくと周りはインド人だらけ

その中の一人の若者が、船の修理には1000ルピーかかると言っていたが、直接漁師さんに尋ねると「300ルピー（約720円）くらいだろう」と言っていた。若者は騙すつもりだったのか、知らなかっただけか。実際には200ルピー（約480円）で済んだ。

しかし相場はもっと安かったのかもしれない。直す作業を見ていたが、開いた隙間に外から釘を打ち込み、押さえただけだった。

「おい、それだけかよ！」

そう突っ込みたくなったが、水に浮かべると、しっかり水は止まっていた。これなら船旅が続けられそうだ。

荷物の乾燥と船の修理が終わると、ホッとしたのか急にお腹が空いてきた。朝から沈没騒ぎで今の今まで何も口にしていない。女性陣が料理してくれた小麦粉を焼いたお好み焼きのようなものを食べた。

もう日が傾き始めていた。ここで一夜を明かしてもよいのだが、あまりに人が多くて落ち着かない。みなもそう思ったらしく「少なくとも対岸まで移動しよう」という話になった。沈んだ方の船には食料を積み込み、もう一方の船に皆のバックパックを積んだ。仮にもう一度沈没しても、食料ならまだ取り返しがつく。

日没直前になって、色々とお世話になった地元の人にお礼を言って出航した。

船を漕ぎ出し、岸から離れるとなんともいえない恐怖感に襲われた。もし、対岸へ渡る中央部で船が沈んだら——。

そう考えるとぞっとする。一刻も早く対岸に近づこうと、全力でオールを漕いだ。だが浸水することもなく、無事対岸に到着。ちょうど陸から少し離れたところに浅瀬があった。ここだったらもし沈んでも大丈夫だろう。

本当に悪夢のような一日だったが、荷物がすべて見つかったのだけは救いだった。疲れていたので、みなすぐに眠りに落ちてしまった。

ナタを持った強盗

すっかり船旅に慣れつつあった。夜の停泊も浅瀬の回避も急流の見極め方も毎日こなしているうちに、要領が飲み込めてきていた。出航2日目に「沈没」も経験していたし、あと怖いのは「強盗か火事くらいだね」なんて冗談を言っていたほどだ。

日が傾いたので寝る場所を探していると、ちょうど川岸で漁をしていた男性がいた。船を近づけて堰の町ファラッカまでの距離を尋ねると、あと3㎞くらいだと言う。町に入ると現地の人が集まってしまうので、町の手前で停泊しようということになった。

このあたりは対岸が見えないほど川幅が広く、ファラッカの堰のためか、全くと言っていいほど流れが感じられない。右岸から5～10m離れたところを、岸と平行に船を進めていく。陸地は水面よりわずかに高いくらいで、水際にはびっしりと葦が生えていた。

ケンジ君たちの船が20mくらい先行し、私の船がその後を追う。

葦が少し途切れた川岸に、小さな船が停泊しているのが見えた。私たちの船が通り過ぎると、その船に3人の男が乗り込み、オールを漕ぎ始めた。私たちのボートとは違って、後部の人が一本のオールで漕ぐ方式の船だ。

「また、やじうまのインド人か」

船は予想通り、一直線にこちらに向かってくる。だが、これまでは少し離れたところから「おーい、どこに行くんだ?」などと話しかけられるのが常だったが、この船は違った。接近しても一向にスピードを緩めず、私達の船に衝突する勢いで突っ込んできたのだ。

「おいおい、ずいぶんだな」

そう思っていると、船首に乗っていた男がいきなり私達の船の幌の支柱を掴んだ。さすがに驚いて文句を言おうとした瞬間、男はもう片方の手を振り上げた。手には大きな刃のナタが握られている。

「強盗だ！」

　声は出さなかったが、間違いない。だが意外に心の中は冷静だった。こちらは船を漕ぐ私と、残りは女性が二人。

　まず、考えたのはケンジ君たちの船をこちらに呼び寄せることだった。普段は視認するのが難しくなるほど離れる時もあるが、幸い今はそれほど離れていない。私は後ろを振り向いて大きな声で叫んだ。

「ちょっと来て強盗、強盗！」

　ケンジ君たちの船がUターンをしてすぐにこちらに向かってきた。

　ナタを持った細身で黒い服の男が、こちらの船に乗り込んできて言った。

「タカ！」

「お金」という意味だ。強盗に間違いない。余談だが、この時、夕食の準備をしていたミクちゃんは「あんたの包丁より、こっちの方がよく切れるぜ」という意味で、ナタを出したと思ったらしい。

「私達は外国人で、言葉が分からない」

　私はあえて英語でそう言った。

　彼らが英語を理解できるとは思わないが、言葉が通じなければ脅すのを諦めてくれるかもしれない。観光地でもないこんなガンジス河の真ん中で、あえて外国人を狙うはずもなかろうと思ったのだ。

　インドにはアッサム地方に住む人々、チベット人、ネパール人などの我々日本人と同じモンゴロイド系も多く、外見だけでは外国人と気づかれないことがある。特に今いるウエストベンガル州にはネパール人が多い。

ケンジ君達の船がこちらに着いた。男は相変わらず「タカ」と言い続けている。

「私達はツーリストで、ベンガル語は分からない」

私も英語でそう返す。ケンジ君たちも「私達は言葉が分からない」と続ける。

ケンジ君たちが加わり、こっちが男性3人、総勢6人になった。男はそれでもナタを引く気配がない。男は船を岸に着けろという仕草をした。岸にチラッと目をやると、数人の人影が見える。

「ヘルプ！」

そう叫んでみるが、聞こえているのかいないのか、呼応する気配がない。状況が飲み込めていないのかこちらを見ているだけだ。

長くインドを旅行していて気づいたことがある。それは「インド人は自分達の道徳観念から外れていると思ったら、赤の他人でも注意するし、時には守ってくれる」ということだ。だが、岸にいる彼らからそんな様子は伝わってこない。ということは、強盗の仲間か。

「タカ、タカ」と言い続けていた男は、今度は具体的な金額を提示し始めた。

「500ルピー（約1200円）」

もちろん、こちらは言葉が分からないふりを続ける。人数ではこちらが勝っている。

やがて、3人組のうちの一人が「もうやめようよ」というような仕草をし始めた。

しかし、乗り込んできた細身の男と、もう一人の若者は引かない様子。私は考えた末、みなにこう提案した。

「しょうがない、お金を払おう。ただし3ドルだけ」

3ドル＝約130ルピーなので、彼らの要求している500ルピーには及ばない。だが私達が外国人であることは理解しているはずなので、これで解放してくれるかもしれないと思ったのだ。

懐にしまってある封筒から、お金を取り出す。2ヶ月前にカトマンドゥで再会した父にもらったものだ。3ドルとは言ったが、直前にもったいなくなって、2ドルだけ彼らに渡した。札が1枚よりは2枚の方がいいだろう。

細身の男が「早くよこせ」といわんばかりに私の手から金を奪い取った。そしてしげしげと眺め、仲間の若者に「これはなんだ？」という表情で問いかけている。

「これじゃだめだ、インドルピーだ」

細身の男がこちらを振り返って、語気を荒らげて言う。もう一人の若者もじれてきたのか、船を少しずらして操縦席の私の横につけ、ナタを突き出してきた。

そして、若者はナタを私に向けたまま、船を漕ぐもう一人の男に何か指示を出した。

「スキだらけだな」

私は突き出されているナタの柄の部分をむんずと摑んだ。ナタをずっと突きつけられて気分が悪かったのだ。

「離せ！」

若者は興奮した様子で言った。

しかし「そうですか」と従うわけにはいかない。逆に手に力を込める。若者はますます興奮し「離せ、離せ！」といきがった。こんな興奮したやつの手を離したら、何をされるか分かったものではない。

その様子に気づいた細身の男が船の中をどかどかと歩き、ナタを私の前に突き出した。

「もうやめて！」

アミちゃんの泣き声が聞こえる。だが、この男も人に刃物を向けているくせに、やっぱりスキがある。

私は空いていた右手で、彼の刃物も押さえた。強盗の刃物を両手で掴んでいる状態だ。

3人目の男が船に乗り込もうと、こちらの船の縁《へり》に足をかけた。

その機に私も立ち上がると、船はバランスを失い、細身の男と私の右手の方に大きく傾いた。

そして私達3人は屋根のシートとそれを支える支柱を押し倒しながら、「バキバキッ」という音とともに、もつれるように水中に落ちた。

私は瞬間的に「泳がなきゃ」と思ったが、下手に刃物を放し、振り回されては水中といえど危険である。刃物を押さえたまま立ち泳ぎの姿勢を取る。意外なことに足がヌメッとしたものに触れた。水かさは想像より浅く、胸より少々上くらいまでしかなかったのだ。

落ちた瞬間に若者の方は刃物を手放したらしく、私の手にはナタだけが残っていた。

まだ状況が掴めていない細身の男の後ろに回り、羽交い絞めにする。そしてナタを持った左手を彼の顔の方へ向けた。

細身の男はすぐに動くのをやめた。若者はこちらに背を見せて水の中を歩き、陸に向かっている。そして、陸で仲間から新たなナタを受け取ると、再びこちらに向かってきた。

私は細身の男を背後から押さえつけながら、岸の方へ歩いた。男は抵抗する様子はない。だが若者はまだいきがって、刃物を振るう構えをしている。私もかなり興奮気味だ。

私は左手に持ったナタを細身の男の顔に近づけ、若者に「刃物を下ろせ」という仕草をした。すると、今にも振りかぶってこようとしていた若者の手から力が抜け、ナタが持つ手がだらんと下がった。顔はこちらを睨んでいるが、交渉は成立したようだ。

私は細身の男を押さえていた手を放して、怒鳴った。

「ティケ！（これでいいな！）」

細身の男はもう完全に戦意を喪失しているように見えたので、「そらっ」と2本のナタを彼に返した。

後々考えるとこれはかなり危険だったかもしれない。彼が再び戦意を取り戻して、襲ってくる可能性だってあったのだ。

若者はナタを振り上げて、脅すふりを少ししてみせたが、それ以上は威嚇してこなかった。

そして私が船に戻ろうとすると、細身の男が手を差し出してきた。

「なんだ？」

そう思ったら、彼の手には先ほど渡した2ドルが握られていた。お金を返そうというのだ。

そんな弱気なら最初から強盗するなよと言いたくなった。船に戻り、陸にいる男たちに視線を向けたまま、船を漕ぎ始める。気がつくと、日が落ちて、暗くなり始めていた。

強盗からはどうにか逃れたがとにかく不安だった。岸の方を見ると、ライトの光がちらちらと光っている。誰かが言った。

「追ってきていたらどうしよう」

あと、3㎞ほどでファラッカの町に着くはずだ。私達は船を必死に漕いだ。オールに力を込めすぎたのか、船がまっすぐ進まず、すぐに曲がってしまう。

あたりはますます暗くなってきた。小さな光がこちらに近づいてきているような感じがした。もし強盗の仲間が拳銃を持っていたら、おしまいである。

「とにかく追いつかれたらまずい」

そう思い、全力で漕ぎ続けた。前方にファラッカの明かりらしきものがボヤッと見えてきた。しかし、町がどっちの岸にあるのかが分からない。とにかく明かりに向かって精一杯船を漕ぐ。

明かりが近づくにつれ、「ドドー」という滝のような低い音が聞こえ始めた。

ガンジス河の分岐点であるファラッカには堰がある。堰の排水口に巻き込まれでもしたら、それこそ一巻の終わりである。後ろには強盗団、前には堰。映画のような絶体絶命のシーンだ。

滝のような音は左岸の方から聞こえてくる。強盗がいたのは右岸方面だが、こちらはもうだいぶ先に進んでいる。強盗の姿はまだ見えない。しかしライトを消して闇の中を追ってきている可能性もある。

「何だあれは」

前方に水面を横切る光が見えた。目を凝らすと、橋のようで、橋ではない。その証拠に橋げたが見えないのだ。

「堰だ」

一刻も早く、町を見つけて安心したかった。いよいよ右岸に近づくと、よく見かける一人乗りの船が見えた。ホッとした。漁師だ。船を岸に寄せて、ここの地理を聞く。少し進むと右側に運河があるからそこに入れ、そこが町だと漁師は言った。

言われた通りに進むと、右方向に川が曲がり込んでいる。流れのない水路をゆっくり進むと、家々の明かりが見え始めた。ファラッカの町だ。

船を岸に寄せて、上陸する。道には街灯があり、人が往来している。強盗とは無縁の、一般人だ。張り詰めていた気が抜ける。英語で若者に話しかけた。

「私達は船で来たのだが、警察はどこにありますか」

集まってきた地元の人に一連の話をすると、ずいぶんと協力的だった。教えてもらった通りに、船着場に停泊させてもらい、私とユージ君以外のメンバーは安全を考えてゲストハウスに泊まることにした。

格闘の際に破損してしまった屋根を直してから、船上で寝袋に入る。

「もうこのメンバーで船旅を続けることはできないかもしれない……」

そう思いながら横になった。

ファラッカ堰

強盗騒動から一夜明けた。早朝にもかかわらず、ゲストハウスに泊まった4人が戻ってきた。

「おはよう、よく眠れた？」

みな頷いているが、表情は暗い。私が旅の中断をいつ提案するか逡巡していると、意外なことにみなぞろぞろと船に乗り込んで、腰を下ろすではないか。

「え、続行するつもり？」

「もちろん」

みな、淡々とした表情だ。

「沈没もしたし、強盗にも遭った。これでやめたら、中途半端じゃないですか」

そう言われたら、返す言葉もない。不安はあったが、同時に嬉しくもあった。

それから話し合い、今度強盗に出会ったら、要求されたお金を素直に渡そうと決めた。今回はたまたま無事で済んだが、本当に運がよかっただけだ。やはりどんな場合でも、強盗に逆らってはいけない。

さて、手漕ぎボートで、ファラッカの堰は通過できるのか。この船旅を始めた時からの一番の懸念はそれだった。

細い運河をさらに奥に進む。水が透き通っていて水中にあるオールがハッキリと見える。ベナレスの濁った泥水とは大違いだ。左右には今まで見たこともない量の水草が水面を漂っている。

透き通る水に綺麗な緑色の水草の道。オールが水に入る時の音が聞こえるほど、あたりは静寂に包まれている。これまでガンジス河で、こんなに穏やかなところがあっただろうか。

水路をさらに進んでいくと次第に川幅が増し、開けた沼のような場所に出た。

ここの水面も水草で占められていて、その向こうには、半開きになっている重厚な鉄製の扉が見えた。まるで天国と地獄を仕切る扉のようだ。これがファラッカの堰か。

岸の方から警察官のような格好をした男が「来い来い」と手招きをしている。ファラッカの門番だろうか。

船を岸に寄せようとしたが、ビッシリ詰まった水草のせいで思うように進めない。たかが水草と思っていたのだが、数が多くなると船で割って入るのは至難の業だった。

オールで前方の水草を思い切り押しのけ、少し空いた場所に船を滑り込ませてやっと岸に着いた。

警察官のような服を着ている男は、別段驚いた顔もせずに言った。

「やぁ、よく来た。ここを通るなら許可証が必要だ」

「許可証？　それはどこで発行してくれるのか？」

そう尋ねると、ここから１㎞くらい内陸に入ったオフィスで取れるらしい。歩いてオフィスらしき小さな小屋に行き、中にいたガタイのよい男性に声をかける。

「許可証を取りにきたんですが」

「ゲートにいる、ポールに聞いてみろ」

「なんだよ、ここじゃないのか」

言われた通りに道を戻り、今度はゲートの横にある建物を訪れる。ポールは40代くらいの、頭のはげかかった男性だった。

「このゲートを通過したかったら、一隻１０００ルピー（約２４００円）必要だ」

一食10ルピー（約24円）で食事ができるインドで1000ルピー？　それはかなり高額だ。

「あんな小さい手漕ぎボートが？」

私はそう言って、岸に停泊しているボートを指差した。

「あっ、エンジンないの？　だったら、200ルピー（約480円）」

値段が、いきなり5分の1になった。

通過するには、さらに2つの書類が必要らしい。船の所有証明書と通過書類だ。

所有証明書は船を購入した時の手書き契約書でいいらしい。問題は通過書類だった。

ポールが言うには、町で手に入るらしい。係の男性が一緒にそこまで連れていってくれるという。

案内された店は小さな文房具店だった。「またいい加減なことを」と半ば呆れていたら、ちょび髭を生やした店主が「はい、これね」と紙を1枚取り出した。

謎は多かったが書類を揃えてゲートに戻ると、ポールは不在。午後2時に戻ってくるという。

ゲートが閉まるのは午後5時だ。2時に書類を渡した後、はたして5時までにゲートに辿り着けるだろうか。距離はどうということはないのだけど、扉の前に敷き詰められた水草が大問題なのだ。たった数mの距離を着岸するのに苦労したのに、ここからゲートまでは、ゆうに200mはある。

アミちゃんとミクちゃんに書類を託し、残りのメンバーで先に水草の中を進むことにした。

まず船を縦に連結した。これで1隻分の抵抗で2隻が通過できるようになる。

水草は短い根で水に漂っているだけなので、ひとつや2つくらいは問題ないのだが、これが水面全部を覆ってしまうと船が一向に動かなくなる。しかも背丈が50㎝以上もあるのだ。

水草地帯に入るとオールは使えない。ユージ君が船首にうつぶせに寝て、直接正面の水草をかきわけ、水面から引き上げて遠くに放り投げる。私も船首に立って、水草をどける作業を手伝う。

ある程度水草を除《よ》けてから、オールを船体近くの水草の群れにつき立て、その抵抗力を使って、てこの原理で、船を前に押し出す。

だが水草を除けても、またすぐに次の水草が寄ってきてしまい、結局船の周りは終始水草に囲まれてしまう。この調子で20分ほど奮闘していたが、気がつくと船は360度完全に水草に囲まれてしまっていた。船の全長は4mだが、このペースだと、1時間に24mほどしか進めない。

2時を回った頃、岸の方から「書類が通った」という合図が届いた。ゲートは予定通り5時に閉まるらしい。

船首でうつぶせになっていたユージ君が完全に水の中に入り、体を使って水草を除け始めた。進みはよくなった気がするが、それでも時速40mくらいではなかろうか。

ゲートへあと半分くらいまで来たところで、ゲートの横の台にいるインド人男性がこちらに向かって何やら叫んでいるのに気がついた。ロープの先に石をつけてクルクルとこちらに投げる準備をしている。

「ロープを投げるからこれを船に繋げ」

身振りからそう言っているらしい。それはたしかにありがたい。

水草で覆い尽くされたファラッカの堰。ゲートは見えているのだが……

男性は大きなモーションで石をこちらに放り投げたが、はるか手前で水草の中にぽちゃんと落ちた。

「あーあ」

するとケンジ君が再び水の中に入り、泳いでその石を取りに向かった。

「おおっ、頼もしい！」

ケンジ君が船に持ち帰ってきたロープをさっそく船首に結びつける。

オッケーの合図を送ると、どこから集まったのか、数人の男たちがロープを引き始めた。これで進みがいくらか速くなる。

相変わらず先頭の水草を手で除けながらのろのろ進み、どうにか5時前にゲートに辿り着けた。半開きのゲートの手前はさらに水草が密になっていたが、ここまでくれば焦る必要もない。

分厚い鉄のゲートは水面から7、8

ｍほどの高さがあった。水面下を入れると相当に大きな扉である。

ゲートの向こうは幅20ｍくらいの水路になっており、両脇は高さ5ｍのコンクリートの壁。およそ200ｍ先に、もうひとつ鉄の扉があった。水路の中には先に巨大な船が停泊していた。その脇に私達の小舟をつける。

我々のボートが停泊すると、入ってきた方の扉が「ゴォー」と低い音を立てながらゆっくりと動き出し、やがてピタリと完全に閉じた。反対の扉がすぐに開くのかと思ったが、なぜか動きがない。

「えっ、何が起こるの？」

あたりをキョロキョロ見渡すと、水面に近い壁の色が2色に分かれている。よく見ると乾燥している部分と水に濡れた部分の色の違いだった。水に濡れた部分の壁がどんどん広がっている。つまり水面が下がっているのだ。壁面が確実に高くなっていく。実際には高くなっているのではなく、自分たちが沈んでいるのだが。

水面はさらに下降し、水に濡れた部分は2ｍにもなった。つまり、ガンジス河とこの先の分流は、水位が異なるということなのだ。

水面の下降が完全に止まってしばらくすると、前方の扉が静かに開き出した。扉が完全に開いたところで、隣の巨大な船から振動が伝わってきた。エンジンがかかったのだ。船がゆっくりと動き出す。

私達の船のロープは巨大船に結びつけてあったので、急に船がひっぱられ始めた。

「こりゃ楽だ」

そう思ったのもつかの間、巨大船と私達の船の間にあった水草が引っかかる。しかし巨大船はそんなことはお構いなしに前進する。すぐに船が「ミシミシッ」と悲鳴を上げた。

「こりゃヤバイ、船がバラバラになる!」

すぐに大声を上げながら、巨大船の側面を手の平で叩いた。

「止めてくれ!」

とにかく大声で叫ぶ。すると壁の上部で見ていた係の人が気づいて、船首の方に走り寄り、大声で叫んだ。ほどなくして船の進行がピタリと止まる。

しかし時すでに遅し。私達の船の船首のロープを結び付けている部分が「バキッバキッ」と音を立てて、そっくり大型船に持っていかれてしまった。

だが、なんとか船は無事そうだ。巨大船に繋げていた紐を解き、合図を送ると巨大船は再びゆっくり動き出し、ゲートの向こうに出ていった。

私達の船もそれに続く。巨大船が出る時に、水草も流れて拡散してくれたので、なんとか船が漕げた。

ゲートを出ると、狭い運河がまっすぐに続いていた。着岸して、書類を渡してくれたメンバーを乗せる。

どうやら無事にファラッカ堰を通過できたようだ。難関と思われていたファラッカを通過し、同時にコルカタに流れる分流にもうまく乗れた。これで海がだいぶ近づいた。

潮の力

ファラッカの堰を通過してから2日後のこと。朝、出航しようとアンカーに手を伸ばすと様子がおかしい。岸近くに打っていたアンカーが、陸に露出している。誰かが打ち直したのか？と思ったがそんな形跡もない。

あたりを見渡すと、昨日より岸が高く、遠くになっている。そこで気がついた。水位が下がっているのだ。ガンジス河を下り始めて23日目、こんなことは初めてだ。

つまり、これは海が近づいている証拠ではないか。嬉しくなって川の水をなめてみたがまだ塩辛くはなかった。

さらに、数日後。コルカタを目前にして、突然船の進みが遅くなった。

不思議に思い水面を見渡すと、ゴミがゆっくりと川上に向かって移動している。

「えっ？」

目を疑った。よく見るとゴミだけでなく、水辺の草も細かい泡も川に流れているすべてのものが、今までと反対の方向に向かっていた。一瞬、自分が180度回転して、進行方向を間違えてしまったかのような錯覚にとらわれた。

だがこれは、まだまだ潮が及ぼす影響の片鱗でしかなかった。

大都市コルカタを無事に通過し、船を停泊させて眠りについた深夜のこと。

水の流れる音がやけに大きく聞こえてきて、「ハッ」として目が覚めた。すぐさま船体に異常はないか見回す。船底に水は入っていない。

しかし船の脇を見ると、船首が異常に水中に沈み込んでいる。あと20㎝で水が入ってきてしまうほどだ。

よく見ると、停泊時に岸に差し込んだはずの杭が水中に沈んでいて見えない。

「満ち潮だ！」

水位が予想をはるかに超えて高くなり、ロープの長さ以上に船体が浮き上がっているのだ。ロープを摑んで必死に引っ張ったが、杭は抜けない。流されないようにしっかり打ち込んだのが仇になっている。

このままでは船が水中に引きずり込まれてしまう。

「そうだナイフだ！」

慌ててリュックからナイフを出して、ピーンと張り詰めているロープにあてがう。丈夫なロープだったが、ナイフに力を入れて数回前後させると、「ブチッ」と切れた。船は勢いよく浮上し、通常の状態に戻った。

潮の満ち引きを十分考慮して高めの場所に杭を打ったつもりだったが、水量が想像を遥かに超えていた。気がつくのがほんの少し遅ければ、また沈没してしまっただろう。危なかった。

予備のロープを出し船を固定する。数時間おきに潮流を確認しないと、何が起こるか分からない。

午前2時になって、今度は水位がゆっくりと下がり出した。それに合わせて杭を下げる。

「今度は順調だな」

気がつくとウトウトしていた。どのくらい寝ていたのか、目を開けると再び船首が傾いている。

「今度は何だ?」

振り返ると、船の後部が川底の石に乗り上げ始めている。慌てて船から飛び下り船を水中に押し出そうとしたが、びくともしない。

メンバー全員を起こして船から降ろし、全員で押したら、何とか水のある部分にまで船が戻った。

全く気が抜けない。時計を見ると午前4時だった。寝不足だったが、ユウジ君が「行きましょう」と言うので出発することにする。

明け方は引き潮のせいで進みが速い。しかし9時30分を回ると速度が落ち始めて、やがて水が逆流を始めた。ちょうど町があったので近くに停泊する。満ち潮の時はいくら漕いでも逆流に船が押し戻されてしまうからだ。

さらにその翌日。逆流が始まりかけたので、船を停泊できそうなところを探したが、なかなか見つからない。必死で探していると、岸から10mほど離れた水中に、ポールが突き出ていた。高さは4mほどだ。

近づいて手で押してみると、ずいぶんとしっかりしている。これに船のロープをゆるめにくくりつければ水かさが増しても大丈夫だろう。今日はこの水中から飛び出た得体の知れないポールに船を繋ぎ停泊することになった。

昨日の教訓を生かして、夜間は交代で潮の状態を見張ることにした。

午前2時、私が起きると、先ほどのポールが先端しか見えていない。ゆうに3mは水位が増している。それから間もなくして、引き潮が始まった。

船の方向をポールを中心にグルッと180度変える。

完全に引き潮になった。今まで逆流していた大量の水が再び引力にしたがって、一気に低い場所に戻ろうとしている。船が踊るように揺れている。ものすごい流れだ。

しかし今ロープを外してこの真っ暗闇の激流に投げ出されたら、どうなるか分からない。船体が横になったり、ロープが外れないように、一瞬たりとも気を抜かず見守る。

船首と水の接触で、何度も水しぶきが上がる。

「壊れるな、もってくれ」

次第に水流が弱まりだした。時計を見ると朝5時半。悪夢のような夜が明けた。

空が白み始めたのを合図に、ポールにくくりつけたロープをはずして、出航する。

自然の力は計り知れないほど大きい。人力なんか本当に無力だ。

雪解け水の終着点

川を下り始めてからひと月と少し。

何日か前から対岸が見えないほど川幅が広がっている。万が一に沈没した時のことを考えて、なるべく岸沿いを進む。

海が近づいてきたせいか、潮が引くとあたり一面の水位が下がり、オールが川底にぶつかるようになってきた。そしてやがて船底が川底に当たる音がして、ピタリと動かなくなる。

こうなるとお手上げだ。再び潮が満ちるまでは、全く動けない。泥に囲まれた船の上ではすることがなく、昼寝をして待つしかなかった。引き潮が終わると、あたり一面に水が少しずつ戻ってきて、ある時「フワッ」と船が浮く。

12月に入ったせいか、海が近づいたせいなのか、風が冷たくなってきた。川の上は風を遮断するものがないので、かなり寒い。今までのようにTシャツ一枚というわけにはいかなくなった。

翌日も、広い泥地に船が取り残された。岸辺を見ると、地元の子供が二人、興味津々にこちらを眺めている。しばらくすると、脛まで泥に埋まりながら、ずぶずぶと歩いてこちらにやって来た。

次から次へ、10人くらいの子供達が集まってくる。みな小学校の高学年くらいだろうか。ちょうどいいので、少年たちに目的地について尋ねた。

「ベナプールは?」

「うん」

少年たちは頷いて、川下を指差した。子供が知っているということは、もうそれほど遠くないのだろう。私たちは身振り手振りで「あっちから来て、こっちに行くのだ」「オールを漕いできたんだ」「今は水がないので進めないのだ」などと説明する。

すると少年達は少し先にある、水溜まりを指差した。

「あそこ、あそこ」

そう言って、船を押す仕草をする。泥に足をとられながら見に行くと、その水溜まりは幅2mくらいしかないが、川のように細長く続いている。よく見ると僅かだが深く土が掘られている。干潮時用の水路なのだろうか。

全員船から降りて、押してみる。泥がいくらか滑るので船がズッズッと動いた。少年たちも手伝ってくれた。

水路に船を押し入れると、船の重みがフッと消えた。そこからは、水路に浮かんだ船を押しながら歩く。少年達は船を押すのを手伝ってくれたり、船のふちに座ったりしてふざけていたが、やがて元いた方へと帰っていった。

浅瀬の方から徐々に水が広がっていく。引き潮が終わったのだろう。

水路は内陸に向かって行き止まりになっていた。少し引き返して浅瀬で船を押す。

私は船首を誘導したが、深さがくるぶし以上ないと船が川底に引っかかってしまう。川に足を入れては深い場所を探し船を進めていく。

遠くに家々が見えた。目指すベナプールの村だろうか。この河口沿いに住んでいるのはほとんどが漁師で、家はレンガ造りではなく木造だ。そのせいか集落全体が黒ずんで見える。

遥か前方、岸側からモーターボートが現れるのが見えた。そこまで行けば船を浮かべるだけの水位があるということだ。

船を押して歩き、先ほどのボートが出てきたところに着いた。水路が内陸の村に向かって伸びている。今まで見たことがないほどの船が水路の先に停泊していた。パトナーやコルカタでよく見た運搬船ではなく、漁を行うための小さめの木の船だ。

村の手前に漁師がいたので、船の上から大きな声で尋ねた。

「この村の名前は？」

「ミマンプット」

え、ここがベナプールじゃないのか？　少しショックを受けたが、ここまで来たのだから、村に寄っていこう。

大きな船の脇に船を止める。思ったよりも村は大きく、干した魚の匂いが漂う。竿に大量にぶら下げられた魚が目に入った。

やがて不思議そうな顔をした村人が、一人二人と集まり出した。

「誰か英語を話せる人がいますか？」

一人の男性が「ウム」という顔をして歩み寄ってきた。

「この村の名前は？」

「ベナプールだよ」

「えっ、本当に？」

私が聞き返すと、周りで聞いていた人達も「そうだ、そうだ」と頷く。先ほどの漁師が言っていたのは村の別名か何かだったのだろうか。もう少し進まねばならないと思っていたので、体から力が抜けた。

「ははは、着いた」

メンバーと顔を見合わせて喜びあった。地図に載っていたガンジス河口の小さい村、目的地ベナプールにとうとう到達したのだ。ベナレスを出発して35日目のことだった。

翌朝、船の上で、最後の朝食を食べた。パンとチャイだった。

船は朝の引き潮で完全に陸に乗り上げていた。荷物をすべて船から降ろし、さらに屋根と支柱も外して、船体を軽くする。それから地元の若者に手伝ってもらい、さらに船を内陸に運んだ。

すると、「船を買い取りたい」というおじさんが現れた。周りが鉄でできているので、海水には向かないのではないか、と話したが「それでもいい」というので、そのおじさんに売ることにした。売れるとは思っていなかったので、ありがたい話だった。

それ以外の物品もマーケットに持っていくと「欲しい」という人が現れて、たちまち売れてしまった。フライパン、圧力鍋、ガスボンベ、なんと船の床にしていたベニヤ板まで買ってくれる人がいた。売り上げ金は、メンバーたちで分けてもらった。

エベレストの山頂から始まり、海抜0mに戻る私の旅も、とうとう終わりを迎えた。

水の上を移動することの不自由さ、速さ、荒々しさ。そして水の上のものすべてを逆流させるほどの「潮」の力。

エベレストの登山でも感じたが、自然というのは到底人間の力の及ばないところにあるということを思い知らされた。偉大な自然の中で人々は協力し合い、逞しく生き抜いているのだ。

はるか遠くヒマラヤから流れ落ちてきた水は、ここからまた空に上り、風に流されてあの8000mの峰々に降り積もる雪になるのかもしれない。潮風に吹かれながら、ヒマラヤの岩と雪と氷の世界を思い浮かべた。自然は偉大なサイクルを刻んでいる。

分解して船に乗せた自転車を組み立てる。沈没も経験したし、長い間船底に眠っていたのに、全く錆び付いていなかった。

ここまで一緒に来たメンバーは一足先に大都市コルカタへ向かう。私は自転車で向かうので時間はかかるが、コルカタで再会できるだろう。

私はこの地で、再び所持金をゼロにする。といっても、もう10ルピーほどしか残っていない。最後にビスケットを買い、これでゼロになった。またここから新たな旅が始まる。次の目的はユーラシア大陸の横断だ。

ガンジス河下りの終着点に決めた小さな漁村、ベナプールにて

ガンジス河下り編　移動経路

第6章

砂漠&カスピ海横断編

警官に殴られる

海抜0mのインド・ベナプールから、再び自転車に乗っている。

久しぶりの自転車は、船に比べて自由に感じた。陸は広いし、自由自在に動ける。沈没の恐怖もない。「人間はやはり陸上の生物なのだな」と、つくづく思う。

通りがかった小さな町の路上に立ち、手品をする。久しぶりなので人が止まってくれるか不安があったが、ポツリポツリとコインを入れてもらって、所持金が20ルピーになった。この調子で行けば、餓死することはなさそうだ。

ベナプールを出発して3日後、コルカタに到着。まだ所持金は90ルピーちょっと。

この大都会で、デリーまでの路銀を稼ぐつもりだ。滞在中は、現地の男性と結婚し、学校を経営している中村さんの倉庫に泊めてもらえることになった。

2005年末から年明けまで毎日路上に立ったおかげで、コルカタを出発する時には所持金は20000ルピーを超えていた。

2006年1月9日、デリーを目指してコルカタを出発。インドの大動脈、国道2号線をひたすら走る。この道を自転車で走るのは何度目だろう。

途中ベナレスを経由して、ようやくデリーに到着したのは、20日後のことだった。

インドの首都デリーは、今まで通過してきた町とは比べ物にならないくらい大きくて広い。

ゴチャゴチャしたバザールがあるかと思えばキラリと光るビルなどもあり、インドを象徴している都市ともいえる。

ある日、いつものようにデリーの中心地の路上で手品をしていた時のことだ。突然、人だかりを割って、二人の警官が目の前に現れた。

「なんだ」とあっけにとられた瞬間、一人の警察官が私の顔を平手打ちで殴った。文句を言う暇も与えられず、2発目が私の反対側の頬をはじく。

「おい、なんなんだ!」

こちらに一言も喋らせず、いきなり叩いてくるなんてことがあるのか。

「私はツーリストで……」

そう言いかけた時に、3発目がヒットした。あまりに一方的だ。そして手品の道具をどこかに放り投げようとしたので、必死でそれを押さえた。

横暴にもほどがある。一旦手がおさまったので、英語で強く主張した。

「私はツーリストで、何もしていない!」

警察官がヒンディ語で何か言ったが、「ポリスステーション」という言葉だけ理解できた。

「とにかく警察署に来い」ということか。

言葉も交わさずに一方的に人を殴る権限が、どこの誰にあるのか。それも、国家の治安を守る警察官がそんなことをしていいはずがない。

見ている観客は何も口を出さないが、それは警察がこういうものだと知っているからだ。

頬はジンジン、頭はカッカする。3発も殴られて、冷静でいられるはずもない。

インドではたびたび、警察官が庶民に向かって酷い仕打ちをするのを目にしてきた。カースト制度が絶対的なインド的思考では、それが許されるのだ。

なるべく使いたくなかったが、私は「ツーリスト、部外者」だと声を大にして言った。

私が「インドのカースト外の人間」だということを、主張しなければならないと思ったのだ。

そうしないと、警察官はいつまでもその高圧的な態度を改めないに違いない。

すると、それまでずっと聞く耳を持たなかった警察官は言った。

「パスポートは持ってるのか？」

私はすぐにパスポートを出した。警察官はそれを見ると、態度が明らかに変わった。

そのまま連行されて警察署に着くと、威圧的な態度は完全に影を潜めていた。

「水を飲むか？」

そう言って、こちらの顔色をうかがってくる始末だ。

なんだそりゃ！　余計に腹が立つ。

署内の一室に入ると、大きな机の向こうで偉そうなオヤジが踏ん反り返って、テレビを見ている。ここの署長だろうか。だがどう見ても仕事をしているようには見えない。

オヤジは英語が喋れるらしく、私はことの成り行きを説明した。彼が言うには、私が集めた人の中にスリの被害に遭った人がいて、私はグルだと間違われたらしい。

「だからといって、いきなり殴るのはどうなのか？」

「部下は、君をネパール人と間違えたらしい」

おいおい、ネパール人なら殴ってもいいのかよ。それも酷い話だ。

「とにかくあそこで人を集めてはいかん」

オヤジはそう言って、話を終わらせた。

黙って話を聞いていた私を殴った警察官が、申し訳なさそうに言った。

「アイムソーリー」

インド人が言葉に出して謝るのは、とても珍しい。ましてやプライドの高い、普段は権威を笠に着ている警察官だ。

「まぁいいよ」

私がそう言うと、彼は矢継ぎ早に聞いてきた。

「お茶を飲むか？」「腹は減っていないか？」

それにしても、えらい変わり身だ。頭にきていたので、腹なんか減っているはずがない。ついでに新しい上司みたいな奴が出てきて、手品を見せてくれと言ってきた。

何なんだこの展開は。ギャグか。

もうここにいても不快なだけなので、早々に立ち去ることにした。

さっきの警官が付いてきて、また「ソーリー」と言った。2度目である。普段インドでは聞かない言葉を、警察官から2回も聞いて、さすがに驚いた。

そして再び「腹は空いてないか？」と言った。「いらない」と強く言ったが、彼は引き下がらない。

「サモサはどうか？」

「分かった、それでいい」

「2つか？」

「ひとつで十分」

彼は近くの売店で、サモサを買ってきて、私に手渡した。そしてまた「ソーリー」と言った。3回目だ。3回殴ったからだろうか。

まあ、結局のところ、彼は私に騒ぎ立てられたくなかったのだろう。しかし、中国の時といい、警察官はなにかまずいことをすると、とりあえず食事を勧めるというのが、よく分かった。

シーク教徒とパンジャブ州

デリーを出発して12日後、パンジャブ州のルディヤーナーへ到着した。

ヒンドゥ教徒が大半を占めるインドにあって、パンジャブ州はシーク教徒が圧倒的に多い。ここがシーク教の発祥の地だからであろう。

日本にいた頃は、インド人はみな頭にターバンを巻いていると思っていたが、こちらに来てから、それはシーク教徒だけだと知った。

今思うと、あれは1970年代から80年代（古い！）に活躍していた「タイガー・ジェット・シン」というプロレスラーや、カレーのCMに出ていたターバンを巻いたインド人などの影響だったのだろう。

シーク教徒には独特の戒律がある。そのひとつは、体毛を切らないということ。

だからシーク教徒はひげを蓄えた人が多く、みな長髪だ。ターバンはその髪の毛をまとめる

頭に巻いたターバンがシーク教徒のトレードマーク

役目を果たしている。ターバンを取ると、長い髪が背中の真ん中までダラリと垂れている人も少なくない。

また肉をよく食べるので、体の大きい人が多い。縦にも横にもである。

ヒンドゥ教徒はあまり肉を食べないらしく、スリムな人が多いのだが、シーク教徒はたいがい恰幅がよい。そのせいか行動もゆったりしていて、落ち着きがあるように見える。

そして態度が硬派で、男っぽい。一説によるとパンジャブ州はパキスタンと国境を接しているので、常に最前線で戦う心構えができているので、人々は勇敢だという。

観光地などでは、友達でもないのに「ハローマイフレンド」と声をかけてくるインド人が多いが、シーク教徒はそれほど声をかけてこない。

しかしこちらが話しかけると、親身になってくれる人が多い。インドで道を尋ねると「でたらめを教えられる」という通説があるが、シーク教徒の人は正確に教えてくれることが多かった。

今まで何度となくお世話になった簡易宿泊所のダバの経営者もシーク教徒が多く、私が食事代を払おうとしても、全く受け取ってくれないこともよくあった。

パンジャブ州に入ってから、今まで以上にお茶や食事をご馳走になる機会が増えた。

以前、カニャクマリで出会ったサドゥー（修行僧）の自転車旅行者が「インド中をくまなく旅行したが、パンジャブ州が一番旅行しやすい」と言っていたのを思い出した。

言われてみれば、道路は綺麗に舗装されているところが多く、車道と歩道を分ける白線もきちんと引かれている。だからトラックに「どけどけ」とクラクションを鳴らされることもない。

これだけでもインドでは珍しいのだが、そのうえ暗くなると白線の上に埋め込まれたＬＥＤが、５ｍくらいの間隔で点滅するのだ。日本では当たり前と思うかもしれないが、これにはどこか違う国に迷い込んでしまったかと思うほど衝撃を受けた。

そして革命的に違うのが、トイレだ。驚くなかれ、温水洗浄便座が普及しているのだ。それも五つ星ホテルなどではなく、その辺のガソリンスタンドにもある。ついでに温水器も普及していて、ここ連日、温水で体を洗えている。

もちろん、ムンバイやデリーの大都市でも上流階級は温水洗浄便座や温水器を使って生活しているのかもしれない。だがそれを享受できるのは、ごく一部の人だけだ。町には庶民が溢れ、トイレのない地域もいくらでも見てきた。

しかしパンジャブ州は、平均的に綺麗で豊かな気がする。州の政治が優れているのか、もしくは、ヒンドゥ教のようにカースト制度がないからだろうか。

このパンジャブ州の大都市アムリトサルにはシーク教徒の聖地・ゴールデンテンプルがある。標識によると、あと８㎞ほどでアムリトサルである。

ここは歴史のある街のようで、時代を感じさせる建物が細い道の両脇に並んでいる。細い道を抜けると、金色の建物が目に入った。あれがゴールデンテンプルか。

噂で、ゴールデンテンプルでは旅行者を泊めてくれると聞いていた。

入り口のそばにある建物を訪ねると、案内の人が慣れた様子で外国人専用のドミトリーに案内してくれた。細長い部屋にベッドをずらっと並べただけの簡素な部屋だが、ロッカーもあって、その辺の安宿よりもしっかりしている。

自転車から荷物を降ろしていると、次々とバックパックを背負った旅行者が入ってきた。ゴールデンテンプルを見学する旅行者は、もれなくここに宿泊するようだ。

つるつるに磨かれた大理石の道を進んで、テンプルに近づく。シーク教徒にとってここは第一の巡礼地である。ヒンドゥ教徒にとってのベナレス、仏教徒にとってのブッダガヤみたいなものだろう。

ゴールデンテンプルを囲うように広がっている池の周りでは、シーク教徒が額を床につけて敬虔に祈っている。

池をぐるっと回ると、正面に橋が架けられていた。白い大理石に茶色の模様がはめ込まれた道がテンプルまで続いている。緻密な作業の結晶だ。インド人の大雑把な国民性を考えると、現場の監督は相当苦労をしたに違いない。

シーク教徒を真似て、敷居に頭をつけてから建物に入る。建物の中では音楽が演奏されており、座り込んで聴き入っている人があちらこちらのスペースにいた。この音楽はシーク教徒にとって何か重要な意味があるのだろう。

そして来た橋を引き返して、出発点に戻った。そういえばこの建物を取り囲む池の水を飲むとよいと聞いていたが、さっき鯉が泳いでいるのが見えたのでやめておこう。

敷地の出口のそばで銀のプレートを受け取り、流れに任せて2階に行くと、大きな鍋から皿にスープを注いでいる男性と、チャパティを配っている男性がいた。

シーク教徒には、食をすべての人と共にするという習慣があるらしい。ヒンドゥ教のような身分の上下はなく、人間みな一緒だということを暗に説いている。

こういう教えが浸透しているからこそ、路上で出会ったシーク教徒達はあれほどまでに優しかったのだ。目の前に注がれたスープを見ながらそんなことを思った。

向かい風の砂漠を走る

アムリトサルからパキスタンの国境までは近い。日が沈まぬうちにパキスタン側の国境の町ラホールへと急ぐ。

パキスタンに入ってまず気がついたのが人々の服装の変化だ。インドとは違い、太ももまである白くヒラヒラした丈の長い服を、ほぼ全員が身に着けている。他のファッションが存在しないのではないかと思うほどだ。イスラム国家らしく、つばのない白い帽子を被った人も多い。

ラホールの町は、インド同様にゴミゴミしていて、人、三輪バイク、車が行き交い混沌としていた。こういう光景はインドで見慣れている。ただ、路上で牛を見かけることはなかった。

さて、パキスタンの人たちは、私の手品を受け入れてくれるだろうか。早速路上に立つと、あっという間に人々に囲まれた。パキスタンもインド同様、人が足を止めやすく集まりやすいようだ。そして人と人の距離が近い。至近距離から、視線が突き刺さる。

ひと通り手品を終えて帽子を出すも、コインをほとんど入れてもらえなかった。

「ぐぅ、これでは生き残れない。もう一度！」

しばらくしてから、同じ場所でまた演じる。先ほどよりも人が集まり、今度はコインを投げ込んでくれる人がいた。この調子なら、どうやら先に進めそうだ。

手に入れたコインを持って近くのお茶屋に入ると、中年の男性が話しかけてきた。

「どっから来たんだ？」

あれ？　言葉が分かるぞ。パキスタンのウルドゥ語には全く自信がなかったのだが、ずいぶんとヒンディ語に似ている。聞けばウルドゥ語は実はインドのヒンディ語と発音は一緒、記述にペルシア語やアラビア語からの借用語は多いが、元々は同じ言語なのだそうだ。知っている数少ないヒンディ語で答える。

「日本から」

「これでか？」

男性は自転車を指差して「わはは、冗談を！」と笑い飛ばした。

全く冗談ではないのだが、いちいち説明するのが面倒なので、そのままにしておいた。

しかしヒンディ語が通じると分かったのは収穫だった。「いつ」「どこ」「いくら？」、これだけでも、格段に旅行が楽になる。

パキスタンはこの東の町ラホールから始まり、少し北上して首都イスラマバードを経由し、桃源郷と呼ばれるフンザを訪れ、再び南下してアフガニスタンの南部を迂回するように西を目指す。

西部の都市ペシャワールについた時には、2006年4月25日になっていた。

このあたりから、次第に周囲に木々や農作物の緑が減っていき、その代わりに不毛な地肌が広がってきた。町と町の間には村や家を見かけなくなり、見渡す限りの荒野。もうしばらく走れば、イランへと続く砂漠の入り口だ。

クエッタの町に到着した。ここからイランの首都テヘランまでは、約2200kmの砂漠地帯が続く。日本の地理に当てはめると、北海道から鹿児島までずっと砂漠地帯を移動するのと同じだ。自転車で横断したという話は聞いたことがないが、地図上には道が存在するから、行けないことはないだろう。

クエッタの街角で久しぶりに日本人を見かけた。旅行者が多い観光地では日本人に出会っても特に声をかけたりはしないが、こんな辺鄙なところで出会うと、お互い「おっ、日本人ですか？」となる。

彼は宮君という20代半ばの若者で、上海からトルコまで、陸路で目指している途中だった。私はこれから自転車で砂漠を横断するつもりであることを話し、「どう？　行ってみる？」と冗談のように誘ってみる。すると宮君はハキハキした口調で即答した。

「はい、行ってみます」

またまたそんな冗談でしょう。そう思いながら私は聞き返した。

「本気で？」

「本気です」

これは心強い。一人は若干心細いなと思っていたので、素直に嬉しかった。

宮君の気持ちが変わらぬうちにと、さっそく自転車屋を探す。見つけた店には新品の自転車はもちろんだが、中古の日本製のママチャリも置いてあった。

私は熱烈にそれを薦めた。今まで散々現地の自転車に乗ってきた経験から、日本製がいかに素晴らしいか分かっていたからだ。

買った2日後にブレーキが壊れ、3日後にペダルが取れる自転車など、日本ではありえない。間違いなく、現地の新車より日本の中古である。

結局、宮君は日本製のママチャリを購入。我々は翌日出発することになった。

クエッタの町の出口に、「グッドバイ」と大きなアルファベットで書かれたゲートがあった。

「たしかにある意味、ここで人間社会からグッドバイだな」

ゲートを抜けると、荒野が視界の続く限り広がっている。いよいよ砂漠地帯に突入だ。人家

長袖長ズボン、さらに頭に布を巻きつけ、完全装備で灼熱の砂漠を走る

はもちろん、木々もほとんど生えておらず、視界に入るのは砂と岩だけの乾いた世界。

唯一の救いは道が舗装されていたことだ。砂が路面を覆ってしまっているところもあったが、ほとんどはキチンと舗装路が続いていた。

日除けの代わりに頭に布を巻きつける。肌は露出すると焼けてしまうので、長袖、長ズボンを着用。こっちの方がかえって涼しい。

湿度がないので吹き出る汗はすぐ蒸発してしまい、ベタつく感じはしない。口を開けると喉の奥まで乾燥してしまうので、長い布を首から口を覆うように巻いた。

もう見た目は完全に砂漠の民である。地元の人そっくりだ。だが結局これがこの乾いた地に一番ふさわしいのだろう。

水を詰め込んだペットボトルを4本、自転車に積み込む。自転車がズシリと重くなった。地図上で見つけたところどころに点在する町までは、これで水分を賄わなければならない。1日で辿り着ければそれでよいが、何日かかかるのであれば切り詰めなければならないだろう。

殺風景な砂の中へ、ペダルを踏み出した。前方に見える地平線を目指して、道がまっすぐに伸びている。だが、漕いでも漕いでも全く地平線は近づかない。ひたすらにペダルを踏みながら、「登山に似ている」と思った。

酸素の薄い山を登る。灼熱の中ペダルを漕ぐ。どちらも楽じゃない。なぜこんなことをしているのか。それは達成感を味わうためじゃないかなどと考える。

このあたりは、日中の気温が40〜50度にもなる。ペットボトルの中の水がお湯になっていたので、試しにそれで即席の味噌汁を作ってみたが、熱々で美味しかった。インスタントラーメンもできそうだ。

数十キロごとに、土を固めただけの簡素な小屋がポツンとあるのを見かけた。避難所かと思ったが、イスラム教徒のためのモスクだった。

強烈な太陽光から身を隠せる場所は貴重だった。ほとんど無人なのだが場所によっては人が管理している場合もあった。有人のところでは、ビスケットなども手に入った。

そして何といっても嬉しかったのが、モスクに水がめが置いてあったことだ。素焼きの水がめに貯められた水は、ヒンヤリと冷たかった。水がめの表面に空いた細かい穴から水が染み出し、蒸発する際の気化熱によって、ペットボトルの水のように生ぬるくならないのだ。水を恵んでもらえることに感謝せずにはいられない。

寝床はどこでもかまわなかったが、なるべく人の近くで寝るようにした。危険な猛獣がいるわけではないが、何かあった時に人が呼べるのは大事だ。

日が沈むと肌寒いほどなのだが、再び日が昇ると、とてもじゃないが暑くて寝ていられない。ただし、蚊がいないのは助かった。蚊といえども水がないと生息できないようだ。

クエッタを出発して9日後。イランとの国境の町タフタンまでは、あと60㎞ほどのところまできた。

昨日からの強風が、明け方になってもやむ気配がない。

「この風の中を進むの？」

私達が風の様子を見ながら躊躇していると、泊めてくれた警察署の警察官が言った。

「さあ行った！　行った！」

なかば追い出されるように出発することになった。この向かい風の中、今日中に果たしてタフタンに着けるのか。

走り出してさっそく実感した。台風並みの風だ。ここまでのものは、チベットの谷の登り、インドのデカン高原の真ん中で経験して以来だ。

時に烈風に乗った砂がバチバチと顔を直撃し、目に飛び込んで視界をふさぐ。こうなるともう進むどころではない。自転車を盾にその場にたたずみ、突風が落ち着くのを待つしかない。

時速5㎞も出ていないだろう。もはや徒歩とそれほど変わりがない。時速5㎞で60㎞進むには、単純計算で12時間かかることになる。

最初の10㎞を何とか進むと、小さいモスクが見えてきた。管理人もいて小さな店も兼ねており、水ももらえた。

トイレはパキスタン初の乾式トイレだった。乾式は、要は野外でそのまま済ませるタイプだ。インドとの違いは、一定のトイレゾーンが土手で確保されている点だけだった。

水を補充し、ほどなくしてまた出発する。あまり休みすぎると今日中に目的地に着けなくなる恐れがある。

次の10㎞も、力を振り絞って進む。風のせいで1㎞、1㎞が恐ろしく長い。なんとかまたモスクに辿り着いたが、こちらは人がおらず廃墟と化していた。それでも風を防げるだけでもありがたい。

さらにしばらく進むと、前方に大きく左に曲がるカーブが見えた。そこまで行けばいくらか風の当たり方が変わるだろうか。曲がり角に差し掛かると、若干風の当たり方が斜めに変わった。これで少し楽になった。

少し先に、またモスクが見えた。バイクも止まっている。

「人がいる！」

モスクのおじさんは親切な人で、メロンやお茶をくれた。

さあ、あと30㎞だ。小屋を出ると風がいくらか弱まったように感じた。そしてまた進行方向が左に折れる。角を曲がると追い風に変わった。道も緩やかな下りになり、すべてが逆転し最高のコンディションになった。

こうなると10㎞、20㎞も問題ない。残りあと10㎞というところでチェックポストがあった。

ここでパスポートを提示する。さっきまでの苦労が嘘のように、１km、１kmと簡単に通り過ぎていく。

そして残り４kmとなると道の先に集落がうっすらと見えてきた。国境の町タフタンだ。ここでパキスタンの旅は終わる。

イランで荷物全盗難

砂漠を越えて、イランに入国する。チベットからネパールに入国する時もそうだったが、山や海、砂漠などが国境を隔てている場合は、環境が大きく変わる。

まずは言葉がガラッと変わった。ヒンディ、ウルドゥの似通った言葉から、ペルシャ語に。

食べ物もそうだ。それまでの主食チャパティから、パンのように厚いものに変わった。お茶も甘いミルクティから、ストレートの紅茶になった。そして何といっても、カレー味がなくなったのが大きい。

イランに入ってからも相変わらず砂漠地帯は続いていたが、路面の状態が素晴らしく、走りやすいことが救いだった。

イランで公園に行くと、よく芝生にテントを張っている人達を見かけた。

家族で公園に行ってテントを張り、食事をしてそのまま一泊していく、いわば「公園キャンプ」みたいな娯楽が流行していたのだ。だから私達も夜になるとよく公園で寝泊まりした。

物価はパキスタン同様に安い。「ザムザム」と呼ばれるコーラに似た飲み物が1000リアル（約10円）で買えた。

さらに特筆すべきはガソリンだ。さすが産油国というべきか、1リットル10円かそれ以下で買えた。料理用にガスストーブのガソリンを500ミリリットル買おうとすると、大抵タダでくれた。イランでは中学生くらいの子供達がバイクを乗り回して遊んでいる光景をよく見かけたが、それもガソリンが安いからこそできる遊びなのだろう。危険きわまりないのだが。

ある日、街中を自転車で走っていると、若者が3人乗ったバイクに、あっという間に帽子を取られてしまった。

自転車を全力で漕いで追いかけたが、3人乗りとはいえバイクの方がさすがに速い。諦めかけていたところ、相手が挑発的にわざとバイクを止めた。明らかに私をからかっている。

私が追いつくと、3人はバイクを飛び降りて散り散りに逃げていった。私も自転車を飛び降りて、その中の一人に飛びついて押さえ込む。

しばらくもみ合っていると、タイミングよく警察官が現れて、少年達は連行されていった。だが去り際もニヤニヤしていて、反省の色が見られない。全くもって不愉快な体験だった。

イランでは、旅行者を馬鹿にする若者にしばしば遭遇したが、大人の男性は非常に親切だった。どこをどうしたら、ああいう若者が親切な大人に成長するのか、その過程が謎だ。イランには徴兵制があるから、軍隊を経験してみな大人になるのか、とも想像したが、所詮はただの推測だ。

イランに入って11日後、やっとの思いで砂漠地帯を抜け、ケルマーンという比較的大きなオアシス都市に着いた。まさに砂漠にオアシス、そんな気分だった。

ここケルマーンには、有名な「キバマキール」というチャイハーネがある。チャイハーネとはお茶とか、シーシャと呼ばれる水タバコを振る舞う店のことだ。

チャイハーネに入るのは初めてだったので、値段を聞いたところ、お茶のお金だけでもよいという。1杯5000リアル（約50円）だから、許容範囲だ。入り口の狭い階段を下りていくと中は広々として、有名店だけありアラビア風の豪華な雰囲気がある。古くからある大衆浴場を改造して作ったところらしい。

こんなところでお茶を飲んで50円とはなかなか安い。お茶はポットで運ばれてきて、その脇に、真っ白な氷砂糖がついてくる。その砂糖をお茶に溶かすのではなく、口に含んでからお茶を飲むのがイラン流だそうだ。慣れないと砂糖が口の中で一気に崩壊して甘すぎたり、逆に全く溶けないこともあるが、何度か飲んでいるうちに要領が分かってきた。

しかし結局は砂糖を溶かして飲んだ方が飲みやすいのではと思うのだが、それは日本人的感覚だろうか。

店に入ってしばらく宮君と話していると、近くの席に一人のアジア人がいるのに気がついた。着ている服や仕草などから日本人と推測すると、予感は的中。

彼はハジメ君という学生で、一人旅の最中だという。こんなイランの辺境の地で日本人に会えるとは。

ハジメ君は人当たりがよく、初対面にもかかわらず互いの話で盛り上がった。

私と宮君がパキスタンから自転車で来たと話すと、ハジメ君は興味深そうに言った。

「へー、いいですね」

「どう、一緒に行ってみる？」

「え〜」

そう言いながらも、まんざらでもなさそうだ。そしてしばらく考えてから言った。

「時間もあるし、ヤズドまで行ってみようかな」

ヤズドは、ここから北西へおよそ300㎞ほど行ったところにある町だ。

そうと決まったら話は早い。ハジメ君を仲間に加え、3人に増えた我々は、ケルマーンを後にした。そして1週間後、無事に次のオアシス都市ヤズドに到着。

学生のハジメ君の自転車旅行はここまでだ。ケルマーンで買ったハジメ君の自転車をどうしようか思案していると、ハジメ君が言った。

「友達のフィンランド人に譲ってもいいですか」

その彼の名はタトゥといった。パキスタンのペシャワールで知り合い、ここヤズドで再会したという。

こうしてタトゥがハジメ君の自転車を引き継ぎ、次のオアシス都市エスファハンまで、一緒に旅することになった。外国人と走るのは、インドのアーグラからデリーまで同行した韓国人のミル君以来だ。

イランの路面は非常に滑らかで走りやすいが、そのぶん車も猛スピードで走っている。日本でたとえるならば、高速道路の脇を自転車で走っているような感じだろうか。路肩があるのでまだ平気だが、それがなかったら相当に怖い。

そして、宮君と夕トゥの3人でいつものように公園で寝ていたある日、事件は起こった。

朝、目が覚めると、宮君が隣で座り込んでいる。起きているようだが、なんだかボーッと遠くを見ている。

「おはよう、宮君、はやいね」

私が声を掛けると、彼は視線を動かさずにぽつりと言った。

「荷物がなくなりました」

「えっ？　何？」

私も起きたばかりで、頭が回っていない。

「荷物が全部、なくなりました」

「えええっ！」

私は、一気に目が覚めた。

「どうして？」「何で？」「どこに置いていたの？」

そう矢継ぎ早に問い詰める。

「昨日の夜です。気がついたらなくなっていました。置いておいたのは足元です」

宮君は淡々と答える。

「なんで頭の方に置いて、枕と縛りつけておかなかったの？」

だが、いまさら言ってももう遅い。荷物はなくなってしまったのだ。

私は長い野宿経験から、寝る時には貴重品を枕にして、荷物も必ずそれに縛りつけておく。

彼らにもそうアドバイスしていたのだが、昨日は疲れすぎて、怠ってしまったらしい。

イランは公園でテントを張って夜を明かす家族連れが多いので、安心しきっていたのは否めなかった。騒ぎに気がついたタトゥも起き上がった。

「金品以外のものは、近くに捨てられているかもしれない」

そう祈って、みなで手分けして公園内を探すことにした。

だがふとタトゥの足元を見ると、彼は靴も履かずにウロウロと歩き回っている。

「あれタトゥ、靴は？」

「朝から見当たらないんだよね」

「ふーん、どこに置いてたの？」

「足元だよ。でも、今朝なくなってたんだよね」

タトゥは不思議そうな顔をして言う。いやいや、足元に置いておいた靴が朝なくなってたんだったら、答えはひとつだろう。

「それって君の靴も盗まれたんだよ！」

それでもタトゥは呑気な様子。宮君と顔を見合わせて笑ってしまった。

結局宮君の荷物も、タトゥの靴も見つからなかった。

「荷物なくなっちゃったけど、これからどうする？」

宮君に聞くと、枕にしていた肩掛けカバンひとつで旅行を続けるという。幸い、貴重品類はこちらに入れていたらしい。バックパッカーから、肩掛けカバン旅行者に変わった宮君。

笑っては悪いと思いながら、見るたびに笑ってしまう。

パキスタンのクエッタで出会った宮君とは、かなり長い期間ともに旅をした

カスピ海横断計画

「カスピ海横断」を思いついたのは、入国ビザを取るためにインドのデリーにあるイラン大使館を訪れた時のことだ。その時のことは、今でもしっかりと覚えている。

厳重に警備された扉を抜けると、足元に広がる絨毯に目を奪われた。色が鮮やかで、織り成す模様もとても繊細だった。

「これが名高いペルシャ絨毯か」

あまりの豪華さに足で踏むのをためらうほどだ。高級絨毯の敷いてある大使館など、ここが初めてだ。

さらに奥に入ると冷房がほどよく利いていて、部屋のコーナーには冷水器と温水器があり、紅茶が好きなだけ飲めるようになっていた。本があれば一日ここで快適に過ごせそうだ。

壁に大きく貼ってあったイランの地図に目がとまった。イランの国土を初めて認識したが、イチョウの葉を逆さにしたような形をしていた。

それまで私が抱いていたイランのイメージといえば、砂漠と石油、あとは上野の公園で偽造テレホンカードを売っていたな……というぐらいだ。

そして地図には、大きな湖がイランの北部に食い込むように描かれていた。

「これがカスピ海か……」

中学の地理で覚えた「世界最大の湖」である。しげしげと地図を見つめているうちに、ある考えが浮かんだ。

「このイラン北部の左岸から右岸までなら、カスピ海を横断できるのでは？」

カスピ海は、南はイランに接しているが、北はカザフスタン、東はトルクメニスタン、西はアゼルバイジャンなど、複数の国に接している。

だが地図を見る限り、カスピ海の南側であれば、イランから出国せずに横断できるかもしれない。

つまり、ガンジス河下りの時と同じだ。水上に国境はないので、簡単に国家間を移動できてしまうのだが、国境を跨いでしまうと不法入国になる。しかし同じ国内での移動だったら、問題はないはずだ。

その後、カスピ海横断についてネット検索してみたが、分かったのはカスピ海が日本とほぼ同じ面積で、琵琶湖の553倍の大きさがあるということ。だが、横断するための情報は見つからなかった。実際にこの目で見て、確かめてみなくては――。

イランに入国して24日後、古都エスファハンに到着した。

ここにきて、やっとカスピ海についての情報がわずかながら得られた。情報源は、エスファハンで出会った絨毯屋のアリさんだ。彼は日本に住んでいたことがあり、親日家で日本語が堪能だった。まず気にかかっていたのは、海面の様子だ。

「カスピ海の波の状況はどうなのでしょうか？」

「あまり大きくないよ」

アリさんが答える。波が穏やかなのは夏のシーズンで、7月から9月。今は6月、まさにグッドタイミングだ。

カスピ海はガンジス河のように流れがあるわけではないので、おそらくより漕ぐのが大変になるだろう。ここは何人かで交代しながら漕いでいく方法にしたいと考えた。

細かいことは現地に行って調べないと分からないが、とりあえず資金を集めることにした。エベレストの時に比べればたいした金額ではないだろうが、私の所持金は、50ドルちょっと。これではさすがに心許ない。

そこで、心当たりがある人に、スポンサーになってもらえるようにお願いしてみた。目標金額は1000ドル。思いのほかスムーズにことが運び、すぐに目標額を超えた。集めたお金は、カスピ海沿岸の町の銀行で受け取った。

次に、必要なのは漕ぎ手だ。ネット上でも募集したが、わざわざカスピ海を横断するために日本からイランに来る人はいなかった。

まず最初に手を挙げてくれたのは、砂漠を一緒に横断してきた宮君である。彼にも今後の旅行プランがあったらしいが、その予定を変更してくれた。

次に参加の意思を示してくれたのが、これまた自転車でイランの一部を一緒に走ったハジメ君。彼も旅行の予定を大幅に変更し、コーカサス地方を巡ってから再びイランに戻り、カスピ海の横断に加わってくれることになった。

一緒に旅をしていたフィンランド人のタトゥもいつしか自然に「カスピ海横断楽しみだね」と言い始めるようになっていて、聞いてみると「もちろん一緒に行くさ」とさらっと答えた。

私達3人はエスファハンから進路を北に向け、首都のテヘランを目指すことにした。

6月のイランはものすごく暑く、アスファルトからの照り返しで焼けるようだった。見渡す限りの平野が広がり、道の両脇は砂地、それに背丈のない植物がポツポツと生えているだけの、単調な景色が続く。初めは「雄大な自然」と感動していたが、景観がいつまでも変わらないのですぐに飽きてしまった。

エスファハンから6日かけて、首都のテヘランに到着した。

イランではずっと公園で寝泊まりするのが定番だったが、テヘランの公園は管理されていて夜を明かすことができなかった。そこで私達は路地の行き止まりで寝ることにした。

ここで、コーカサス地方から戻ってきたハジメ君に再会。それからインドで出会ったバックパッカーにも偶然再会したので誘ってみると、彼は参加できないが知り合いの山南さんという女性が参加したいと言う。山南さんは料理が得意らしく、大歓迎だった。

カスピ海横断は、カスピ海南部の港町バンダレ・アンザリから出発することに決めた。宮君、タトゥ、私の3人は自転車で港まで向かう。ハジメ君と山南さんはバスで向かい、現地で落ち合うことになった。

テヘランからバンダレ・アンザリまでは、距離にして250㎞ほど。それほど離れてはいないが、気候が大きく異なる。

テヘランは砂漠の中の都市で大気は乾燥し、そのため多少気温が高くてもそれほど不快に感じない。だが、テヘランとバンダレ・アンザリの間にあるアルボルズ山脈を越えると、気候が劇的に変化して、急激に蒸し暑くなった。

ここは温暖湿潤気候なので、湿度、気温が高く、ムワッとしてまるで日本の夏のよう。今まで大気中に蒸発していた汗が滴り落ちるようになる。

バンダレ・アンザリに向かう途中、初めてカスピ海を目にした。軍の施設なのか、厳重なカーキ色をした門の奥にチラッと薄い緑色の水面が見えたのだ。

「カスピ海だ！」と興奮したが、軍の施設が沿岸にあるということは、ここを通過するのは難しいのではという考えも頭をよぎる。

「ダルヤカタルノック！」

7月下旬、無事にバンダレ・アンザリの町に着いた。さっそく港に足を延ばし、カスピ海の様子を見る。

波ひとつない穏やかな水面だ。ガンジス河下りの時に、荒れた水面を小舟で航行することの難しさは、嫌と言うほど体験した。だがこのくらいなら全く支障がない。

「これは行ける！」

計画が現実味を帯びてきて、心が浮き立つ。

しかし防波堤の横を抜けて湾外に出ると、唖然とした。

「なんだこれは！」

サーファーが喜びそうな大きな波が、浜辺に絶え間なく打ち寄せては白い泡を立てている。

完全に海そのものだった。先ほどの穏やかな水面はテトラポッドに囲まれていたせいだったのだ。分類上「湖」とはなっているが、もはやこれは誰が見ても海である。そういえば、地元の人はみなカスピ海を「湖」ではなく「ダルヤ（海）」と呼んでいる。

一気に意気消沈してしまった。どうしてもガンジス河下りで体験した波の恐怖を思い出してしまう。

しかし諦めるのはまだ早い。今日はたまたま波の高い日なのかもしれない。少しこの町に滞在し、情報を集めることにしよう。同時に船探しも始めなければ。

だがリサーチをしようにも、イランは本当に英語を話す人が少ない。そんな折、運のいいことに、偶然バザールで日本語を話す男性に出会った。

名前をザイードさんといい、日本に数年住んでいたという話だった。エスファハンのアリさんといい、イランでは英語を話す人よりも日本語を話す人になぜか遭遇する。ジェスチャーを入れずに意思の疎通ができることが、こんなにありがたいとは思わなかった。

ザイードさんが言うには、午前中は比較的波が静かで、午後に高くなるという。それだけでも我々には朗報だ。波が弱い時間帯があるなら、その時間を狙って船を漕げばよい。

船はわれわれ5人と、生活する荷物が載せられる大きさがなければならない。各自、港から歩いて付近を散策し、船を探す。だが港で見かける船はエンジンを搭載したものばかりだ。果たして手漕ぎボートが存在するのかすら、疑問になってきた。

それでもみなで探し回り、約束の数時間後には各自がそれぞれ、いくつか候補の船を見つけ出してきた。

そして話し合いの結果、湾から少し奥に入ったところにある川の渡し舟として使われていた

カスピ海横断に使った手漕ぎボート。まず船を沖に出すまでが一苦労

船がちょうどよいのではないか、ということになった。

さっそくその船を全員で見に行く。船の大きさは長さ4mほど、5人が乗るのにちょうどよい。荷物を置く余裕もありそうだ。各自が探した船の候補も一応見て回ったが、この船が一番適しているように思えた。

付近の人に「あの船の持ち主は誰か？」と聞いてみるが、ここでも英語が通じない。やむなくペルシャ語の会話帳を片手に「船、買いたい」と、単語を組み合わせてひたすら聞いて回る。幸い近くに船のオーナーを知っている人がいて、携帯電話で連絡してくれた。

バイクで現れた温和そうな顔のオーナーに話をすると「売ってもいいよ」との返事。

断られたらどうしようかと考えてい

たので、まずは一安心だ。さっそく船の値段交渉を始める。値段の見当が全くつかないが、イランの物価から考えたら５００ドル（約６万円）くらいが妥当だろうか。しかし彼が提示してきた値段は、なんと２００ドル（約2万４０００円）。

安い分には問題はない。さらに少し負けてくれて、無事に船を入手することができた。船探しに難航する可能性もあると思っていたので、スムーズにことが運んでよかった。

次に、船上生活に必要なものを揃えていく。食料をはじめ、調理道具、ガス、水を貯めるタンク、テント、ライフジャケット、そして船の修理道具などなど。日中の日差しと雨をよけるために、船には屋根もつけた。

だが、ここで問題が勃発した。ザイードさんいわく、この船では目的地である対岸のバンダル・トルケマーンまで行けるはずがない。すぐに波を食らってひっくり返ってしまうだろうと言うのだ。カスピ海沿岸で暮らす地元の人の意見を無視することはできない。

いずれにせよ、まずは練習してみようという話になった。とりあえず全員ライフジャケットを着込み、波が静かだという早朝を狙って、船を漕ぎ出す。

湾の中は遠目には波がそれほどないように見えるが、川に比べると明らかに水面が荒い。波があると、オールを着水するタイミングを左右で毎回変えなければならず、まず湾を出るまでに相当な時間がかかってしまった。

そしてやっと湾を出るというところになって、さらに波が荒くなり始めた。周りの防波堤にぶつかる波が「ザパン、ザパン」と白い飛沫を吹き上げている。

あの波に押されて防波堤に叩きつけられたら一巻の終わりだ。オールを握る手に力が入る。

四苦八苦して湾を抜けると、さらに波が大きくなった。大きな水のうねりが船の下を通過していく。波が真下に来ると船が持ち上げられ、通過するとドッと沈み込む。その落差は、2、3ｍくらいはあるだろうか。遊園地にあるバイキングという乗り物を思い出す。波に対して常に船を垂直に保たないと、横から波をもらって簡単に転覆しそうだ。

すると、1台のモーターボートが波を切り裂いて、こちらにすっ飛んできた。船の主が私達に向かって、なにやら大きな声で叫んでいる。

「ダルヤカタルノック！」

ペルシャ語はさっぱり分からないが、なぜか彼が言わんとしていることがすぐに分かった。「海は危ないぞ！」だ。それから湾の方を指差し、大声で怒鳴っている。今度は、「あっちに行け、戻れ！」だ。

たしかに、この波の中を進んでいける気はしない。ハッキリ言って無理である。船を漕ぎながら、ガンジス河を下った時の感覚が甦ってきた。水の上の不自由さ、船のもろさ、水の脅威。

とにかく今は一旦引き返してもう少し考え直さなければならない。間違いなく今の状態では、出航することはできないだろう。一旦、湾の中に引き返す。少し波が収まるだけで「ほっ」とした。

遊覧用のモーターボートが並べられている脇に船をつける。ここの店員さんの一人が日本に行っていたことがあるとかで、片言だが日本語が話せた。

彼が言うには、外の海に行くには許可証が必要で、州を越えるのにも、許可証が必要だという。それが本当だとすると、また厄介なことである。泣きっ面に蜂だ。

今日はここに船を停泊させてもらい、メンバーは近くにテントを張って寝る。夜、タンカーが港に入ってくるたびに船が大きく揺れ、船の中で寝ていた私は何度も目が覚めた。

出航の日

練習のために湾外へ少し出ただけで、横断の希望は木っ端微塵に打ち砕かれた。とにかく波が落ち着かないと、どうにもならない。加えて船の中に水がかなり入ってくることも分かった。

まずはできることからと、船の防水対策を始める。湾の奥に繋がっている細い川をさかのぼり、船を陸に上げてひっくり返せそうな場所を探す。

船を逆さにして、隙間に綿を詰めるつもりだ。これはガンジス河下りの時に学んだ方法だった。川を少し進むと、ちょうどよさそうな場所を見つけた。荷物をすべて降ろして船を陸に引き上げ、ひっくり返す。

すると、どこからともなく現れたイラン人男性に声をかけられた。

「日本の人ですか？　どうしましたか？」

流暢な日本語だ。見ると引き締まった体に短髪、身長も180㎝はありそうだ。歳は30代くらいだろうか。

日本語で不意を突かれ「なんだろう、この人は？」とも思ったが、これがカスピ海横断の鍵を握る、ノリさんとの出会いだった。

ノリさんは日本に7年間住んでいたという。それからかつては競技カヌーの選手で、なんとアジア大会で優勝したこともあるらしい。ということは、カヌーは当然ながら、船全般にも詳しいはずだ。そのノリさんがこう教えてくれた。

「木の船で浸水が激しいなら、船を水に沈めるといいよ」

「船を沈める？」

意味が分からないので聞き返す。

「水を含んで膨らんだ木が、隙間を埋めてくれるんです」

なるほど。納得した私達は、ノリさんのアドバイス通りにすることにした。

丘に引き上げた船をまた水中に戻し、適当な器でジャブジャブと船内に水を入れる。船は次第に水中に下降していき、やがて船体は完全に水中に沈んだ。

ノリさんが言うには、この状態で丸一日放置するそうだ。私がガンジス河下りの時に学んだ綿を詰める方法は、海水に対してはあまり効果がないらしかった。

ノリさんは、カスピ海についても色々教えてくれた。

先日耳にした許可証は、たしかにモーターボートなどエンジンの付いている乗り物には必要だけど、カヌーや手漕ぎのボートはいらないということだった。これでまた問題がひとつ解決した。

あと、ザイードさんも言っていたが湾の外に出るならば午前中が狙い目だとのこと。午後は基本的にいつも風が出て波を作り出すので、そうなったらすぐに着岸した方がいいらしい。ノリさんの話を聞いていると、少し希望が湧いてきた。

翌日、水中から船を引き上げる。浮かんだ船に乗り込み、船の側面をチェックすると、たしかに浸水が少なくなっていた。

出航前にまずやらなければならないのは、着岸の練習だ。大げさかもしれないが、波が出てきた時にきちんと着岸できるかどうかが、私達の生死を決めるといってもよい。今日は海が荒れているが、むしろその方が練習になるだろう。

湾を出たところで、近くの岸に向かって船を進める。

陸が近づくにつれて波が大きくなり、船が上下に振られる。連続で波が押し寄せてくると、船があっという間に旋回して、横っ腹に波を食らってしまう。とてもじゃないが着岸までいかなかった。

ノリさんにアドバイスを仰ぐと、波が荒くなる前に着岸して、また海が穏やかになるまで待つしかないとのことだった。そうやって進んでいけば、時間はかかるだろうが対岸まで辿り着けるだろうと。カスピ海に潮流はなく干満の差もないので、波にだけ気をつけろと念を押された。

2006年7月28日、早朝4時20分。まだ夜明け前。前日までの荒れ具合が嘘のように、水面は真っ平らで波ひとつない。

「今日は状態がいい!」

小さくガッツポーズする。近所の人に怪しまれないように静かに荷を積み込んだ。船を繋ぎ止めておいた縄を解き、オールを水に入れゆっくりと回す。

空がうっすらと白んできた。防波堤に打ち寄せる白波もなく、オールが水面にスッ、スッと入り、順調に船が進んでいく。

湾を完全に出たところで、東方向に舵を切る。ここでハジメ君に交代した。

空が薄い紫色に変わり、綺麗なオレンジ色をした太陽が姿を見せ始めた。静けさのなか、オールが水を弾く「パチャ、パチャ」という音だけが響く。

1時間を目安に交代しながら船を漕ぐ。まだみな慣れていないので漕ぎ方がぎこちないが、そのうち慣れるだろう。岸から2〜3km離れたところをキープしながら、船を進めていく。これならば風と波が出てきても、すぐに陸に避難できるだろう。

驚いたことに、この日は午後になっても水面の状態は良好だった。

ノリさんの話では午後になっても波のない日もあるが、本当に稀なことらしい。

今日がその「稀」な日なのかもしれない。よい時に出航したものだ。

カスピ海の南岸は地図で計るとおおよそ450km。一日に10km進めたら45日、20kmならば22日ほどで対岸に到着するはずだ。

水上警察と女性専用ビーチ

航海中は、1時間ごとに漕ぎ手を交代した。男性4人で回していたので、次に番が回ってくるまでは3時間空く。

空き時間は、各自が思い思いに過ごした。といってもスペースが限られているので、たわいもないおしゃべりをするか、なんとなく海面を見つめてぼーっとするくらいしかなかったのだが。

海面の状態にもよるが、一日に進める距離は10㎞から30㎞であることが分かった。向かい風で波が荒い時はあまり速度は出ず、逆に無風で波ひとつない時は、時速5〜6㎞は出ていたと思う。これは地図と睨めっこしながら、沿岸に町が見えるたびに、距離を推測して計算したものだ。

日が暮れる前には必ず着岸し、その翌日からまた漕ぎ始める。波の高い日は出航を断念した。そんな調子で出だしは順調だったが、そのまま何事もなく航海が進むわけはない。

問題のひとつは水上警察である。カスピ海はイランをはじめ、トルクメニスタン、アゼルバイジャン、カザフスタン、ロシアの5つの国に囲まれている。つまりカスピ海には、各国の海域が存在しているということになる。そのため沿岸には、多くの監視所が存在している。

その監視所の前を通過すると、たいがいモーターボートがすっ飛んでくる。

「どっから来た？　何者だ？」

そうペルシャ語で問いかけられる。彼らからすると、ボロボロの手漕ぎのボートに乗っている私達は、どこかの国の難民に見えるようだ。

毎回この質問を受けるので、このフレーズのペルシャ語はしっかり覚えてしまった。そして我々も毎回、ペルシャ語でこう答える。

「日本人で、カスピ海の旅行をしている、パスポート、ビザはあります」

「そうか、気をつけてな」

ほとんどの場合は、そう言ってモーターボートを翻して戻っていくが、中には実際にパスポートの提示を求められることもある。

それでもニコニコして興味津々の雰囲気の時は、だいたい2、3の会話で話が終わるが、問題は、相手の表情が硬い時だ。最悪の場合は、モーターボートに牽引されて警察署に連行、処分を待つということもあった。

スパイと疑われてカメラを取り上げられ、中の写真を調べ終わるまで待たされるなんてこともあった。半日待たされた挙句「何の問題もないね」と笑顔で送り出されても、「時間を返してくれ〜」と文句のひとつも言いたくなる。

航海に出て間もなくの頃は慎重に対応していたが、じきにみな「また警察きたよ、パスポート準備するか」という感じで、すっかり慣れてしまった。

航海中に、警察、軍隊に質問されたのは合計40回を超えた。一日平均2回である。

警察のほかにも、時折私達に近づいてくるボートがあった。それが「女性専用ビーチ」の監視係だ。

厳格なムスリムの国イランでは、肌の露出は女性はもちろんのこと、男性も極力避けなければならない。女性は髪の毛、足首まで覆い隠し、体のラインが出る服も着てはいけないと、法律で決まっている。だから海水浴場でも、女性が水着になることなんてもってのほかなのだが、それが唯一許されるのが、この「女性専用ビーチ」というわけだ。女性同士ならば、肌を見せ合ってもよいらしい。

カスピ海沿岸に点在する「女性専用ビーチ」は、海側以外の3方向が、ぐるっと背の高いシートで囲われている。そして入り口は女性警備員が厳重に管理している。

しかしこのビーチ、海に面したところだけが囲われていないため、海側から船で正面を通過すると、中が丸見えなのだ。

この行為、日本で言えば、露天風呂を外から覗き見するようなものだろうか。

出航前に、ノリさんから「日本では考えられないだろうけど、イランは女性用のビーチがあるから気をつけてね」と聞いていたので、その存在は知っていた。

船から陸の方向にシートで覆われたビーチを見かけて、「まずいな〜」などと鼻の下を長くしていると、かならずモーターボートに乗った警備員がやってきた。

「ここは通過できない！」

「もっと沖を通れ！」

これも警察同様、毎回のことだったので、前方にシートで覆われたビーチが見えると、沖に沖に船を漕ぎ、大きく迂回するようにした。そのぶん、余分な労力がかかるがしょうがない。

ただ、これらは適正に対処すれば大きな問題にはならなかったが、航海中に一番苦労したのは、やはり風と波だ。自然には手加減というものがない。こちらが少しでも油断していると猛然と襲いかかってくる。

航海を重ねるうちに、早朝から午前中にかけて波が穏やかであったり、波が起こらない日などがあることが分かった。逆に朝から一日中信じられないような波が押し寄せてくることもあった。

波が高い日は、浜から海に漕ぎ出すのがまず大変だった。

足がしっかりと着く浅瀬は、船を押しながら進めばいいが、水深が胸の高さを超えると浮力の影響で、押し出す力が半減する。すると押し寄せる波の力に負けて、浜に押し戻されてしまうのだ。オールで漕げばよいと思うかもしれないが、オールの力は波に対抗するには弱すぎた。男4人がかりで1時間波の中で奮闘しても、波を越えられないことが何度もあった。こうなると抵抗してもしょうがない。波打ち際で波が収まるのを待つしかない。

また、出発当初から気をつけていた着岸も、何度か遅れて危ない目に遭った。船の腹に容赦なく波が襲いかかり船を傾ける。波に対して垂直に舵を取るのだが、波が荒いと舵が利きにくい。そういう時は、ライフジャケットを着込み、万が一転覆したら何を持って脱出しようかと真剣に考えた。とりあえずパスポートとカメラは重要だ。

命からがら着岸すると、陸のありがたみを本当に痛感した。何度も怖い思いはしたが、幸いなことに、一度も転覆はしなかった。

そして、船を漕ぎ続けて21日目。遥か前方の空と水面の間に、細長い線が見えてきた。次第にその線が均一に水面上にくっきりと現れてくる。

「もっもっ、もしかしてあれは！」

さらにひと踏ん張り漕いで近づくと、それが陸であることがハッキリ分かった。

「うおぉー陸だ！　対岸だ！」

毎日様々なことが起こり、ゴールまで何が起こるか分からないことの連続だった。

一番怖かったのが急な天候の変化だ。さっきまで落ち着いていた海に風が吹き始めたと思ったら、海面が荒れだし、白波が立つ。岸から遠い時などは、本当に気が気ではなかった。8月の下旬から海が荒れるとの情報もあり、「もし、明日から海が荒れ始めて航海が全くできなくなったらどうしよう」という不安もあった。

しかし過ぎてしまえばすべてよい思い出だ。

船を漕ぐ力にも気合が入る。どんどん、陸の様子がハッキリと見えてくる。建物に続いて、電柱も見えるようになった。あともうほんの少しだ！

いよいよ対岸に着く直前、私達は全員で、カスピ海に飛び込んだ。そして船はゆっくりと、バンダル・トルケマーンの港に着岸。その瞬間、カスピ海横断の船旅は終わりを告げた。

船は港にいた商人が、250万リアル（約2万5000円）で買ってくれることになった。売る直前には175万リアル（約1万7500円）まで値切られてしまったが、持っていくわけにもいかないので、それで了承した。

これで、1ヶ月以上苦楽をともにした船が、私たちの手を離れた。

ポリタンクや修理道具、テントなども、簡単に売れた。ノリさんに借りた錨やロープは、バンダレ・アンザリまで持ち帰る。これで、私たちの荷物は小さくまとまった。

到着した翌日、カスピ海に「コダハフェズ（さよなら）」をして、バンダル・トルケマーンの町を後にした。

ゴレスターン州の都市、ゴルガーンまで乗り合いバスで向かい、そこからは各々の道に進むことになった。私たちは元来、個人の旅行者なのでそれぞれに目的地があり、旅の期間もある。

料理長の山南さんはテヘランへ、ハジメ君はマシュハドというイスラム教の聖地へ。私と宮君はカスピ海横断の出発地点に戻る。

翌々日、出発地の港町バンダレ・アンザリを再び訪れた。この港を船で出航してからたったひと月もたっていないのに、妙に昔のことのように懐かしく思えた。

ノリさんの自宅を訪ねると、笑顔で出迎えてくれた。

「どうでしたか？」

「無事に対岸に着きました」

そして借りていた道具をすべて返し、すべての船旅が終わった。

バンダレ・アンザリの港からカスピ海が見えた。波がなく穏やかだ。青い空の下、どこまでも海が広がっているように見える。船で出発する前は、「できない」要素が目白押しで、カスピ海が遠く見えた。しかし、今はとても身近な存在に感じる。

翌日からは、自転車でカスピ海沿岸を北上、アゼルバイジャンの首都バクーまで約５００㎞の道を進む。船に比べるとなんて陸上は広く、自由が利くのだろう、そう感じながら自転車のペダルを踏む。

イランに入ってから４ヶ月弱、本当に数多くの人にお世話になった。

入国した当初は「どうなることやら」と思っていたが、今では、もう少しこの国に留まっていたい気持ちだ。しかし、そのくらいの気持ちで国を離れた方が、また再訪したくなっていいのかもしれないとも思った。

未知の国アゼルバイジャン

イランからアゼルバイジャンに出国する時のこと、国境地域の常で闇両替屋が声をかけてきた。

「あまったイランのお金を、アゼルバイジャンのお金に換えてあげるよ」

アゼルバイジャンのお金の単位も知らなかった私だが、国境まで付き添ってくれたイラン人のヤバさんが、レートは正しいというので、残っていた6万リアル（約600円）を渡し、お札を6枚受け取った。お札を見ると表に数字の「1」、裏にアゼルバイジャンの国土の形がプリントされていた。数字の横には「MANAT」と書いてある。これがお金の単位のようだ。

イラン側のイミグレーションの建物に入る。荷物のチェックはなく、パスポートを窓口に提出すると、なぜか係員に父親の名前を聞かれた。

なんの意味があるのか不思議で仕方なかったが、「正一」と伝える。すると係員は、すんなり出国スタンプを押してくれた。宮君も同じことを聞かれたらしい。後で知ったが、イスラム教徒は一般的に自分の名前の後に父親の名前、祖父の名前と繋げるらしいのでそのせいだったのかもしれない。

建物を出るとゲートがあり、ペルシャ語に加えてアルファベットに似たロシア語の表記があった。ペルシャ語に比べればまだマシだが、なんと書いてあるのかは分からない。

トラックの行列の先に、小さい橋が見えた。あれが国境か。トラックの脇をすり抜け「さよならイラン」と呟きながら橋を渡る。渡りきればもうアゼルバイジャンだ。

アゼルバイジャンは、私にとって全くの未知の国だった。旅行をしていると「あの国はここに気をつけろ」とか「こんなところがよい」と旅人から耳にするものだが、ことアゼルバイジャンに関しては、何の噂も聞いたことがなかった。

住民や宗教、お金の単位、食習慣なども全く知らない。不安はあるが、その分、すべてが新鮮に見える。

アゼルバイジャン側のイミグレーションを通過し、建物を出たところで誰かに呼び止められた。見ると白髪の男性で、こちらに向かって何かを叫んでいる。

「なんだろう」

何やらフラフラしていて、様子がおかしい。耳を傾けると言葉の内容は分からないが、明らかに「ろれつ」が回っていない。酔っ払いだ。

酔った人間を路上で見かけるなんて、いつぶりだろうか。彼を見て、イスラム圏を抜けたんだなと、つくづく実感した。

自転車で走り出して、真っ先に感じたのは、イランのような賑やかさがないということ。曇り空がその雰囲気に拍車をかけて、街を暗く見せている。

建物はまばらで、お店も地味で装飾もなく、なんとなく寂しい。

そして格段に「道」が悪くなった。イランの道路状況がよかっただけに、この国の道の悪さを感じずにはいられない。しかしこのくらいは、今まで通過してきた中では珍しくもない。それを思い出しながらペダルを漕ぐ。

国境を越えるとすぐに、アスタラの町に入った。道をまっすぐ進んでいくと、突き当たりが公園になっていた。イランとは街の構造がだいぶ異なる。

どうやったら街を抜けられるのか、どっちが首都バクーの方向なのかも分からない。

当たり前だが、言葉もガラッと変わり、話しかけられても何がなんだか分からない。考えてみれば、数字の1すら、なんて言うのか知らない。文字通り、一から覚えなおしだ。

地図もないので、通りかかった若者に「バクー」と首都の名だけ言うと、「あっち」と指差してくれた。数人の若者が集まってきたが、イランの時のように馬鹿にしてくる気配はなかった。

そして、スカートを穿いて、髪の毛を出している女性を目にするようになった。なぜかそれが目に眩しく、見てはいけないものを見てしまったような気すらする。でもよく考えると日本の社会では普通の光景のはずなのだが……。

気候はイランのカスピ海沿いと一緒で緑が多く、放牧されている羊や牛をよく見かけた。草原を気持ちよさそうに走る馬もいた。

時々道路からカスピ海が見えた。自転車でアゼルバイジャンを9日走り、首都のバクーへ。この街は縦長のカスピ海のちょうど中部に位置した半島の先にある。1800年代から油田の開発が進み急激に発展した、カスピ海沿岸では最も大きな都市だ。

バクーの街並みはヨーロッパのようで、道行く人もおしゃれだ。汚い自転車に乗った私は少し気が引ける。

これで、船のパート、自転車のパートを含めて、約900㎞におよぶカスピ海の旅が終わった。

地理の時間に習った世界最大の湖カスピ海。それを実際に肌で、体で感じた2ヶ月だった。

街の高台に上がる。

「そのうちまた来るよ！」

カスピ海に向かってそう叫んで、勢いよく自転車で駆け降りる。今度またカスピ海を見られるのは何年後のことだろうか。


アゼルバイジャンの名もなき小さな村で、これまで一緒に走ってきた宮君とタトゥと別れることになった。カスピ海横断のために延期していた次の目的地に、宮君がバスで向かわなくてはならなくなったからだ。タトゥも自転車旅はここまでにして、バスで旅行を続けるという。これで久しぶりに、一人になる。

宮君とはパキスタンで出会ってから、半年近く一緒にいたことになる。タトゥも5月からずっと一緒にいた。別れが惜しいかと思ったが、意外にそうでもなかった。何も今生の別れではない。また日本か、世界のどこかで会えるだろう。自転車で走り出す私を、彼らが手を振って送り出してくれた。

久しぶりに一人で走り始めた。誰にも速度を気兼ねすることなく、ゆっくりと進めるのでずいぶんと解放感があった。緑の草原が一面に広がるアゼルバイジャンの地を駆け抜ける。

自転車で村を通過すれば人々は手を振ってくれたり、何を言っているか分からないが短い言葉をかけてくれたりする。お茶屋みたいなところで年配の方々がゲームに興じている姿をよく見かけた。

アゼルバイジャンを走っているとよく呼びとめられて、強いウォッカを勧められた。イスラム教圏のパキスタンやイランではありえなかった光景だ。

小さい国なのですぐに国境に達した。次の国はグルジア（現・ジョージア）だ。

トビリシの夜

目の前にいる野球帽を深くかぶった男は、言った。

「泊まるところがないんだろう？」

その通りだった。私はトビリシの道端で途方に暮れていた。この町はあまり治安が良くないらしい。荷物を満載した自転車でふらふらしている行為自体がかなり危険だった。しかも、もう夜中の12時に近い。

だがこの男、どうも胡散臭い。自分はマレーシア人だと言うが、ここは、アジアともヨーロッパとも言えないコーカサス地方だ。顔はグルジア人にしては浅黒く、どちらかというと中東系の顔に見える。

だが彼と話を続けていると、あながち嘘ではなさそうだった。私の知っている片言のマレーシア語に、マレーシア語で答えてくるのだ。まあ過去にマレーシアとなんらかの縁があったのは間違いないのかもしれない。

以前、インドのベナレスで、クスリの売人のボビーの家に連れていってもらった時は結局後悔したし、アゼルバイジャンでも声をかけてきた人についていった時、家中が大騒ぎになって、険悪なムードになってしまったこともあった。

これまでの経験からすると、まずついていってはいけないタイプの人間に思える。理由は向こうから親しげに話しかけてきたこと、流暢な英語を話すこと、目つきがなんとなくヤバイこと。

だが、これまでにもすごい強面の人が、実はとても親切だったということは何度もあった。「少し様子を見てみよう」と判断を保留して、とりあえずその男についていくことにした。行き先は彼の家だと言う。

その男はマニと名乗った。正確には違ったのかもしれないが、聞き取れなかったので、私の中で彼はマニになった。

自転車を押しながら彼の横を歩く。マニが「日本に行ったことがある」というので「どこに行った？」とか、そんなたわいもないことを話す。

すると、彼が暗い路地の方へ進み出した。街灯もなく、幹線道路から外れ、道は薄暗い。家々から漏れる明かりで、足元が見える程度だ。それでも彼は迷うことなくスイスイと進んでいく。

「まずいな……」

もし、ここに彼の仲間が待ち伏せていたら、身包みをはがされても仕方がない。すると、前方に数人の人影が見えた。

「ヤバイ、彼の仲間か？」

こんな時はさっさと逃げ出すのが得策なのだが、人影に近づくと、その人達はこちらに背中を向けていた。待ち伏せなら、こちらを向いているはずだ。

私達の方が歩く速度が早く、その集団に追いついた。追い抜く時に「チラッ」と見ると、10代後半から20代前半の若者で、だいぶ酔っているようだった。

しばらくしてから、小さな女の子と母親が脇道から路地に入ってきた。

「よおっ！」

マニが、母親に親しげに挨拶をして、小さな女の子を抱き上げた。どうやら顔見知りらしい。つまり、彼はこの地域の人間ということになる。これは少し安心材料だ。しかし、よく見ると母親の顔が少し険しい。マニは煙たがられている存在なのだろうか。

親子と別れてからも、細く暗い路地を歩き続けた。ずいぶん長く感じたが、実際には短い時間だったのかもしれない。

ふとマニが、木の扉の前で足を止めた。背丈より高い木の塀で囲まれていて、中の様子は分からないが、ここがマニの家らしい。

入り口がうまく開かないらしく、マニはノブを乱暴に回してから「クソッ！」という感じでドアを思い切り蹴飛ばした。本当に、ここは彼の家なのか？

「こっちへ」と私に合図をする彼に続いて、自転車ごと扉をくぐる。そこは中庭になっていて、長屋のような屋根が連なった家3軒ほどが庭を共有していた。

庭先には植木鉢が並び、生活感はあるが、窓に明かりはない。彼は一番右の建物の前に行き、扉を開け中に入った。

家の中は、手前がキッチンで奥が居間兼寝室になっていた。いずれも6畳ほどの広さだが生活用品がごちゃごちゃと置いてあり、とても狭く感じる。

「ここに自転車を入れろ」

マニは私に向かって命令口調で言った。言われるままキッチンスペースに自転車を押し入れる。それから、奥の部屋に入り、テーブルセットの椅子に腰掛ける。席に着くとマニが言った。

「お茶を飲むか？」

「もしかして睡眠薬強盗？」と余計な心配が頭をよぎったので、「いいや」と断る。するとマニはそれ以上勧めずに、一人でコーヒーを入れて飲み始めた。要らぬ心配だったかもしれない。しばらくテレビを見ながら話をしていると、マニが言った。

「外に行こう」

「えっ、こんな深夜に？」

時計はもう12時を回っている。

「彼女が来るんだよ」

なるほど、そんな理由なら納得だ。しかもカップルなら、わざわざ強盗もしないだろう。

私達が中庭に出ると、ちょうど例の庭先の戸口が開き、女性が入ってきた。

「おう！」

マニが声をかけた。彼女がどうやらマニの彼女らしい。

ところが彼女は家に入るなり、私の自転車を見て声を張り上げた。

「何なのこれは！（と言っているのだと思う）」

続けざまに何かを言ってマニに怒っているが、私には理解不能。しかし、マニが冷静になだめると彼女は少し落ち着いて、奥の部屋に入っていった。だが、しばらくすると二人は何か言い合いを始めた。

「まぁよく喧嘩をするカップルなのだろう」

私は最初はそう思って、微笑ましく見ていたのだが、言い合いがかなり白熱してきた。女性は見ず知らずの私がいても、関係ないようだ。

なんとなく部屋を見回してみて気づいたのだが、壁にかけられたバッグは女性ものだし、鏡の前には化粧品が並んでいる。

「もしかしてここは彼女の家？」

つまり、マニが勝手に私を連れ込んだことが原因で、喧嘩になっているのではないか？

ヒートアップした彼女が、カバンを持って外に出て行こうとする。それを止めるマニ。

二人ともかなり興奮状態だ。すると彼女が、テーブルの上になぜか置いてあったナイフを取って、マニに向けた。

「ひょええ！」

私が驚きの声を上げても、二人には関係ない様子だ。マニはゆっくりとテレビに近づき、テレビの音を大きくした。そして後ろのポケットに右手を突っ込み、落ち着いた様子で、飛び出し式のナイフを取り出した。

「しょええ！」

テレビの音を大きくしたのは彼女の悲鳴を消すためか？　やめてくれ、私が原因なら今すぐここから立ち去りますから！

「ぐわっ、ちょっと待って」

私が英語で話しかけても、二人はナイフを持って刃先をお互いに向けている。彼女の方は今にも刺しそうな勢いだ。それに比べるとマニは落ち着いているが、それがまた慣れを感じて怖い。彼女が少しナイフを突き出すような素振りをした。

お願いだから待ってくれ。俺が刺されるわけじゃないが、人を刺すところを目の前で見たいとは思わない。

しばらくして、彼女が掴んでいたナイフを元のテーブルの上に放り出した。危険な状況は回避したかと思ったのだが、マニはまだナイフを持ったまま彼女を睨み付けている。「どうなるんだ」と思った矢先、マニがナイフの刃をしまい、また後ろポケットに戻した。

「ふぅ」

この後も二人の口喧嘩は続き、結局彼女が上着とバッグを掴んで家を飛び出してしまった。彼女には申し訳ないが、少しホッとした。マニは何事もなかったように落ち着いている。

「実はここは彼女の家じゃないの？」

そう聞くと、マニはしれっとした顔で答えた。

「いや、俺の家だよ」

しかし本当のところは分からない。すると、マニが言った。

「そろそろ寝るか？」

見渡すと部屋にベッドはひとつしかない。

「ベッドの横にある、低い長椅子で寝な」

ありがたく、そこに寝袋を広げて横になる。

「彼女はこんな深夜に、どこに行ったのだろう？」

少し心配しつつ、眠りについた。

翌朝。窓の外から入ってくる明かりで目が覚めた。

「あれっ」

ベッドで寝ているマニの横に、誰かいる。覗き込むと昨日の彼女だ。いつの間にか戻ってきて、一緒に寝ていたのか。二人ともまだすやすやと眠っている。とても、昨夜ナイフを向け合った二人とは思えない。

少し安心しつつも、寝ている二人を見て思った。やっぱりヤバそうな人についていくのはやめよう。

心優しきグルジア人

その国の印象を決めるものには料理や景観、気候など様々な要因があるのだけど、やはり出会った人の影響は大きい。

トビリシではマニのような変わった男にも出会ったが、これまで通過してきた国と比べても、グルジアは圧倒的に親切な人が多かった。

グルジアに入国した初日のことだ。たまたま道を尋ねたお店の人が、店の軒下に「寝てもいいよ」とテントを張れる場所に案内してくれた。

お言葉に甘えて早速テントを広げていると、恰幅のよい奥さんが食べ物を皿にのせて持ってきてくれた。餃子の皮のようにツルツルとした白い皮で覆われていて、中華まんに似ている。「ガブリ」とかじりつくと、熱々の肉汁が口の中にジュワッと広がった。肉まんと餃子の間のような食べ物だ。

親指を立てて「美味しい！」とアピールする。この食べ物の名前を教えてくれ、と言いたいのだが言葉が分からない。

こちらの意図が伝わったのか、奥さんは笑顔で「ヒンカリ、ヒンカリ」と繰り返した。これは「ヒンカリ」というのか。新しい国に入ると、幼子のように言葉を一つひとつ教えてもらいながら、覚えていくしかない。

路上でたまたま知り合った人が、家に招いてくれることも少なくなかった。

そういう時は、だいたい友人を招いての夕食会が開かれ、自家製の料理をテーブルにずらりと並べてくれる。

グルジアの家には決まって地下室や倉庫があって、そこには壁一面、床一面大きなビンに詰められたワインやお酒、そして瓶詰めの食品が所狭しと並んでいた。グルジアでは食料は夏の間に作り、冬を乗り切るために蓄えておくのだそうだ。

そして食卓に着くと「これが今年のわが家のスペシャルだ」と言わんばかりに、たった今地下の食料庫から持ってきた透明なビンに入ったワインをコップに注いでくれる。

グルジアでは乾杯する時、毎回「だれだれの健康のために」などと、理由をつけて乾杯する。最初の数回は、ここにいる人の健康や将来の幸福を願うが、それも全部終わってしまうと「あんたの両親のために」などと、家族のために乾杯する。

それも終わると、グラスを掲げるたびに何か「ブツブツ」と言っている。乾杯ごとに誰が何を言い出すかが面白かった。

首都のトビリシを抜けると牧歌的風景が広がっていた。ほぼ平らなのだが、少しだけ丘陵地が続く。見晴らしのよい場所にくると、北には真っ白な雪で化粧されたコーカサス山脈の峰々が見える。

路面の状態は決してよいとはいえないが、のんびりと自転車を走らせた。羊飼いが連れている羊が道を覆いつくしていて通れないこともあったが、急ぐ理由もないので、羊達の後ろでゆっくりと自転車を押した。放牧されている牛がのんびりと牧草をはみ、時々は馬も見かけた。そういった風景が気持ちを余計にゆったりとさせる。

行く先々で「こりゃうちで採れた傑作じゃ！　持っていけ！」と自家製のりんごジャムやら、トマトソース、豆の煮込み、ワインなどを持ちきれないほどいただいた。

ビン詰めの物が多くて重たいのだけど、困るものではなかったのでいつも受け取っていた。

それらをパンにつけたり、パスタをゆでて加えたりした。

特にお気に入りだったのは、トマトとニンニクと唐辛子を煮込んだペースト状のもので、辛いもの好きな私は、何にでもそれをかけて食べていた。

路上での手品も好評だった。道に立つと、すぐに人が止まりコインを投げ込んでくれた。決して多くはなかったが、自転車で野宿をしながら進むには十分だった。それよりなにより人々がよく笑ってくれたのが嬉しかった。

グルジアの幹線道路を西に進むと、黒海が見え始めた。カスピ海に比べて波はなく穏やかな水面に見える。

色は「黒海」と呼ばれるだけあり確かに黒い。橋を渡っている時にオールで漕ぐ小さな船が見えた。しばらくその船をボーッと眺めながら、カスピ海の日々を思い出した。あの頃は半袖でも暑かったが今はジャケットを着込むほど寒い。

黒海に沿って南下すれば、ヨーロッパの入り口トルコはすぐそこだ。

グルジアの田舎町で見かけた羊の群れ。こうなるともうのんびり行くしかない

砂漠＆カスピ海横断編　移動経路

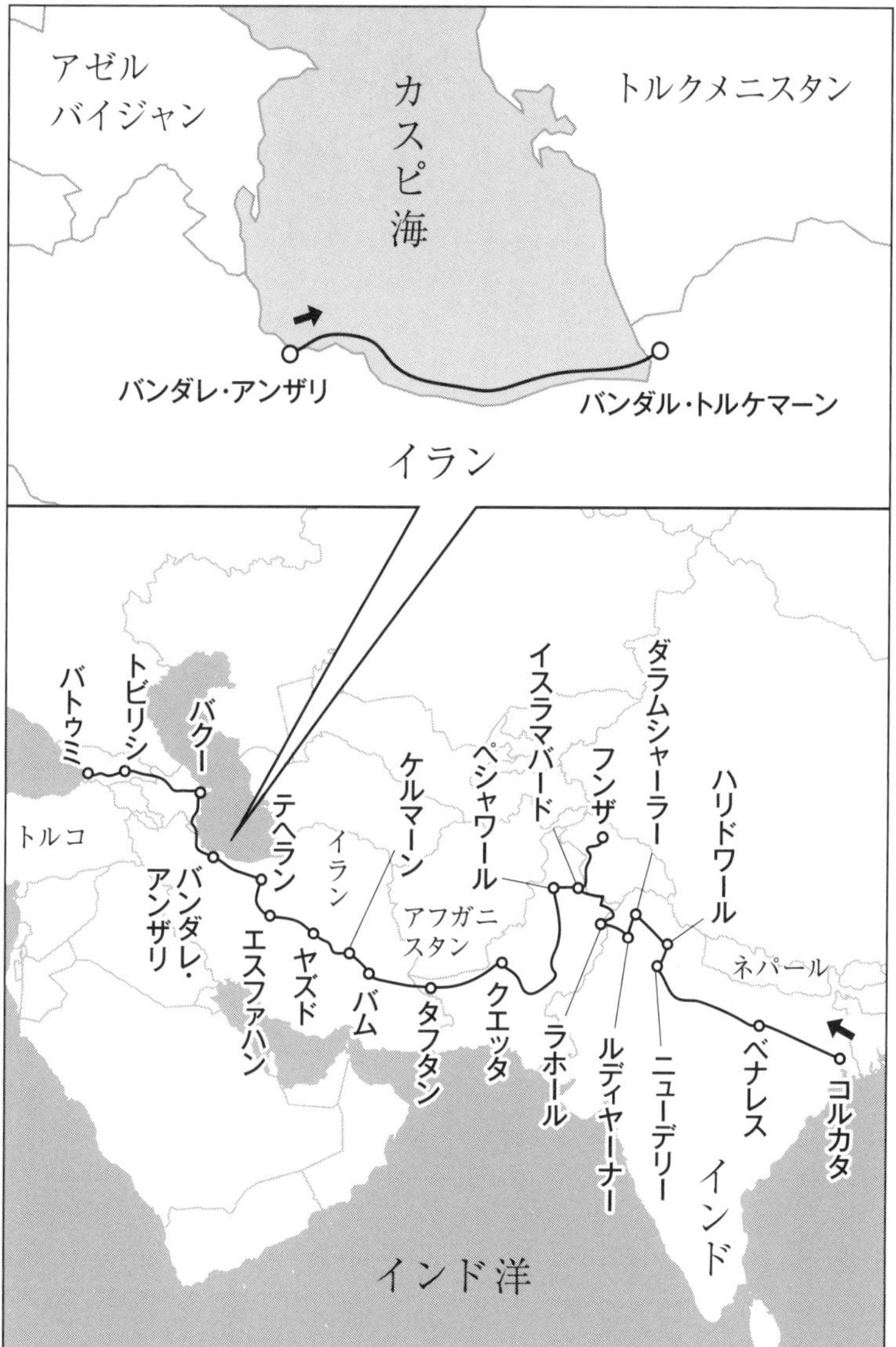
アゼル
バイジャン
カスピ海
トルクメニスタン
バンダレ・アンザリ
バンダル・トルケマーン
イラン
バトゥミ
トビリシ
バクー
トルコ
テヘラン
バンダレ・
アンザリ
イラン
ケルマーン
エスファハン
ヤズド
バム
アフガニ
スタン
タフタン
クエッタ
イスラマバード
ペシャワール
フンザ
ラホール
ダラムシャーラー
ルディヤーナー
ニューデリー
ハリドワール
ネパール
ベナレス
コルカタ
インド
インド洋

第7章 ヨーロッパ&ゴット・タレント編

真夜中の訪問者

トルコに入国して黒海沿岸の町、ホパに到着。最初の夜はここで寝ることになる。タイではガソリンスタンド、マレーシアではバス停、インドではダバ、イランでは公園が野宿の定番だった。だがその国に入って初めての夜はいつも手探りだ。

もう日が傾き薄暗くなってきている。レストランの軒下に寝かせてもらえるか聞いてみるが「ホテルの方が安全だ」と、やんわりと断られる。ホテルに泊まるだけのお金があったら、軒下で寝たいとは言わないのだが。

結局寝られそうなところが見つからないまま、日が暮れた。郊外に出てもよいのだが、国境付近は「治安が悪い」と聞いていたので、どこか街中で寝られそうな場所を探したい。

見上げると空には星が出ておらず、いつ雨が降り始めてもおかしくない天候だ。仕方ないので先ほど目をつけておいた高架線の下へ向かう。「邪魔にならないように」と歩道のさらに脇にマットを広げて横になる。

眠りの深さによるのだが、人の気配がすると、大抵は目が覚める。トルコ初日の緊張感もあったのだろう。今も複数の人が近づいてくるのが、足音と話し声で分かった。

大抵の場合「寝たふり」をしていれば、路上に寝ている奴にわざわざ近づいてはこない。

しかし、彼らは違った。私を囲むように座り込み、荷物を触り出したのだ。

「ヤバイ！」

こういう時は「パッ」と目を開けて起き上がる。街灯の明かりでうっすら見えるのは、ヤバそうなお兄さんが3人。

深夜だが、道路に飛び出して手を振れば、助けを呼べるかもしれない。するとお兄さん達が、なにやら私に話しかけてきた。

聞きなれない言語だ。アゼルバイジャンや、グルジアで何度か聞いたことがある。どうもロシア語らしい。グルジアは元々ソビエト連邦なので、ロシア語も広く話されているのだ。

「グルジア人？」

「そうだ」

少しホッとした。グルジア人はみないい人達ばかりだったからだ。グルジアで覚えた言葉で、私は続けた。

「グルジアはとてもよかったです」

「そうか、そうか」

彼らは頷いていたのだが、一番ヤバそうな奴がいきなり何の脈絡もなく言った。

「金をくれ」

一瞬耳を疑った。言い方はソフトであるが、強盗、いやむしろ物乞いか。すると、彼の仲間も同調して、「くれ、くれ」と言い出した。

「なんだこの状況は？」

現実逃避したかったが、相手も人間である。ここは落ち着いて、できるだけ彼らに分かるようにジェスチャーも混ぜて、必死に伝えた。

「もし、お金があればホテルに泊まります。お金がないから私はここで寝ています」

実際、この時私はトルコのお金を全く持っていなかった。すると彼らはお互い顔を見合わせて妙に納得した様子で「じゃあな」と暗闇に消えていった。

次に起きた時は全く人の気配に気づかず、ライターの火打ち石の「カチャ、カチャ」という音で目が覚めた。

「ハッ」と目を開けると、頭の横に人が座っていて、ライターの火で私の顔を照らしている。私は手で目を覆い、「なにすんだよ」という感じの仕草をしてみせる。

相手はひげの生えた中年の男性で、さっきとは別の人だ。彼は私の顔を見て、トルコ人ではないと気づいたのだろう、近くにいた若い男を呼び寄せた。そいつもまたライターで人の顔を照らすからたまらない。

二人の話している言葉は全く分からない。彼らはトルコ人らしい。一方的に話しかけられたが全く分からなかった。だが「私はツーリストで、日本人」ということは、伝わったらしく、しばらくすると、離れていった。

彼らはどうやらトラックの運転手らしかった。時計に目をやると朝の4時だった。

またウトウトとすると、誰かに体を揺さぶられて目が覚めた。

いつの間にか先ほどのオヤジがまた私の頭のところに座っていて、なぜか握手を求めている。それに応じると、今度はトルコ式(?)で、頬にキスを迫ってくる。

グルジアではそういう挨拶の経験があったが、トルコも同じなのだろうか。「まぁいいだろう」と応じるが、少し変だ。オヤジは握手した手を離さず、空いている左手で握手している私の右手を撫でてきた。またキスを頬にしようとしてくる。

「これは、おかしい」

握手している手を私が振りほどくと、空いた手を私の寝袋の中に入れようとしてきた。

「ノウ、ノウ」

私はそう連発し、両手で必死にオヤジの手の侵入を防ぐ。しかしオヤジも簡単に引き下がらない。手をどうにか私の寝袋の中に入れてこようとする。

「やめろ！」

私が少し怒り気味に言うと、オヤジは手を引っ込め、「なんだよ」という顔をして、トボトボと先ほどのトラックに戻っていった。

やれやれお客の多い夜だ。初日でこれでは、トルコは先が思いやられる。

トルコのパン屋のおじさん

トルコでは黒海沿いをずっと走っていたが、黒海は本当に「黒かった」。水際まで行くと濁っているわけではないのだが、少し離れたところから見ると、なぜか黒く、光加減によっては真っ黒に見える。昼なのに夜の海みたいだった。

カスピ海はエメラルドグリーンの明るい色だったが、黒海は暗く悲しく見える。

黒海沿岸を走っていた11月は雨に降られることが多かった。南国のようなスコールではなく、シトシトと長時間続く雨だ。連日降られると靴の中が一日中濡れっぱなしで、翌日もそれを履くことになるので相当に不快だった。

サムスンという黒海沿いの町に着いた。路上に自転車を止めて手品を始める。気がついた子供達が集まり寄ってくる。そしてその後ろから大人の男が覗き込んできた。

しかし、雰囲気が妙だ。男達はみな腕を組み、渋い顔をしている。「はて?」と思うが続ける。ひと通り終わったところで帽子を差し出したが、ほとんどコインが入らない。それどころか、男達はますます不機嫌になっている。

「プロブレム?」

近くにいた年配の男に話しかけると、英語が片言喋れる男が横から口を挟んだ。

「あんたは俺達を騙している」

「えっ、騙している?」

たしかに、騙しているといえば騙している。だが、手品を見る方は、騙されるのを楽しむものなのだと思っていた。

インドでも似たように怒る人がいたが、それは「奇跡」を期待しているからだった。

トルコは少し違う。たんに私が「騙し」を披露しているように思われているのだ。手品を見慣れていないのか、それともプライドが許さないのか。どちらにしても、結果として反応はよくないし、コインを入れてくれる人も少なかった。それでもたまにはコインを入れてもらえることもあり、それで何とか食いつないだ。

一方で、日本に対してよい印象を持っているのか、日本人と分かると笑顔になる人が多かった。自転車で走っていると、お茶屋の前にたむろしているおじさん達から声がかかる。

「おーい、こっち、こっち」

自転車を止めて近づくと「どこからだ?」と聞かれて「日本です」と答える。すると大抵は「まぁお茶でも飲んでいけ」と温かいお茶を出してくれた。

トルコのお茶は、細長くサイズが小さいガラスのコップに注がれている。イラン同様、これに角砂糖が添えてある。

イランでは砂糖を口に含んで一緒に飲んでいたが、角砂糖をお茶に入れて溶かすのがトルコ流だ。小さなスプーンもきちんとついている。

インドでは砂糖の有無の選択権は飲み手に全くなかった。イランも調節が難しい。だがトルコ流なら、甘みの調整ができる。淹れたての熱々のお茶はコップの腹を持つと熱いので、コップの上部をつまむようにして飲んだ。

寒い日は、よく店の中にある「ソベ」と呼ばれる鉄製の暖炉にあたらせてもらった。外から暖かい室内に入るとまるで天国のようで、再び外に出て行くのが辛くなった。

寝床は、よく工事現場にお世話になった。

「テントを張らせてほしい」

と頼むと、まず断られなかった。それどころか「日本からか」と歓迎されて「ベッドがあまっているからそこで寝ていけ」と言われることもたびたびあった。

現場の作業員達は2段ベッドの詰まったドミトリーのような部屋で共同生活していて、たいてい空いているベッドがあったからだ。

ある日の寒い朝、自転車を止めて休んでいると、どこから現れたのか髭面のおじさんが「こっちに来い」と手招きしている。

これまでの経験上、田舎に悪い人はいない。腰を上げて言われるままについていくと、おじさんはパン屋に入った。

中は大きなかまど、そしてたくさんの並べられたパン。英語で話しかけるが返事はない。トルコ語で何か言われるが今度は私の方が分からない。しかし、おじさんはお構いなしだ。

そして、かまどの前に椅子を置いて「ここへ座りなさい」という仕草をした。寒い日だったので「ありがとう」と腰を折りながらお礼を言い、しばらく腰掛けさせてもらった。寒さでかじかんでいた指の感覚が戻っていく。

10分もするとすっかり体の芯から暖まったので「そろそろ行きます」と席を立った。するとおじさんは「まぁ待て」と手で制した。そして店の隅にある冷蔵庫から、チーズとオリーブを出し、一番端にあるパンをナイフで丁寧に切ってテーブルの上に並べた。

パンとチーズとオリーブの、トルコの簡単な食事。今までに何度となくご馳走になった。いや、トルコだけではない。今まで通ってきたすべての国の本当に多くの人から、ご飯をご馳走になってきた。それを思い出して、少し涙が出そうになった。

私は何も返せない。相手もそれは期待していないだろう。なのになぜ、こういうことをしてくれるのか。答えはすぐには出ない。

いつの頃からか「食べ物をもらう」ということはその人から「命をもらっている」ということだと思うようになっていた。

たかが食べ物ではない。一食、一食、一口一口が体に入り、私を作る細胞になり、エネルギーになっているのだ。これがあるから生きていられる。もらうのは食ではなく、命、生そのものなのだ。本当にありがとう。生かさせてもらっています。言葉は通じないが気持ちが伝わるように深々とおじさんに向かって頭を下げた。

アジアの終着点

トルコの西側にあるイスタンブールはアジア終点の都市とされている。この巨大都市を貫くボスポラス海峡を越えれば、あちら側はヨーロッパ大陸というわけだ。

実際には色々な定義があって、トルコまではアジアで、ギリシャからヨーロッパという考え方もある。たしかにトルコ国内でアジアが終わり、途中からヨーロッパになるというのもおかしな話だ。

トラブゾン、オルドゥと黒海沿いの町を進む。オルドゥの街角では妙なものを発見した。看板に日本とトルコの国旗がついた「ＫＡＲＥＥ」というお店だ。

店自体はトルコでよく見かけるレストランの構えで、それだけならば素通りしてしまうのだが、窓に日本のカレーライスの写真が貼り付けてあった。

「もしかしたら日本のカレーが置いてあるのか？」

ガラス越しに店内を覗く。カウンターとその前に並べられた椅子しか見当たらない。

カウンターには、一人の東洋人が座っていた。20代らしき若者で、食事をしているようにも見えない。こちらが覗き込んだのに気がついたのか、若者は「あれっ」という顔をして席を立ち、入り口のところまでやって来た。

「日本の方ですか?」

若者は石橋さんといって、まだトルコに来たばかりだが、これからここに数年滞在してお店を切り盛りしていくという。このオルドゥの町には日本への出稼ぎ者が多く、それでカレーの店を出したとのことだ。

決して観光地ではないトルコの地方都市で日本人に会うとは。それから店を営業しているのが日本人ということにことさら驚いた。異国の地でたった一人お店を経営していく彼に逞しさを感じ、自分も進まねばという力をもらった。

トルコ内陸部に入るとなだらかな青々とした丘が連なっていて景観はよかった。路面状態も文句ない。イスラムの国家らしく町や村を通過する時には必ずといってよいほどモスクを見かけた。

トルコの道路標識にはいつも地名の下に「Nüfus」という言葉と数字が書いてある。例えば「GEREDE」と町の名前が書いてあり「Nüfus2520」という具合だ。

「一体何の数字だろう」

よく見かけるのは5桁の数字なので「郵便番号」か「都市番号」はたまた「市外局番」だろうと思っていた。

峠を越えた時には峠の名の下にも数字があった。「Rakim1570」。

これは分かった、標高だ。地図でも1500mの峠のマークがあったから間違いない。感覚からしてそのぐらいは登った感じもする。しかし「Nüfus」の方はなかなか謎が解けなかった。ある日、「BOLU」の街の入り口に着くと、ここには84600と数字があり、その次の町には「9500」とあった。

ここでひらめいた。BOLUの町は大きい。次の町はあっという間に通過できるほど小さい。つまり、その町の人口を表しているのではないか？

それから町を通過するたびにその規模と入り口の数の関係を探り、イズミットの町で確信した。大きな町で数字が「195700」と書いてあったからだ。ここの人口は、19万5700人だった。

なかなか面白いが、過疎化や急に発展した町はどうなるのだろうかと疑問も生まれた。そのたびに看板を書き換えなければならないのだろうか。

イズミットの町を抜けると左手に水面に浮かんだ船が視界に入った。曇り空と水面の色があまり区別がつかないが、確かに船が数隻水に浮かんでいる。

何度も地図を繰り返し見て地形が頭に入っていたので、すぐに分かった。

「ついに地中海までやってきたか」

カスピ海、黒海と沿岸を走り、地中海まで到達した。ヨーロッパはすぐそこ、イスタンブールはもう目と鼻の先だ。

イスタンブールの30㎞手前くらいから建物が連なりだして、交通量が爆発的に増えた。渋滞している車を横目に、自転車でスイスイ進む。イスタンブールという標識を探したが見つからない。もうイスタンブールに入っているのかもしれない。

さらに進んでいくと、道路脇にバス停があり、小さな露店が出ていた。ちょうどよいと自転車を止めて、店を覗く。50クルシュ（約45円）のドーナツを買い、かじりながら細身のおじさんに街の中心まではどのくらいか尋ねた。

「あと7㎞くらいだね。自転車で行くのか？」

「はい」

「どこからきたの？」

「中国の端の青島という町です」

えっ、そりゃどこだいという表情をしたので、もう一度「チャイナ」と繰り返す。

「そりゃ、冗談だろ」

「約5年かかりました」

相手はどうやら冗談じゃないと悟ったのか、信じられないという顔をした。

「そりゃえらいこっちゃ。これでも飲んでいけ」

そして、自前のポットから熱々のお茶をコップに入れて出してくれた。

イスタンブールには田舎のような人懐っこいトルコ人はあまりいないのかと思っていたから嬉しかった。

それからおじさんは、イスタンブールの中心に行くなら船に乗らなければならないと教えてくれた。アジアとヨーロッパの間にあるボスポラス海峡に架かっている橋は、自転車では横断できないらしい。

おじさんにお礼を言い自転車にまたがる。大きな分岐に差し掛かるとフェリーマーク標識が出てきたので、迷わずそちらに進む。交通量の減った道をしばらく行くと港に出た。フェリー乗り場だ。手前に窓口があり、一人1・3リラ（約120円）と書いてあった。

停泊しハッチが開いたままのフェリーに乗り込む。面倒くさい手続きは一切なかった。

後方のハッチが「ゴゴッ」と持ち上がる。それが完全に閉じると船全体に振動が走り、フェリーがゆっくりと動き出した。

タイムテーブルなどなく、場所が十分に埋まったら出発するようだ。船の速さに驚いた。カスピ海で人力で漕いだ時とは大違いだ。大きな船がこんなに速く動くのか。時計に目をやると4時47分だった。

アジアの旅が終わる。自然とのやり取りは過酷だったが、人との思い出は温かいものばかりだ。黒い海の向こうに巨大な丘が見えた。無数の明かりが灯っている。

海峡には何隻もの船が行き来をしている。ヨーロッパ側は高台から薄暗いライトが灯り始めている。思ったより派手ではない。香港の方がずっと明るかった。ゆっくりとアジアが遠のき、ヨーロッパが目の前に迫ってくる。

さて次の大陸ではどんなことが待ち受けているのだろうか。

ヨーロッパでの最終目的地は、ポルトガルのロカ岬。ユーラシア大陸、最西端の地である。そこまで辿り着けば、韓国・釜山を出発点として、ユーラシア大陸を横断したことになる。

ユーラシア大陸を横断、そして海をどうにか人力で渡ってアメリカ大陸も横断したいと夢が膨らむ。

日本を発ってから、約5年の月日が流れていた。5年という年月は決して短くない。生まれたての子供が歩き、話し、成長する過程を見ていれば明らかだろう。

一方で、人生全体で考えると、それほど長い時間にも思えない。勤続年数でいえば、まだまだ若手の範疇である。

大したお金を持たずにこの旅行に出た。旅を通して私が欲したのは、お金ではなく、水であり食料だった。安心して眠れる場所だった。

お金があると、それらが苦もなく手に入る。しかしそれは提供する人がいてこそだ。砂漠で水がめの水をもらった。彼らはお金を請求してこない。お金を持っていても、その砂漠に水を運搬してくれる人がいなければ砂漠を横断できない。

アジアを横断してきて一番印象に残っているのは、アジア諸国の人々の優しさや、温かい心のもてなしだ。

自然や生活環境が苛酷な場所ほど、人々はお互いに協力的であり、部外者である私にも親切だった。それは、剝き出しの自然の中では人間の力など小さなものであり、お互いに助け合ってこそ生き延びていけると、肌で感じているからではなかったかと思う。

バルカン半島の国々

車と人々を乗せたフェリーは、20分もかからずにボスポラス海峡の対岸に到着した。

しかし同じイスタンブールの市内なので景色の変化は全くない。ただ、これでとうとう、ヨーロッパに足を踏み入れたわけだ。

イスタンブールでは、日本からやって来る父と再会することになっていた。空港まで迎えに行くと、父の便はすでに到着していた。70を過ぎても、はるか異国の地まで一人で会いに来てくれるなんて、感謝しかなかった。「おまたせ！」と声をかけ、久しぶりの再会を喜んだ。

イスタンブールは世界有数の巨大都市で、世界遺産に登録されている歴史地区もあり、退屈はしなかった。

イスタンブールには父との再会も含め、年末年始にひと月ほど滞在した。

次はいよいよヨーロッパの1国目となる、ブルガリアだ。イスタンブールからは、地続きでブルガリアに入ることができる。

国境に着くと、トラックがズラリと行列をなしていた。そのトラックの脇を自転車でスイスイと抜けていく。ここは審査が厳しいと聞いていたけど、難なく入国させてくれた。

自転車で走り出すと、道路標識がキリル文字に変わっているのに気がついた。また宣伝の看板に描かれている女性の露出度が明らかに高くなっている。再び、イスラム教圏からキリスト教圏に変わった証拠だ。

ブルガリアではガソリンスタンドの敷地にテントを張らせてもらうことができた。最初はどこで寝ようかと迷ったのだけど、ガソリンスタンドの隅で「テントを張らせてくれないか？」と尋ねると「ああいいよ」とあっさり許可をくれた。アジアのように「どっから来たんだ」とか「どこに行くんだ」とかをあまり聞かれず、ほっといてくれるのがアジアと違うなと感じる。

国境を越えて7日後、首都のソフィアに到着。イメージしていたヨーロッパとは少し違い、何かやや寂しい町に感じた。少し広めの公園があったので、手品を始めてみる。

しばらく続けるが、さっぱり人が止まらない。まれに投げ銭してくれる通行人はいるが、立ち止まってくれないので人だかりにならない。どうやらアジアとは勝手が違うようだ。

これは果たしてブルガリア人の国民性によるものなのか。ヨーロッパ全体がこんな調子なら、とても旅は続けられない。トルコからのわずかな蓄えでどうにかしのげているが、投げ銭がなければすぐに資金が底をつく。

ブルガリアの西にある山間部を抜け、マケドニア（現・北マケドニア）に入る。ヨーロッパに入って21日が経過していた。

マケドニアは1991年にユーゴスラビア解体のタイミングで独立した国のひとつだ。訪れてみると、食べ物などもなんとなくブルガリアに似ている。

聞くと話す言語もほぼ一緒らしいのだが、マケドニアではマケドニア語、ブルガリアではブルガリア語という扱いになっているところが、面白い。どちらもスラブ系の言語でキリル文字を使う。

ちなみに、のちの2019年、マケドニアは、ギリシャのマケドニア地方との国名論争を経て、国名を北マケドニアに変更している。

マケドニアは国境からクマノボという町を通り、首都のスコピエへ。町の中心にはかなり大きなマケドニア広場があり、ここから石畳の橋を渡って旧市街に繋がっている。この橋の上に立って芸をしたところ、人がいくらか見てくれて投げ銭をいただけた。

さらに隣の国アルバニアは、バルカン半島の南西部にある。旧ユーゴスラビアにもギリシャにも属さない、ヨーロッパで唯一のイスラム教国だ。なんでも90年代後半には国民の多くがねずみ講に引っ掛かって財政が大混乱したという話を聞いた。

それ以外の事前知識を全く持たないまま入国したので少し不安もあったが、いざ走り出してみると人々はとてもフレンドリーだった。インドやトルコのように、自転車で走っているとお茶を飲んで行けと誘われることも多かった。イスラム教徒が多いせいだろうか。

また路上で芸を開始すると、たちどころに人が集まった。ヨーロッパに入ってから、初めてのことだ。時にはぎゅうぎゅうになった観客との距離が近すぎて、芸ができなくなることもあるほどだった。

ある日のこと。首都のティラナで手品を始めると、平日の日中だというのに凄い勢いで人が集まった。全部で30人くらいだろうか。一番前にいるおじさんとの距離は1mもない。至近距離である。

しばらくすると、最前列のおじさんが、こちらに向かって口の前で何か両手を交差させてバタバタさせている。

「なんだろう?」

鳥のモノマネか? そしておじさんはそれを口から出すような仕草も始めた。

分かった。鳩を口から出す手品をしろと言っているのか。おじさんは、さらに両手の指を10本広げている。

彼のジェスチャーを繋げると、「鳩を口から10羽出せ」となる。全くもって意味が分からな

グルジアやアルバニアでは手品が大好評だった。観客との距離が近い

い。色々な手品を見てきたが口から鳩を出す手品は見たことがない。

おじさんがいなくなると（大人しくなると）、次にどこからか10㎝くらいの長い釘を持ってきた人が、それを口の中に入れろと言ってきた。こうなるともはや手品でもなんでもない。ただの奇人コンテストである。何だろう、アルバニアには凄いマジシャンがいるのだろうか。

アルバニアをアドリア海沿いに北に進み、モンテネグロに入る。

モンテネグロはラテン語で「黒い山」の意味。内陸部はその名の通り黒い岩が連なる山が多かった。

首都のポドゴリツアを経由して、アドリア海沿いを北西に向かってひた走る。

モンテネグロという国は想像してい

た以上に、美しい国だった。特に真っ青なアドリア海に面した町が美しい。白く狭い石畳の道が入り組んでいて、中世の趣がある。

特に世界遺産のコトルという町は古くからの建物が立ち並び、透き通るような青い海に面していて印象に残っている。

モンテネグロ最後の夜は消防署に泊めてもらった。まさか消防署に部外者を入れてくれるとは想定外である。更に驚くことに、「こっちにこい」と誘われるままについていくと署内のテーブルを囲んで夜勤の消防士達が宴会をしていた。日本だったら大変なことになりそうな現場だ。

クロアチアには、有名なアニメ映画「魔女の宅急便」の舞台となったといわれるドブロブニクがある。アドリア海の真珠とも称される町で、城壁に囲まれた茶色い屋根の家々がまさにアニメの世界のようであった。

アドリア海沿いの国道8号線はずっと海に沿っており、透き通る青い海が入り組んだ美しい景観が続いていた。ヨーロッパを自転車で走るのであれば、ぜひお勧めしたいコースである。

ユーラシア大陸の果て

さらにセルビアを経由して、ハンガリーの首都ブダペストに到着した。この時、2007年7月5日。ヨーロッパに入ってから、半年が経過していた。ヨーロッパは駆け抜ける予定だったのだが、各国に個性があるので面白く、あっという間に時間が過ぎてしまった。

ブダペストには、日本人が集まる「アンダンテ」という安宿がある。このアンダンテはハンガリー在住の日本人が協力してオープンした宿で、経営者はもちろん、スタッフも全員日本人ということで、とても居心地がよかった。

ここで、同い年のトモ君と知り合う。

彼は旅の期限を決めていないバックパッカーで、中国を出発点にとりあえず「西へ進んでます」という行き当たりバッタリな旅を1年くらい続けていた。

ブダペストに滞在して5ヶ月ほどが過ぎたある日のこと。アンダンテでビールを飲んで、したたま酔っ払った彼は言った。

「自転車旅行って、どんな感じですか？」

「トモ君も一緒に走れば分かるよ」

「そうですかね～」

「そうだよ！」

「じゃあ、自分も自転車で行きます」

酔った席での間違いだろうと思ったのだけど、翌日も覚えていて、そのまま本当に自転車を買って一緒に走ることになった。

ハンガリーを出てドイツまでトモ君と一緒に辿り着いたものの、12月のドイツは寒く、凍えるようなテント泊。なかなか日は昇らないし、昇ったと思ったらあっという間に日没という具合で自転車旅行には全く向かないことが分かった。

そこで一旦自転車の旅を中断し、ハンガリーまでバスで戻り、冬の間はアンダンテでお手伝いしながら滞在させてもらうことにした。

このアンダンテには実に様々な人がやって来た。冬休みを利用してヨーロッパを回る学生さんから、陸路でアジアから来た人、南米やアフリカなどからやって来た人もいた。

お客さんのバリエーションといったら本当に多様で、卒業旅行のグループから、一人で放浪を続けている謎の旅人、100ヶ国以上を回ったという人も。

日々、入れ替わり立ち替わりやってくるお客さんの旅の話を聞いているうちにあっという間に時は過ぎ、2008年3月になっていた。

再び暖かくなってきたので、トモ君と一緒に、ドイツから自転車旅を再開。

ドイツは自転車専用道が整備され非常に走りやすかった。専用道には車が入ってこないので安全だし、路面の状態もよくスイスイと進める。

次のオランダも、ドイツ以上に自転車道が整備されていた。

オランダの首都アムステルダムには古くからの友人がおり、そこに滞在させてもらいながらダム広場で大道芸をする日々を送った。

ダム広場は王宮に隣接した石畳の広場で、まさにイメージ通りのヨーロッパの中心地。古くはここにアムステル川を堰き止めるダムがあったことからその名がついたという。ここには日本でも有名な蠟人形館「マダム・タッソー」もある。

こんなところでアジア人が芸をして、相手にされるのだろうか。最初は恐る恐るだったが、開き直って勢いよく声を出して芸をしていると、少しずつ人が立ち止まってコインを投げてくれるようになった。時々、異常なほどに大ウケしている人を見かけたが、アムステルダムだけに、大麻を吸ってハイになっている人だったのかもしれない。

このダム広場で稼いだコインで、タイのバンコクから5年間乗り続けてきた愛車を、新しく買い替えることにした。

購入した自転車はおよそ3万円、タイで購入した自転車の何倍もの金額だ。

今度もママチャリタイプにしたが、こちらには3段ギアがついていた。以前のギアなしママチャリに比べると、格段に快適になった。

8月に入り、イギリスを目指して、アムステルダムから南下する。

明らかに向かい風の強い日が多くなった。時々巨大な風車をみかけたが、いずれも風を受けて勢いよく羽を回していた。

ロッテルダムの西、フク・ファン・ホラントから、フェリーに乗る。

目的地は、ロンドンの東にあるハリッジ。5時間ほどで到着した。

イギリスの入国審査はかなり厳しく、追い返される人もいると聞いていた。自転車でも無事に入国できるだろうか。恐る恐る入国審査に進むと係の人は人が好さそうな感じで「自転車？」と聞かれただけで、すぐにスタンプを押してくれた。拍子抜けしたが、とにかく無事入国できた。

港を走り始めると、正面から来る車が、ずいぶん近くをすれ違っていく。次の車もまた近い。おかしいな、と思いよく観察して気づいた。イギリスは左側通行だったのだ。ヨーロッパの国はずっと右側通行だったので、ついうっかりしていた。

5日間ほど走って、首都ロンドンに到着した。

ロンドンといえば、世界中から集まってくる、路上芸人の聖地とも言える場所だ。

特に「コヴェントガーデン」という場所は、大道芸人が集まるところとして有名で、毎日芸人が順番を待って芸をしている。

それ以外にも「ロンドンアイ」という大きな観覧車の下の遊歩道は、狭い間隔で芸人がズラリと並び、通行人を楽しませている。銅像かと思ったら人が像に扮していただけという芸があったり、高い柱の上でジャグリングをしたりと、実に芸人のバリエーションに富んでいる。

芸のレベルの高さにいささか腰が引けたが、ロンドンは物価が高く、そんなことも言っていられない。ロンドンアイ下の遊歩道のスペースに立つと、意外や意外、人が足を止めてよく手品を見てくれた。

イギリスから今度もフェリーでフランスに渡り、ワインの産地ボルドーを通過して、世界遺産に登録されているミディ運河へ。この運河に沿って自転車道があるのだが、運河と並木に挟まれた素晴らしい道だった。この運河に沿って南東に下ると地中海に辿り着く。

フランスとスペインの間に横たわるピレネー山脈の峠を越え、スペインに入る。

スペインのバルセロナにも、大道芸人で有名な「ランブラス通り」という歩行者道がある。ここも通りに沿ってズラリと芸人が並ぶ、見ごたえのある通りらしい。

しかし張り切って行ってみると、近年、条例の変更により芸の許可が厳しくなっているらしく、人気が全くなかった。

「あのランブラスで手品ができないとは……」

大いにショックだったが、仕方がない。そのままスペインの地中海沿岸を南下し、コスタ・デル・ソルを経てユーラシア大陸最西の国ポルトガルへ入国した。

ポルトガルまで来れば目指していたロカ岬も、もう目と鼻の先だ。

首都リスボンに入って2日後の2009年3月9日、緩やかに下る道路の先に灯台が見えた。行き止まりの道には記念碑があり、その先は足もすくむような断崖絶壁、そして海が広がっていた。ついにロカ岬に到着。韓国に入った時から意識していた場所かもしれない、ずっと地続きの大陸の最西端。ついにここまで来たかと胸が熱くなった。

これにてユーラシア大陸横断達成となる。石碑には「地終わり海始まる」と刻まれていた。まさにここから先は見渡す限り水平線が広がっている。

ヨットの若者達

当初はユーラシア大陸最西端に到着したら、次はアフリカ大陸を目指すつもりだった。ポルトガルからトルコまで戻り、シリアを経由してアフリカ大陸の東側を南下する計画だ。

だが、シリアの内戦が長引いていて、自転車で入国するのはさすがに困難だった。ここで私の旅は停滞を余儀なくされることになる。結果的に路上で芸を披露しながら、長期間ヨーロッパに滞在することになった。

自転車でヨーロッパの国々を転々としながら路上で芸を見せ、投げ銭でどうにか旅費を賄う。

移動は相変わらず自転車なので費用はかからない。テント生活も無料、どうにか食費を稼ぎ出していれば旅を続けていられた。

ポルトガルから折り返し再びヨーロッパ未踏の国を訪問。アンドラやスイス、モナコやリヒテンシュタインなどを走った。オーストリアの山岳部を経てイタリアに入国。イタリアの北部から地中海に浮かぶフランスのコルシカ島へ、更にサルデーニャ島、そしてシチリア島へ渡る。

ここで、私の旅の方向転換のきっかけとなる、大きな出会いがあった。

シチリア第2の都市、カターニャの路上で芸をしていた時のことだ。

芸が終了しても帰ろうとしない、一人の若者がいた。時々、芸が終わった後に話しかけられることはある。たいていは「面白かった」などの感想を言ってくれたり、「あのマジックはどうしているの」と手品のタネを聞かれたりすることが多い。

若者は頭にターバンのような布を巻き付けていて、服装からしても地元の人ではなさそうだ。

彼はダイと名乗った。

「自転車で回っているの？」

どうも手品のタネを知りたいわけではないらしい。

「そうだよ」

「どこから？」

「日本から。君は？」

「ノルウェーだよ。ヨットでここにきたんだ」

想像すらしていない答えだった。聞くとギリシャでヨットを購入して、ここまで航海してきたそうである。今まで多くの旅人に出会ったが、ヨットで旅をしている人は初めてだった。私が大いに興味を示すと、彼は言った。

「ヨットを見に来る？」

「ぜひ！」

港に行くと、ダイ君は停泊しているヨットのひとつを指差した。

「これが僕達のヨット」

ダイ君は他の4人の若者と一緒に一隻のヨットで航海しているのだそうだ。船内に招いてもらい色々と質問をする。とにかくヨットはスクールに通えば操縦できるし、今は中古がギリシャで安く買えるらしい。ダイ君達は地中海を巡って大西洋に出るつもりだと言った。

大西洋か。実は、アフリカ大陸に入れないと分かってから、はるかアメリカ大陸を目指して大西洋を渡るプランが、頭の片隅にあった。だが、果たして人力だけであの広い海を横断することはできるのだろうか？

それからも話を聞いて、なんとか手が届きそうな額のお金を貯めれば、ヨットを買うのも夢ではないということが分かった。彼らにお礼を言って港を後にした。

路上でスカウト

ヨーロッパ各国の路上で芸をするようになって、8年が経過していた。

イタリアのシチリア島の路上にて。路上芸人として芸に磨きをかける

お客さんの反応は、本当にその国によって様々だ。スペインは驚きのリアクションが大きく、フランスは拍手してくれる人が多い。セルビアではお金を使うマジックがなぜかウケない。

2015年6月20日土曜日。この日もいつものように、ローマの繁華街トラステヴェレ地区で路上に立っていた。ここは狭い通りの両脇にレストランが軒を連ね、特に週末の夜は多くの人で賑わっている。お酒が入って上機嫌な人々を相手に芸を披露し、ひと通り終わった後に20代くらいの若者が声をかけてきた。

「『ゴット・タレント』という番組、知ってる?」

もちろんだ。ゴット・タレントはイギリス人のサイモン・コーウェルがプロデュースするオーディション番組。アメリカやイギリスで火が点き、今では世界的な人気を得ている。このイタリアにも同名の番組がある。

「僕はイタリアのゴット・タレントのスタッフなんだ。出演に興味ある?」

え、この若者が? ずいぶん若いなあと思ったけれど、反射的にこう答えた。

「は、はい。あります」

「じゃあ、連絡先教えてくれる?」

半信半疑で、とりあえずメールアドレスを伝えると、若者は手を振って去っていった。

しかし、あれだけの有名番組がこんな路上でスカウトするものなのか? それなりに事前選考を経て出演が決まるものなのかと思っていた。まあ名刺をもらったわけでもないし、酔っ払いの冗談かもしれないと、その時は深く考えずにいた。

しかしそれから2日後。メールボックスを開くと、「キアラ」という見知らぬ差出人からのメールが届いていた。タイトルに「Italia's got talent」とある。

「まさか」と思ってメールを開くと、「同僚が土曜日にあなたの芸を見て――」と書いてあった。あの若者は本当にスタッフだったのか。

この後、テレビ局に出向いて実際にパフォーマンスを披露し、とんとん拍子に12月の収録に臨むことが決まった。何年も路上で芸をしてきたが、テレビカメラの前で芸をするのは初めてだ。

ひとつ気になっていたのは、観客との距離のことだった。路上と違って、ステージは観客席から遠い。目の前で披露しないと、うまく伝わらないかもしれない。番組側に相談すると、ステージを降りて、審査員のテーブルの正面で芸をすればよいという話になった。

いよいよ収録の日がやってきた。今まで路上でしてきたことを審査員の前で演じるだけとはいえ、観客は路上とは比べ物にならないほど多い。リハーサルを一度行い、本番は自転車を押しながらステージに登場することになった。

スタッフの合図でステージの袖に進む。司会の人に「ようこそ」と「グッド・ラック」は日本語で何というのか、と聞かれる。

ステージに進むと観客席は暗く、審査員だけがよく見えた。観客があまり見えないからか思ったほど緊張しない。

「日本から自転車でここまで来ました」

審査員は、かなり驚いた様子。そしてステージを降りて審査員に歩み寄る。今まで路上で数えきれないほど繰り返してきたマジックなので、一旦開始するといつものテンポで演じられた。

出演者に与えられる時間は、たった100秒。パフォーマンスはあっという間に終わった。ステージに戻ると、観客席の椅子がよく見えた。「なぜ椅子?」と思ってすぐに気がついた。観客がスタンディングオベーションをしてくれていたのだ。審査員は4人とも素晴らしいコメントをくれ、4つの合格をいただいた。

この収録が放送されたのは、翌2016年3月のこと。オンエアされると思わぬ反響で、路上でしか芸をしていなかった私には考えられないほど、お褒めの言葉をいただいた。

その3年後の2019年、イタリアでウケがよかったのに気を良くして、スペインのゴット・タレントにも応募してみることにした。スペイン・ゴット・タレントは南米などのスペイン語圏の視聴者もいるので、イタリアよりもはるかに視聴者数が多いのだ。

出演者の応募数も多いはずなので、書類通過も難しいかと思っていたら、あれよあれようまい具合に話が進んで、出演できることになった。

スペインのゴット・タレントには、一人の名物審査員がいる。厳しめの審査で有名なリストさんだ。なんとか彼に合格をもらおうという覚悟で、最初のオーディションに臨む。

なんと結果は、リストさん含む審査員4人全員合格!

準決勝はスペインの視聴者による投票だった。外国人なのでちょっと不利かなと思っていたら、なんと投票1位で勝ち抜け、決勝戦に進んだ。決勝の優勝賞金は、2万5000ユーロ(約360万円)。これはいやでも気合が入る。ちなみに、本場イギリスのゴット・タレントはなんと25万ポンド(約4000万円)だ。

しかしいざ決勝戦の結果が発表されると3位にも入らずじまい。この年の優勝者は、なんとドラムを叩く3歳の男の子だった。

ブルガリアで遭遇した海洋横断人

その翌年の2020年、世界は新型コロナウイルスによるパンデミックに見舞われた。国境を越える際にはワクチンの接種証明が必要になり、旅行者の入国を完全に禁止する国もあった。20年近く世界を旅していて初めてのことだ。

もっと困ったのは、イベントはもちろん路上で芸ができなくなってしまったことだ。これでは、全くコインを稼ぐことができない。

仕方がないので、なるべく物価が安く旅行者でも入国できるブルガリアに移動し、コロナが収まるまで滞在することにした。

ある日、首都ソフィアの街をぶらぶらしていると、ショーウインドーに貼られているチラシが目に入った。小さい手漕ぎボートの上でガッツポーズをしている二人の男性の写真に、キリル文字で「Neverest」と記載されている。

エベレストを登った経験がある者としてはエベレストに1文字加えただけのネベレストもかなり気になるが、なにより釘付けになったのは、手漕ぎボートだ。これはもしかして、この船で海を横断したのではないか。

さっそく宿に戻ってネットで検索すると、やはり彼らは大西洋を横断した、ブルガリア人の親子だった。海洋横断人にずっと会ってみたかったのだが、なかなか方法が見つからずにいて困っていたのだ。

彼らのSNSを見ると、なんと3日後にソフィアでイベントがある。これは行くしかない！雨がシトシト降るなか会場に向かうと、入り口の横に彼らが使ったボートが展示されていた。思ったよりも小さい。全長6mくらいだろうか。エンジンも帆もついておらず、船体前後の上部がカプセルのようにカバーされていて、狭いながらも船内で寝られるようになっている。船体の上部と左右にはソーラーパネルが張られており、これで発電するようだ。中を覗き見ると、ナビゲーションらしきパネルがある。動力は手漕ぎだが、テクノロジーが詰まった最新式の船だ。

イベント会場に入ると、船の持ち主であるブルガリア人の親子、ステファンとマキシムはすでに壇上で司会の人と会話をしていた。

スクリーンには、荒波の中ボートで奮闘している彼らの姿が映っていた。ブルガリア語はさっぱり分からないが、スクリーンに映し出される写真を見ると、どんなことを話しているのかがなんとなく伝わってきた。

その後質疑応答があり、最後に本のサイン会が始まった。ステージの横にズラリと人が並ぶ。彼らとなんとしても話がしたい私は、入り口で本を素早く購入して、列の後ろに並んだ。長い列がゆっくりと進み、やっと自分の番がやってきた。

アジア人のファンにちょっと意外そうだが、彼らの表情は和やかだ。サインをしてもらいながら、父親のステファンに英語で話しかける。

「私も手漕ぎの船で大西洋を横断したいのです」

「えっ、ホント？　一人で？」

「はい」

ステファンはちょっと考えてから言った。

「よく準備すれば可能だよ」

エベレスト登山の時もそうだったが、冒険の過程を知る経験者の言葉は信頼できる。俄然やる気が湧いてきた。ステファンは続けた。

「メールアドレスを教えるから、そこに連絡をください」

そして、本の表紙の裏に「keep living your dream」と言葉を添えてくれた。

この出会いが、私の大西洋手漕ぎ横断への第一歩となった。

ブリテンズ・ゴット・タレント

2022年1月17日、ロンドン。

今日はいよいよブリテンズ・ゴット・タレントのオーディションの日だ。これまでにイタリア、スペイン、ブルガリア、ドイツの4ヶ国のゴット・タレントに出演したが、とうとう元祖イギリスに挑戦する機会を得た。

いつも以上に念入りにヒゲを剃り、滞在先のホステルから、マリオットホテルに徒歩で向かう。月曜日の朝らしく、出勤するビジネスマンが早足で街を行き交っている。

ホテルに着くと、入り口に立っていたボーイがこちらに気づいた。

「ゴット・タレント？」

「はい」と答えると、地下にある受付に案内してくれた。

まず名前を伝え、簡単な健康チェック、パスポートの提示。最後に入構証代わりの紙バンドを手首に巻いてもらう。これで出演者登録は完了らしい。

広いバンケットルームが控室だった。天井から豪華なシャンデリアがぶら下がっている。部屋の奥には、ユニオンジャックと「ブリテンズ・ゴット・タレント」の看板が煌めいている。まさにユーチューブで見ていた世界だ。

空いている椅子に適当に座って待つ。他の参加者はみな家族か友人、グループで来ているようで、一人なのはどうやら自分だけだ。だがＷｉ－Ｆｉが飛んでいて、退屈はしなかった。

しばらく待っていると、スタッフらしき女性が手元の書類を見ながらやってきた。

「ケイイチ？」

「はい」

隣の部屋でまずはオープニングの撮影をするらしい。ゴット・タレントのロゴが入った黒い大きな箱の上に座って、出演者のジョイさんという女性と会話をする。

ジョイさんは77歳で娘さんが４人と息子さんが１人いるらしい。スコットランドの方に住んでいて、あの有名なスーザン・ボイルのご近所さんだとか。なんと孫が21人いて、ひ孫が37人。今日は孫と来ているそうだ。

ロンドンのマリオットホテルに設けられたゴット・タレントの控室

控室に戻って、ふたたび待機。ゴット・タレントはどの国も例外なく、待ち時間が長い。

いよいよリハーサルが始まった。しばらくして私の名前も呼ばれ、ウクレレを持った10歳くらいの男の子とその家族と一緒にスタッフについていく。ワゴン車で10分ほど移動し、会場のパラディウムへ。

パラディウムはロンドンの繁華街ソーホーの西に位置する歴史ある劇場で、普段はミュージカルが上演されている。ビートルズが初めてテレビに出演したのも、この会場らしい。

ここの入り口にも、大きくブリテンズ・ゴット・タレントの看板が。荘厳な白い石造りの建物に圧倒されそうだ。

中に入り、音声係の人にマイクを付けてもらう。左耳ではなく右耳にしてもらった。マイクを付け終わり、ステージの袖に上がる。

ステージ上では、別の出演者が火を使ったジャグリングをしていた。よくあるジャグリングかと思ったら、火がテーブルに燃え移り、さらに消火する人に燃え移るという面白い芸だった。次の人もジャグリングだった。こちらは光のボールがブーメランのように行ったり来たりする。二人ともなかなか凄いパフォーマンスである。

そしていよいよ私の番。まずはステージを降りて、審査員テーブルの近くに寄る。目の前でパフォーマンスを見せた方が、インパクトがあるからだ。

いつも以上に集中し、リングを空中浮遊させて遠隔操作でお客さんの人差し指に嵌める、得意の手品を披露する。本番では審査員の誰かの指に嵌めるつもりだ。

次に、登場シーンのリハーサル。自転車をステージのどこに止めるかなどを指示される。用意してくれた自転車には、マットとボロ布、さらに空のペットボトルも積んであった。私が送った写真を参考にしたのだろうが、荷物の積み方が雑で汚いのが気になった。そのせいか、自転車自体は新しいのだが、全体的にボロく見える。まあ演出上、それでいいのかもしれないが。自転車を用意してくれただけありがたい。

リハーサルを終えて、マリオットホテルに戻る。再び、長い待ち時間。昼になったが食欲がないので、用意しておいたエナジードリンクを飲む。

聞くと、収録は午後の部と夜の部との2部構成になっているらしい。先ほど話をしたジョイさんは午後の部らしいが、私はまだなにも声をかけられていないので、おそらく夜の部なのだろう。

午後に入り、今度は単独のインタビュー撮影があった。インタビュアーが私に聞いた。

「もし、ゴールデンブザーだったら、どうする？」

ゴット・タレントは、4人の審査員による判定の他に「ゴールデンブザー」と呼ばれる特殊な判定ボタンがある。このボタンは各審査員がシーズンを通してそれぞれ一度だけ使用でき、他の審査員が「NO」でもそれを打ち消して、演者は文句なしにセミファイナルに進むことができる。ちなみに、ゴールデンブザーだけは司会者も押す権利を有している。

だが私にとっては、まずは合格をもらうのが先決だった。正直に「4つのYESを目指します」と答える。

夕方になり午後の収録が終わったのか、控室に残っている人数が半分くらいになった。

6時過ぎ、とうとうスタッフから呼び出しがかかる。一気に緊張が高まってくる。

一緒にワゴン車に乗り込んだのは、ラッパーっぽい黒人二人組。彼らと一緒にパラディウムに到着。いよいよか。ついにあのサイモン・コーウェルに会える。

待機場所に着くやいなや、長い黒髪のヘレナという女性スタッフが話しかけてきた。

「ケイイチね？　あなたはステージを降りてはいけないことになりました」

唐突に言われたので、何を言われているのかすぐには理解できない。女性は続ける。

「その代わりに、リングの手品はアント&デックを使って」

アント&デックはこの番組の司会を務める二人組だ。

「えっ、要するに審査員のテーブルに近づけないの？」

「そうよ」

ヘレナは頷いた。つまり、コロナ対策のために審査員との接触は避けた方がいいという判断になったらしい。

これは困った。以前、ルーマニアでテレビ収録に参加した時に失敗した苦い思い出が蘇る。ステージの光がまぶしすぎて、なおかつその熱のせいで手が汗で滑り、散々な目に遭ったのだ。リハーサルと違うことをぶっつけ本番で演じるのは難しい。しかもブリテンズ・ゴット・タレントの大舞台で――。

「ちょっと考えさせてもらってもいいですか」

「もちろん」

実は、ドイツのゴット・タレントでも同様の経験があったのだが、前日に言われたので、対応の準備をする時間があった。しかし今回は、本番30分前。出番は迫っている。長年夢見ていたステージが目の前にあるのに、不完全な状態で上がるのか？

ヘレナは冷静な口調で言った。

「すぐにステージに出られないのならば、来年またチャレンジして」

ゴット・タレントの収録プログラムは綿密に組まれている。今日の出番は、去年の12月にはもう決まっていたことだ。この機会を逃すと、もう今年は出演できないらしい。

悩む。本当に悩む。だが恐らく、リハーサルなしではやらない方がよいだろう。何が起こるか分からない。

「ケイイチ、残念だけど、もう間に合わないかも」

ヘレナは見かねたように、ポツリと言った。

決断できないまま、私のブリテンズ・ゴット・タレントは目前で終了した。

「来年は必ず呼ぶから」

ヘレナはそう言ってくれたが、なんの保証もない話だ。しかも、来年の1月には私はもうヨーロッパにいないかもしれない。

力が抜ける。落胆という言葉がこれほどピッタリする状況はない。

「タクシーを呼ぼうか」

毛糸の帽子を被った若いスタッフが心配そうに言った。

しかし、私は丁重にお断りした。歩いた方が、気がまぎれるような気がしたのだ。ホステルまで、とぼとぼ歩いて戻ろう。

すると、カウンセラーの人がやってきた。私の落胆ぶりを見てヘレナが手配してくれたのだろう。カウンセラーの女性は、ひたすら聞き役になってくれた。とりあえず「自分は大丈夫、コロナのせいで、誰のせいでもない」と繰り返した。

ガックリと肩を落として劇場を後にする。暗くなったせいか、ゴット・タレントのネオンがやけに眩しく見えた。

ホステルに帰り、ラウンジでぐったり項垂れていると、徐々に後悔の念が出てきた。一か八かでいいから、ステージに上がるべきだっただろうか。そもそも、1年も待つのは長すぎるのではないか。

そんなことをつらつら考えているうちに、ひとつのアイデアが浮かんだ。これならば、もう一度チャンスがもらえるかもしれない――。さっそく私の担当者にメッセージを送る。

「明日でいいから、改めてリハーサルだけさせてもらえないか？　それができるなら、ステージを降りなくてもマジックができると思う」

だがなかなか、既読にもならない。それはそうだ、彼らは収録の最中なのだから。

しかもよく考えてみれば、そんな飛び入りで加えてもらえるのだろうか。収録のスケジュールは、毎日詳細に組まれているのだ。

待てども担当者からの返信はない。もう、これならば、現場に行って直接話した方が早い。ホステルを飛び出して、長い時間かけて歩いた道を早足で一気に戻る。まだオーディション収録は続いているだろうか。

息を切らして劇場に到着した。

ラッキーなことに、先ほどの毛糸の帽子の彼が、劇場の正面で作業をしていた。彼に事情を話し、裏口に案内してもらう。

行くと、出待ちのファンらしき人々が、車を囲っている。収録が終わり、誰か有名人が出てくるのだろうか。するとアント&デックが裏口からサッと出てきて、あっという間に車に乗り込んだ。

ファンたちが大騒ぎしているのをよそに、私達は裏口からスタジオに入る。もう来ることはないと思った場所に、たった数時間後に戻ってきたわけだ。

中に入り、ジョーダンというスタッフに事情を説明すると、「担当を連れてきます」と言われた。待ちながら、やはり飛び入りは難しいかもと不安になってくる。

30分ほどしてヘレナが現れた。彼女は嬉しそうな表情で、開口一番に言った。

「ケイイチ、明日のリハーサルは可能よ!」

なんてことだ、これぞまさに敗者復活である。時計を見ると深夜0時近くになっていた。

「明日の11時に、この劇場に直接来てちょうだい」

やった。俄然やる気が湧いてくる。

そして再び歩いてホステルに戻った。さっきとは打って変わって、気持ちが明るい。今日は明日に備えて早々に寝よう。長い一日だった。

想像もしていなかった結末

翌朝は早めに目が覚めて、11時と言われていたのに10時20分に劇場に着いてしまった。とりあえずスタッフらしき人に声をかけると、隣のコートハウスホテルで待つように指示される。しばらく待つとスタッフの一人が劇場の中に案内してくれた。これからリハーサルを行うらしい。昨日去る時はまた1年後などと思っていたのに、翌日にまた来ることになるとは。人生何が起こるか分からない。

リハーサルステージに行くと、舞台監督らしき人が、戻ってきてくれて良かったと言ってくれた。「自転車はあるか?」と聞くと、まだあるという。処分されていなくてよかった。

今回は、審査員のテーブルに近づく代わりに、ステージ上から審査員に話しかけるスタイルになった。しかも、審査員を一人、ステージに呼んでいいという。それならばリングの手品も

収録はロンドンの歴史ある劇場「パラディウム」で行われた

問題なくできそうだ。

リハーサルを終えて、昨日同様、マリオットホテルで待機する。やはり緊張のためにお腹はあまり空かない。本番はどうなるだろうか。

夜6時になったが、出番はまだのようだ。だんだん緊張してきた。

しばらくして、名前を呼ばれる。時計を見ると7時10分になっていた。

会場に到着し、バックステージに案内される。半分屋外のような場所で、半袖だとかなり寒かった。このままだと、凍えそうだ。

鏡があったので「ゆっくり、リラックス、笑顔」と自分に言い聞かせる。

「アント&デック」と繰り返し口にしていたら、そばにいたカメラマンが言った。「イギリスでは『デック&アント』と呼ぶんだぜ」

え、それは知らなかった。呼び方を急遽変更するが、言いにくくて苦戦する。

ステージの方から、歓声が聞こえてきた。自分の前のギターの二人組が4YESを取ったようだ。いよいよ出番だ！

指示にしたがってステージの右袖に進むと、そこには、ホストのアント&デックが。うぉぉお、憧れの二人が目の前にいる！

「ユーチューブでずっと見てました！」

興奮しながら一生懸命伝える。日本からここまで自転車で来たというと、二人とも信じられないという表情で「ワオ！」と驚いていた。

しばらし話した後、二人にステージへ送り出される。

緊張の一瞬だが、なぜかステージに出ると驚くほど緊張していなかった。

自転車を押しながら、ステージの中央へ。審査員席に照明がくっきり当たり、審査員たちの顔がステージからもよく見えた。

一番右には、あのサイモンがいる。

女性審査員のアリーシャが質問してきた。

「今日は何をするの？ それはあなたの仕事？」

私は、普段は自転車で世界を回り、路上で芸をしている。そのことを伝えようとしたのだが、つい、

「いいえ、これは私の自転車で――」

と口走ってしまって、審査員から爆笑が起こってしまった。ちょっと焦ったが、結果的にそれで場が和んだ気がした。続けてアリーシャが聞いた。

「もし優勝したら、賞金で何をしたい？」

「大西洋を横断したいので、そのための手漕ぎボートを買いたいのです」

そう、それこそがこの大舞台に応募した一番の理由だった。自分の芸がどこまで通用するか試したいのもあったが、路上で稼ぐコインだけで最新式のボートを買うのは、なかなか難しかったのだ。

まずは、サイモンに話しかけながら、割り箸を鼻から出すツカミの手品を披露。

次にアシスタント役の彼らをステージに呼ぶ。

「お手伝いを、デック＆アントに！」

カメラマンに言われた通りに呼ぶと、なぜかみな爆笑。登場したアントが指摘するように言う。

「アント&デックだから！」

間髪入れずにデックが合いの手を入れる。

「その呼び方でもいいよ！」

どうやらカメラマンにしてやられたようだ。

彼らを相手にカードとお札のマジックをして大成功。

最後はリングのマジックだ。審査員のアリーシャをステージに呼ぶ。

「アリーシャ、どうぞこちらへ！」

リングの回転がイマイチだったが、空中に浮いたリングは無事にアリーシャの右手の人差し指にすっぽり収まった。

気づくと会場は拍手の嵐だった。2000人の観客のみならず、審査員もみなスタンディングオベーションをしてくれている。

そして投票が始まった。

アリーシャ、YES。

デイビッド、YES。

アマンダ、YES。

すると、後ろの方から「ドタドタ」と足音が聞こえてきた。アント&デックが舞台袖から走り出てきたのだ。

このパターン、見たことがある！

二人はそのままステージを降り、審査員席の真ん中で立ち止まると、こちらを振り返って叫んだ。

「我が友へ！　ゴールデンブザーだ！」

そして手を重ねて、テーブル中央にある、金色に輝くボタンを押した。

瞬間、すべてのスクリーンが金色に変わり、頭上から金色の紙吹雪がこれでもかと言うほど降り注いできた。興奮が最高潮に達して、ちょっとしたパニック状態に。ここからは何を言ったかよく覚えていない。

「まさかゴールデンブザーをもらえるとは、想像もしていませんでした。この感情をどう表現すればよいか分かりません」

我を忘れた状態でそんな感じの感謝を述べ、ステージの袖に下がる。

アント&デックとハグをして、お礼を言う。

「ブリテンズ・ゴット・タレントのゴールデンブザーは何度も見たことがあるけど、まさか自分がもらえるとは！」

最後に、劇場正面から会場を去るシーンの撮影。自転車でパラディウムから出て走り出す。何度かやり直して寒かったが、気持ちはまだ夢の中のようだった。

ゴールデンブザーは別名「運命を変えるボタン」とも言われている。つまり、人生を変えてしまうほどの影響力を持っているというわけだ。

さすがにそれは大袈裟なのでは、と半信半疑だった自分の身にも様々な変化が起きた。

ゴールデンブザーのシーンが放送されると、SNSを通じて、世界中から数多くのメッセージが送られてきた。

公式ユーチューブの再生回数は1日で200万、2日目には350万回再生に達していた。もっとすごかったのが、公式フェイスブック。ページ内の動画は1日で1000万再生、最終的には1億回を超えた。

「イギリスのゴット・タレントの影響力は、さすがに凄いな」

結局、進んだセミファイナルでは残念ながら敗退し、優勝賞金を得ることはかなわなかったが、日本の新聞やテレビ局からの問い合わせが相次いだ。

そしていくつかの日本のテレビ番組に出演したことが縁となって、なんと大西洋横断のスポンサーとなってくれる会社に繋がったのだ。

今まで船体の価格に全く手が届かなかったのだけれど、このスポンサーとなってくれたレアゾン・ホールディングス（敬称略、以下同）のおかげで船体の購入が実現。また太西洋横断のために必要な食料を尾西食品、大塚製薬などに援助してもらい航海中の食料も準備できた。

あとはいよいよ地中海で手漕ぎの練習をして、ポルトガルの岬から漕ぎ出すだけである。

念願かなって購入した、大西洋横断用の手漕ぎボート

ヨーロッパ&ゴット・タレント編　移動経路

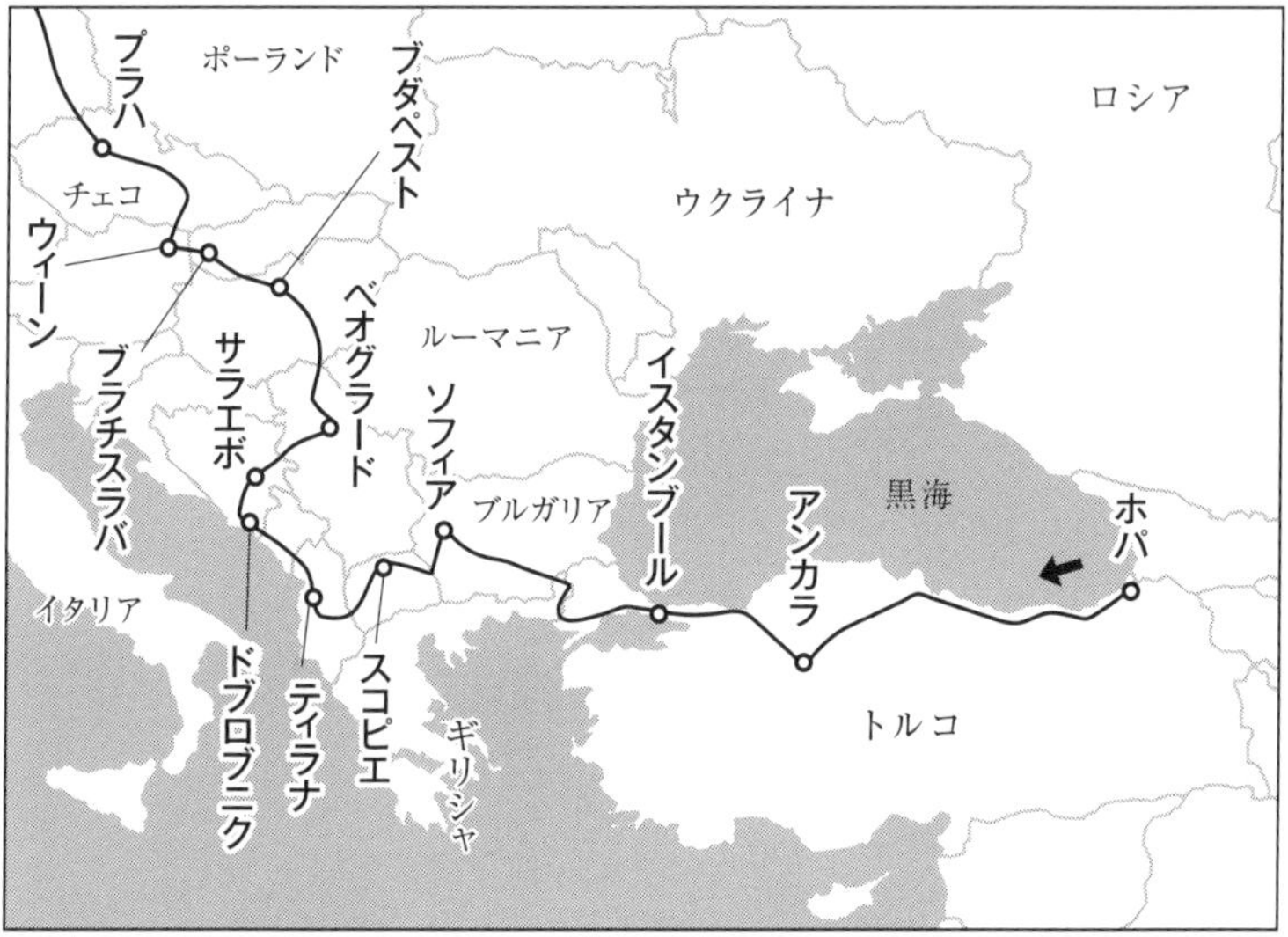

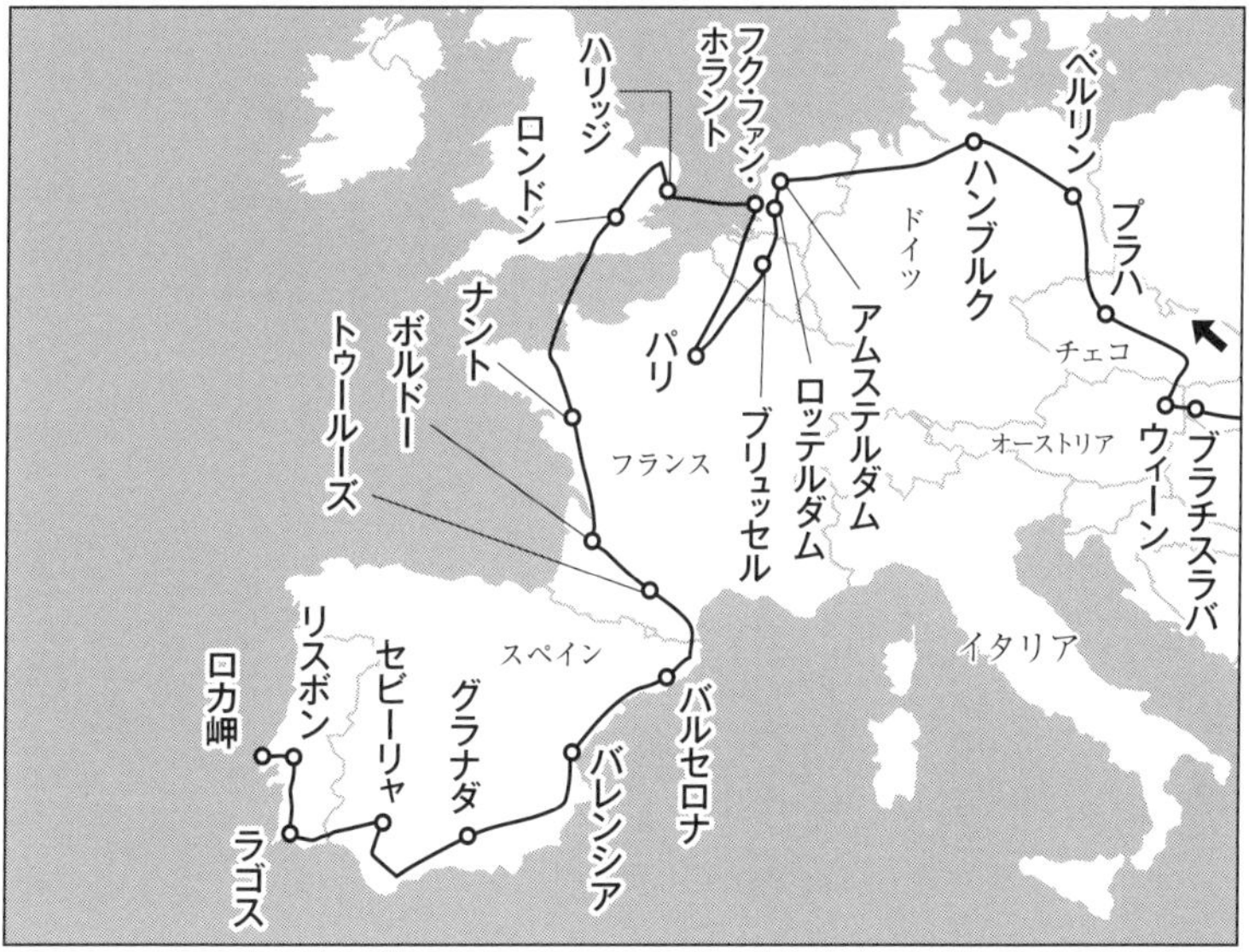

あとがき

2002年に日本を離れてから21年が過ぎた。今年で51歳になる。

この間、一度も日本に戻っていない。

最初はこれほど長い旅になるとは、夢にも思っていなかった。

インドを目指して旅を始め、3年くらいしたら日本に戻るつもりだった。30歳までに日本に戻れば、社会復帰できるだろうと考えていたからだ。

だが、いざ世界に足を踏みだしてみると、とても3年では足りなかった。世界は思ったより広く、面白く、多様性に満ちていた。興味の赴くまま各地を巡っていたら、きっとどれだけ時間があっても足りないだろう。

そして35歳に日本に戻ればまあいいかと旅を続け、そのうち40歳前ならなんとかなるかと思うようになり、40歳を過ぎた頃には「行けるところまで行くか」という心境になっていた。

しかしよくもまあ、お金をろくに持たない人間が、海外で20年以上も生きてこられたものである。これもひとえに、世界の皆様が温かい手を差し伸べてくれたからに他ならない。

路上で手品を始めてからは、芸に助けられた部分もあるかもしれないが、結局は皆が投げ銭してくれるので、何とか生き延びられたのだといえる。

特に印象深いのは、高山や砂漠など厳しい自然環境で暮らす人達に親切にしてもらった時のことだ。

無人の荒野で水が尽き、一人では何もできない状況に追い込まれた。そんな時、生活に余裕がないだろう彼らが、言葉も通じない、見ず知らずの一介の旅行者の私に、貴重な水や食料を分けてくれたのだ。

やっとの思いで町にたどり着いた時には、人は協力し合い生きているということを実感した。一人の人間がいかに無力か。そしてそれを補うために、人々が協力し社会を営んでいるということに、改めて気づかされた。

無一文で始まった私の22年間の旅は、世界中の人の優しさのおかげで続けることができている。本当にありがとうございました。

大西洋横断中の船中にて。

２０２３年5月吉日　岩崎圭一

〈著者紹介〉
岩崎圭一（いわさき・けいいち）
1972年(昭和47)、群馬県前橋市生まれ。身長169センチ。血液型B型。2002年3月に下関から出国して釜山へ。それ以来、路上芸人としてマジックを披露しながら「人力」のみでの世界一周を目指し、21年間無帰国で旅を続けている。2005年5月、海抜0mから人力のみでエベレスト登頂を達成。2022年1月にはイギリスの人気オーディション番組「ブリテンズ・ゴット・タレント」で日本人で初めてゴールデンブザーを獲得。

ブックデザイン／bookwall

無一文「人力」世界一周の旅

2023年6月20日　第1刷発行

著者　岩崎圭一

発行人　見城 徹
編集人　森下康樹
編集者　高部真人

発行所　株式会社 幻冬舎
〒151-0051 東京都渋谷区千駄ヶ谷4-9-7
TEL　03(5411)6211(編集)
03(5411)6222(営業)
公式HP　https://www.gentosha.co.jp/

印刷・製本所　中央精版印刷株式会社

検印廃止

ISBN978-4-344-04115-8 C0095

この本に関するご意見・ご感想は、下記アンケートフォームからお寄せください。
https://www.gentosha.co.jp/e/